0 Bildungsstandards und EXPEDITION Mathematik

1 Der Aufzug fährt in den 10. Stock. Dafür braucht er 20 Sekunden, d. h. er legt pro 2 Sekunden ein Stockwerk zurück. Er bleibt für 10 Sekunden in diesem Stockwerk und fährt dann in den 13. Stock. Nach 24 Sekunden fährt er in den zweiten Stock, um 8 Sekunden später in das 20. Stockwerk zu fahren und dort zu bleiben.

2
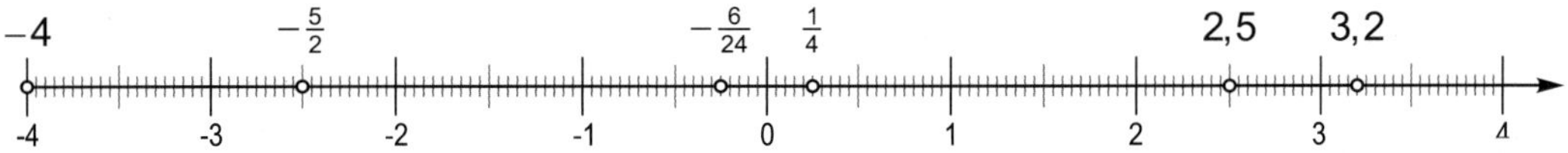

3 Sehr gut eignen sich ein Kreisdiagramm oder ein Säulendiagramm.

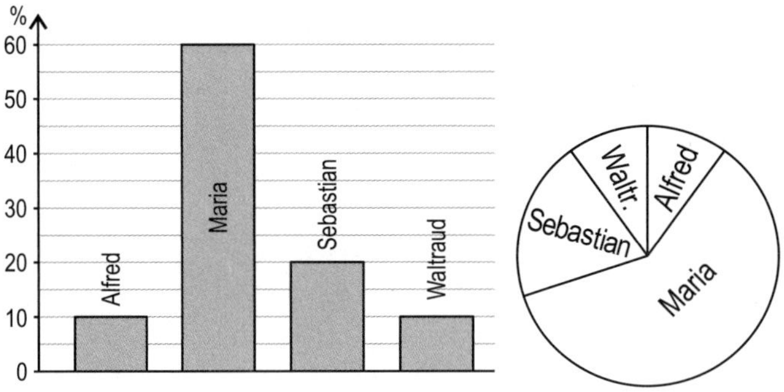

4 $A = a \cdot (a - 7)$ oder $A = (b + 7) \cdot b$

5 Sylvia: $1\frac{7}{20}$ m = 1,35 m; Agata: $1\frac{2}{25}$ m = 1,08 m; Thomas: $1\frac{1}{5}$ m = 1,20 m

6 200 Fahrzeuge. Daher: Lkw: $\frac{46}{200} = 0{,}23 = 23\,\%$; Lieferwagen: 13,5 %; Pkw: 61 %; Motoräder: 2,5 %

7 Arithmetischer Mittelwert: 18,0 m

8 **a)** 25,5 dm^2 **b)** 72 cm^2 **c)** 99 m^2

9 −3: Frau Krutzler nimmt pro Tag 3 Tabletten, das sind nach x Tagen 3 x Tabletten. Damit nimmt die Anzahl pro Tag um 3 und nach x Tagen um 3 x ab. 60: Anzahl der Tabletten, die sie anfangs hat.

10 Wie groß ist die Anzahl der Nächtigungen von Ausländern in Bregenz? Ca. 200 000
Um wie viel % gibt es mehr Nächtigungen von Ausländern als von Inländern in Salzburg? Ca. 190 %
Wie viel % mehr Nächtigungen von Ausländern gibt es in Wien verglichen mit Bregenz? Um ca. 3700 % mehr.
Druckfehler im Schüler/innenbuch (1. Auflage) orange = inländische Gäste, blau = ausländische Gäste

11 Die beiden Antworten setzen die Kenntnis der Flächenformel fürs Parallelogramm voraus.

a) Zwei kongruente Dreiecke kann man auf dreierlei Arten zu einem Parallelogramm zusammenfügen. Es gilt: $A_P = c \cdot h_c \Rightarrow A_D = \frac{1}{2} \cdot c \cdot h_c$.
Analog gilt dies auch für $A_{Dreieck} = \frac{1}{2} \cdot b \cdot h_b = \frac{1}{2} \cdot a \cdot h_a$

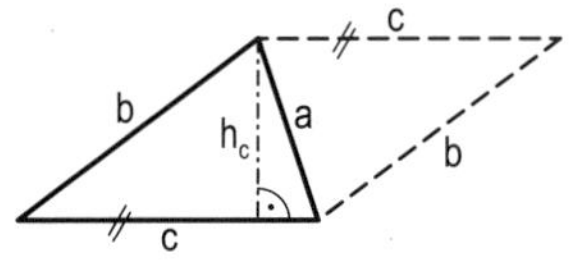

b) Zwei kongruente Trapeze kann man (immer) zu einem Parallelogramm mit der Seitenlänge (a + c) zusammenlegen. Es gilt: $A_{Parallelogramm} = (a + c) \cdot h \Rightarrow A_{Trapez} = \frac{1}{2} \cdot (a + c) \cdot h$

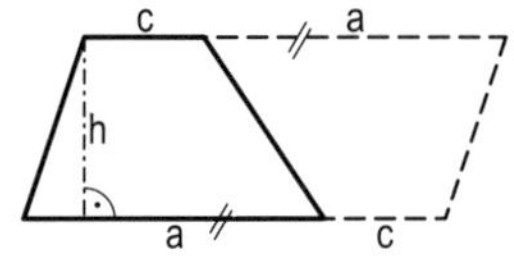

12 Beliebiges Beispiel: a = 4, b = 2, c = 1; $4 : (2 - 1) = 4 : 1 = 4$ aber $4 : 2 - 4 : 1 = 2 - 4 = -2$

13 Kreisdiagramme eignen sich gut zur Darstellung relativer Häufigkeiten. Da die absoluten Zahlenwerte verloren gehen, ist der Vergleich zwischen den Städten nur schwer möglich.

1 Reelle Zahlen

1.1 Wurzelbehandlung – Quadratwurzeln

1 **a)** 1; 4; 9; 16; 25; 36; 49; 64; 81; 100; 121; 144; 169; 196; 225; 256; 289; 324; 361; 400; 441; 484; 529; 576; 625
b) Es ist 33 lang und 32 breit.

2 **a)** 4 **b)** 0 **c)** 6 **d)** 80 **e)** 9 **f)** 8
g) 12 **h)** 15 **i)** 10 **j)** 100 **k)** 14 **l)** 5

3 **a)** 7 **b)** 13 **c)** 1000 **d)** 50
e) 0,2 **f)** 1,5 **g)** 700 **h)** 0,001

4 **a)** 11 cm^2 **b)** $\sqrt{15}$ cm **c)** 0,1 cm

5 **a)** 4 cm **b)** 13 dm **c)** 20 cm **d)** 3,5 cm **e)** 1,1 m **f)** 18 mm
g) $\sqrt{3}$ cm **h)** $\sqrt{x}$ dm **i)** $\sqrt{y}$ m **j)** z m

6 **a)** (1)

a	$\sqrt{a}$	$(\sqrt{a})^2$
9	3	9
4	2	4
2,25	1,5	2,25
$\frac{1}{4}$	$\frac{1}{2}$	$\frac{1}{4}$
0	0	0

(2)

a	a^2	$\sqrt{a^2}$
9	81	9
4	16	4
2,25	5,0625	2,25
$\frac{1}{4}$	$\frac{1}{16}$	$\frac{1}{4}$
0	0	0

b) Für $a \geq 0$ gilt: $a = (\sqrt{a})^2 = \sqrt{a^2}$.

7 **a)** $\frac{1}{2}$ **b)** 0,3 **c)** $\frac{1}{2}$ **d)** $\frac{3}{2}$ **e)** $\frac{3}{5}$ **f)** $\frac{1}{10}$
g) y **h)** 3 a **i)** 0,2 b **j)** $\frac{x}{5}$ **k)** $\frac{z}{100}$ **l)** $\frac{a}{12}$

8 **a)** 16 **b)** 22 **c)** 6 **d)** 3 **e)** 60 **f)** 3
g) 3 **h)** 1 **i)** 4 **j)** y **k)** 3 x **l)** $\frac{g^3}{5}$

9 **a)** $\sqrt{36} - \sqrt{9} = 3 = \sqrt{9}$; $\sqrt{25} + \sqrt{25} = 10 = \sqrt{81} + \sqrt{1}$; $\sqrt{25} \cdot \sqrt{25} = 25 = 3 \cdot \sqrt{9} + 4^2$; $\sqrt{49} + 1 = 8 = \sqrt{100} - \sqrt{4}$
b) $16 = \sqrt{100} + \sqrt{36}$; $2 = \sqrt{\sqrt{16}}$; $\sqrt{4^2} = 2 \cdot 2$; $\sqrt{64} + \sqrt{36} = 2\sqrt{16} + \sqrt{6} \cdot \sqrt{6}$
c) $\frac{1}{100} = \left(\frac{1}{10}\right)^2$; $\sqrt{\frac{1}{10^2}} = 0{,}1 = \frac{10}{100} = \sqrt{0{,}01} = \frac{1}{10} = \sqrt{100} : \sqrt{10\,000}$

10 $\alpha = \beta = 72°$, $\gamma = 36°$

11 Da eine Wurzel stets nichtnegativ ist, hat nur das linke Mädchen richtig gerechnet.

12 2000 km

13 120 m Zaun

14 **a)** 160 m **b)** 12 m

15 B, C, E

1.2 Irrationale Zahlen

1.2.1 Näherungsweises Berechnen von Quadratwurzeln – Intervallverschachtelung

16 **a)** (1) Das Quadrat mit $A = 25\,cm^2$ hat eine Seitenlänge von genau 5 cm.
(2) Das Quadrat mit $A = 16\,cm^2$ hat eine Seitenlänge von genau 4 cm.
Bei beiden Quadraten lässt sich durch Wurzelziehen die Seitenlänge leicht ermitteln.
b) Siehe Lösungsvorschlag im Schüler/innenbuch
c) Die Seitenlänge liegt zwischen 3,87 m und 3,88 m.

17 **a)** Kreisdiagramm (1) **b)** B, D

18 **a)** $3 < \sqrt{10} < 4$, wegen $3^2 = 9$ und $4^2 = 16$; $3{,}1 < \sqrt{10} < 3{,}2$ wegen $3{,}1^2 = 9{,}61$ und $3{,}2^2 = 10{,}24$;
$3{,}16 < \sqrt{10} < 3{,}17$, wegen $3{,}16^2 = 9{,}9856$ und $3{,}17^2 = 10{,}0489$. $\sqrt{10} = 3{,}16\ldots$
b) $\sqrt{20} = 4{,}47\ldots$ **c)** $\sqrt{60} = 7{,}74\ldots$ **d)** $\sqrt{140} = 11{,}83\ldots$
e) $\sqrt{200} = 14{,}14\ldots$ **f)** $\sqrt{390} = 19{,}74\ldots$

19 **a)** z. B. 4,8; 5,1 **b)** z. B. 7; 7,1 **c)** z. B. 3,2; 3,6
d) z. B. 8,89; 8,94 **e)** z. B. 8,37; 8,48

20 Die Seitenlänge liegt zwischen 14 und 15, weil $14^2 = 196$, $15^2 = 225$.

1.2.2 Quadratwurzeln und die Menge der irrationalen Zahlen

21 **a)** $25 = 5^2$; $\frac{1}{9} = \left(\frac{1}{3}\right)^2$; $\frac{25}{4} = \left(\frac{5}{2}\right)^2$; $144 = 12^2$
b) Multipliziert man die beiden Dezimalzahlen, dann ist die letzte Stelle des Produkts 4. Dort müsste aber sicher 0 stehen.

22 240 Bergretter/innen

23

24 **a)** $\sqrt{20}$ lässt sich nicht ziehen; irrational.
b) $\sqrt{0{,}0144} = 0{,}12$; rational
c) $3 - 10 = -7$; rational
d) $4 + \frac{7}{9} = 4\frac{7}{9}$; rational
e) $(\sqrt{7})^2 = \sqrt{7} \cdot \sqrt{7} = 7$; rational
f) Das Quadrat einer rationalen Zahl ist wieder rational. Aber $(\sqrt{10} + \sqrt{6})^2 = 10 + 2 \cdot \sqrt{60} + 6 = 16 + 2 \cdot \sqrt{60}$ ist irrational. Somit muss auch $\sqrt{10} + \sqrt{6}$ irrational sein.
g) $\sqrt{0{,}000\,049} = 0{,}007$; rational
h) 1,8; rational

25 Siehe Nusslösungen im Schüler/innenbuch

1.3 Rechenregeln für Wurzeln

26

a	b	$\sqrt{a\cdot b}$	$\sqrt{a}\cdot\sqrt{b}$	$\sqrt{\frac{a}{b}}$	$\frac{\sqrt{a}}{\sqrt{b}}$
9	16	12	12	$\frac{3}{4}$	$\frac{3}{4}$
81	9	27	27	3	3
1	4	2	2	$\frac{1}{2}$	$\frac{1}{2}$
25	100	50	50	$\frac{1}{2}$	$\frac{1}{2}$

27 **a)** $\sqrt{2\cdot 8} = \sqrt{16} = 4$ **b)** $\sqrt{27\cdot 3} = \sqrt{81} = 9$
c) $\sqrt{900} = 30$ **d)** $\sqrt{49\cdot 2}\cdot\sqrt{16\cdot 2} = \sqrt{49\cdot 4\cdot 16} = 7\cdot 2\cdot 4 = 56$
e) $\sqrt{144} = 12$ **f)** $\sqrt{100} = 10$
g) $\sqrt{144} = 12$ **h)** $\sqrt{16} = 4$
i) $\sqrt{100} = 10$

28 **a)** $5\cdot 3 = 15$ **b)** $12\cdot 13 = 156$ **c)** $6\cdot 4 = 24$ **d)** $3\cdot 4\cdot 7 = 84$ **e)** $8\cdot 15 = 120$ **f)** $5\cdot 9\cdot 4 = 180$

29 **a)** 2 **b)** 5 **c)** 6 **d)** 7 **e)** 2 **f)** 10
g) 9 **h)** 10 **i)** 4

30 **a)** $3a$ **b)** $6m$ **c)** ac **d)** $4a$ **e)** $7mn$ **f)** $5x$
g) $5g$ **h)** $4a^2b$

31 Das Gehalt müsste um 100 % erhöht werden.

32 **a)** Martin hat recht. Die Terme unter einer Wurzel stehen innerhalb unsichtbarer Klammern. Helene hat die Vorrangregeln nicht beachtet.
b) z. B. $\sqrt{36+64} = \sqrt{100} = 10 \neq \sqrt{36} + \sqrt{64} = 6 + 8$
$\sqrt{25-9} = \sqrt{16} = 4 \neq \sqrt{25} - \sqrt{9} = 5 - 3$

33 **a)** $\sqrt{8} = \sqrt{4\cdot 2} = \sqrt{4}\cdot\sqrt{2} = 2\cdot\sqrt{2}$
b) Das große Quadrat mit Flächeninhalt 24 lässt sich in 4 gleich große Quadrate mit Flächeninhalt 6 zerlegen. Die Seitenlänge des großen Quadrates beträgt $\sqrt{24}$, die eines kleinen Quadrates $\sqrt{6}$. Damit gilt aber $\sqrt{24} = 2\cdot\sqrt{6}$.

34 **a)** $2\cdot\sqrt{2}$ **b)** $5\cdot\sqrt{2}$ **c)** $2\cdot\sqrt{3}$ **d)** $10\cdot\sqrt{2}$ **e)** $4\cdot\sqrt{3}$ **f)** $4\cdot\sqrt{6}$
g) $10\cdot\sqrt{10}$ **h)** $\frac{\sqrt{3}}{2}$ **i)** $\frac{2}{3}\sqrt{2}$ **j)** $b\cdot\sqrt{3}$

35 **a)** $3\cdot\sqrt{2}$ **b)** $5\cdot\sqrt{3}$ **c)** $4\cdot\sqrt{5}$ **d)** $2\cdot\sqrt{15}$ **e)** $2a\cdot\sqrt{2b}$

36 **a)** $\sqrt{18}$ **b)** $\sqrt{48}$ **c)** $\sqrt{500}$ **d)** $\sqrt{4a}$ **e)** $\sqrt{5a^2}$ **f)** $\sqrt{28a^2}$

37 Siehe Nusslösungen im Schüler/innenbuch

38 Daniel aß ein Viertel, Lukas drei Achtel aller Knödel. Ursprünglich waren 16 Knödel in der Schüssel.

1.4 Die Kubikwurzel

39 Siehe Lösungsvorschlag im Schüler/innenbuch

40 **a)** (1)

a	$\sqrt[3]{a}$	$(\sqrt[3]{a})^3$
8	2	8
27	3	27
512	8	512
1	1	1
0,064	0,4	0,064
$\frac{27}{8}$	$\frac{3}{2}$	$\frac{27}{8}$

(2)

a	a^3	$\sqrt[3]{a^3}$
5	125	5
6	216	6
30	27 000	30
1,2	1,728	1,2
1	1	1
$\frac{3}{5}$	$\frac{27}{125}$	$\frac{3}{5}$

b) Die Kubikwurzel ist die Umkehroperation der dritten Potenz und umgekehrt.

41 **a)** 5 **b)** 2,3 **c)** 10 **d)** 6 **e)** 0,1 **f)** 20
g) x **h)** a **i)** 2x **j)** $5b^2$

42 **a)** 3 **b)** 5 **c)** 0,2 **d)** 4 **e)** 100 **f)** 4
g) 0,04 **h)** 0,8

43 Die Kantenlänge liegt zwischen 5 und 6, weil $5^3 = 125$ und $6^3 = 216$.

44 **a)** 2,080 **b)** 7,368 **c)** 0,9 **d)** 3,135 **e)** 0,05 **f)** 4,309

45 Linkes Bild: 25 ist das Quadrat von 5; 5 ist die Wurzel von 25.
Rechtes Bild: 125 ist die 3. Potenz von 5; 5 ist die 3. Wurzel von 125.

46 $3{,}48\,m^3$

Im Blickpunkt Das Heronverfahren – Berechnen von Wurzeln

47 **a)** $a_0 = 5,\ b_0 = 6,\ a_1 = \frac{5+6}{2} = 5{,}5;\ b_1 = \frac{30}{a_1} = \frac{60}{11} = 5{,}4545\ldots,\ a_2 = \frac{5{,}5 + 5{,}4545\ldots}{2} = \frac{241}{44} = 5{,}477\,272\,7\ldots;$

$b_2 = \frac{30}{a_2} = 5{,}477\,178\,423\ldots,\ a_3 = \frac{a_2 + b_2}{2} = 5{,}477\,225\,575\ldots$

b) analog zu a) $a_3 = 3{,}872\,983\,346$
c) analog zu b) $a_3 = 6{,}480\,740\,698$

48 Folge den Anweisungen im Schüler/innenbuch

Thema: Heuristische Strategien – Tipps und Tricks zum Problemlösen

49 Die Kinder seien K1 und K2, die Frau F und der Mann M. Folgendes ist möglich:
Fahrt 1: Beide Kinder fahren auf die Insel, und K1 rudert allein wieder zurück.
Fahrt 2: Der Mann fährt alleine auf die Insel und K2 rudert wieder zurück.
Fahrt 3: Beide Kinder fahren auf die Insel und K1 rudert alleine zurück.
Fahrt 4: Die Frau fährt alleine auf die Insel und K2 rudert alleine zurück.
Fahrt 5: K2 und K1 fahren auf die Insel.

50 Siehe Lösungsvorschlag im Schüler/innenbuch

51 $110° + \gamma = 180°$, daher $\gamma = 70°$. $\alpha = 110°$, daher ist, wegen $\alpha + \beta = 180°$, $\beta = 70°$

52 Zwei Schüler arbeiten so viel wie ein Vater. Daher kann man die 12 Arbeitseinheiten des Nachmittags durch 4 teilen, als ob 4 Väter arbeiten würden.
Väter und Schüler müssen also am Nachmittag noch 3 Stunden arbeiten.

53 Aussage 1: Amy heißt Wagenhuber oder Fröhlich.
Aussage 3: Amy muss Wagenhuber heißen, weil Fröhlich heißen entweder Michaela oder Carina.
Aussage 2: Carina heißt Mayer, weil Amy Wagenhuber heißt, und damit heißt Michaela Fröhlich (Aussage 3).
Daher bleibt für Julia nur mehr Huber übrig.

54 Vor Tor 7 hatte der Geselle noch 4 Äpfel, weil ein Apfel ist um 1 weniger als die Hälfte. Daher $(1 + 1) \cdot 2 = 4$
Vor Tor 6 hatte er 10 Äpfel, weil 4 Äpfel ist um 1 weniger als die Hälfte also 5 Äpfel. $(4 + 1) \cdot 2 = 10$
Vor Tor 5 daher $(10 + 1) \cdot 2 = 22$, vor Tor 4 $(22 + 1) \cdot 2 = 46$ vor Tor 3 $47 \cdot 2 = 94$ vor Tor 2 190 Äpfel vor Tor 1 382 Äpfel.
Am Anfang hatte der Geselle 382 Äpfel.

55 1 m × 36 m, 2 m × 18 m, 3 m × 12 m, 4 m × 9 m, 6 m × 6 m.

56 $V = 27\,cm^3 + 125\,cm^3 = 152\,cm^3$. Da eine Kantenlänge des Quaders 4 cm beträgt, bleiben noch $38\,cm^2$ für die „Grundfläche" über. Da sind nur die Aufteilungen 1 cm × 38 cm und 2 cm × 19 cm möglich. Daher:
Der neue Quader hat entweder die Abmessungen 1 cm × 38 cm × 4 cm oder 2 cm × 19 cm × 4 cm.

57 Siehe Lösungsvorschlag im Schüler/innenbuch

58 Ansatz: $24t = 48 \cdot \left(t - \frac{1}{2}\right)$. $t = 1$.
Vater holt die Kinder um 17 Uhr ein.

59 Chris erledigt in einer Stunde die Hälfte der Arbeit, Sabine ein Drittel der Arbeit.
Zusammen erledigen sie in einer Stunde also $\frac{1}{2} + \frac{1}{3} = \frac{5}{6}$ der Arbeit. In 12 Minuten erledigen sie $\frac{1}{5}$ der Arbeit und somit brauchen sie zusammen 1 h 12 min.

60 Treffpunkt: Zeit für Lena: t Stunden. Zeit für Petra $t - 0{,}5$ Stunden.
Ansatz: $6t = 8 \cdot (t - 0{,}5)$; $t = 2$.
Petra holt Lena und ihre Freundinnen um 11 Uhr ein. Sie sind zu diesem Zeitpunkt 12 km vom Ausgangspunkt entfernt.

61 In jedem Karton der Transportfirma passen 8 Bücherpakete.
$100 : 8 = 12{,}5$. Es werden 13 Kartons benötigt.

62 Man muss die durchschnittliche Geschwindigkeit der Radfahrer und des Autofahrers kennen. Dann berechnet man die Fahrtzeit beider und erhält daraus den Zeitpunkt, an dem Pauls Vater von zu Hause losfahren muss.

63 Eine Tabelle eignet sich sehr gut.

Richter	Müller	Schneider	Musol
Anne	Anne	Anne	Anne
Paul	Lena	Paul	Tim
Tim	Tim		
	Paul		

Da es 4 mal Anne gibt, kannst du in die erste Zeile zu jedem Familiennamen einmal Anne eintragen.
Es gibt 4 mal Müller aber auch nur 4 verschiedene Vornamen. Damit trage in Spalte Müller alle Vornamen ein.
In der Spalte Musol fehlt nun noch Tim und damit stehen alle Musols fest.
Die fehlenden zwei Pauls verteilen sich somit auf Richter und Schneider.
Da drei Spieler/innen den Namen Richter tragen, kann der verbliebene Tim nur mehr den Familiennamen Richter haben.

64 Höhe nach einer Sekunde: $2\,\text{cm} + 2\,\text{cm} \cdot \frac{50}{100} = 2\,\text{cm} \cdot (1 + 0{,}5) = 2\,\text{cm} \cdot \frac{3}{2}$.
Höhe nach zwei Sekunden: $\left(2\,\text{cm} \cdot \frac{3}{2}\right) \cdot \frac{3}{2} = 2\,\text{cm} \cdot \left(\frac{3}{2}\right)^2$, usw.

Nach vier Sekunden: $h = 2\,\text{cm} \cdot \left(\frac{3}{2}\right)^4 = 10\frac{1}{8}\,\text{cm}$

Nach 5 Sekunden ist das Hindernis wieder 2 cm hoch, dann wieder nach 10 Sekunden, 15 Sekunden usw.
Nach 40 Sekunden ist das Hindernis genau 2 cm hoch.

65 Die 5000 Goldmünzen des Sohnes entsprechen einem Drittel des Restes, somit bekommt die jüngste Tochter $\left(\frac{2}{3}\right.$ des Restes$\left.\right)$ 10 000 Goldmünzen. Diese beiden erhalten zusammen so viel wie die mittlere Tochter, nämlich 15 000 Goldmünzen. Zusammen bekommen die drei 30 000 Goldmünzen, das entspricht zwei Dritteln der Erbschaft. Die älteste Tochter erhält also ebenfalls 15 000 Goldmünzen. Das Gesamtvermögen des Vaters betrug 45 000 Goldmünzen.

2 Algebra

2.1 Wiederholung – Termumformungen

66 **a)** $5x$ **b)** $-3y$ **c)** $-12s$ **d)** $-4{,}2c$ **e)** $6{,}9x$ **f)** 0

67 **a)** $-\frac{a}{2}$ **b)** b **c)** $3a$ **d)** $\frac{x}{3}$ **e)** $\frac{8}{15}y$ **f)** $-\frac{3}{8}c$
g) $\frac{35r}{8}$ **h)** $\frac{g}{2}-4$

68 **a)** $\frac{5}{3}s^2t$ **b)** $\frac{12}{5}df^2$ **c)** c^2g^3 **d)** $-\frac{5}{12}xy^5$

69 **a)** $\frac{x}{2}$ **b)** $2h$ **c)** $-\frac{1}{12}d$ **d)** $-\frac{1}{16}r$

70 **a)** $\frac{r^2}{9}$ **b)** $\frac{t^3}{216}$ **c)** $\frac{z^5}{32}$ **d)** $\frac{v^2}{16}$ **e)** $-\frac{x^6}{8}$ **f)** $-\frac{g^9}{27}$
g) $\frac{y^8}{81}$ **h)** -16 **i)** $-\frac{a^4}{81}$ **j)** $-\frac{a^{15}}{32}$

71 **a)** $(c\cdot c\cdot c)\cdot(c\cdot c\cdot c\cdot c\cdot c) = c\cdot c\cdot c\cdot c\cdot c\cdot c\cdot c\cdot c = c^8$ **b)** $\frac{\cancel{w}\cdot\cancel{w}\cdot\cancel{w}\cdot\cancel{w}\cdot\cancel{w}\cdot\cancel{w}\cdot w\cdot w\cdot w\cdot w}{\cancel{w}\cdot\cancel{w}\cdot\cancel{w}\cdot\cancel{w}\cdot\cancel{w}\cdot\cancel{w}} = w^4$
c) $\frac{\cancel{a}\cdot\cancel{a}\cdot\cancel{a}\cdot a\cdot a\cdot a\cdot a\cdot a}{\cancel{a}\cdot\cancel{a}\cdot\cancel{a}} = a^5$ **d)** $(a\cdot b^2)\cdot(a\cdot b^2) = a\cdot b\cdot b\cdot a\cdot b\cdot b = a^2b^4$

72 **a)** (1) -1 (2) 1 (3) 1 (4) -1 (5) -1
b) $(-1)^n = 1$ für n gerade; $(-1)^n = -1$ für n ungerade.

73 **a)** $12x^2$ **b)** $22f^3$ **c)** $8h^2$ **d)** $-73b^3$

74 **a)** $6x^4$ **b)** $10a^2b^3$ **c)** x^3y^4 **d)** $16x^4y^4$ **e)** $64s^4t^4$ **f)** $100f^4$
g) $-g^{12}h^9$ **h)** $12z^3u^4$ **i)** $225f^6h^6$ **j)** $-16j^4k^5$ **k)** $-48c^7v^5$ **l)** $-288x^{12}y^{17}$

75 C, D

76 **a)** $5t+5g$ **b)** $16x+4s$ **c)** $-5f-\frac{15}{2}h$ **d)** $\frac{g}{6}+\frac{h}{5}$ **e)** $\frac{10}{3}v+\frac{10}{3}b$ **f)** $\frac{5}{2}j+\frac{5}{2}o$
g) $3s+3t$ **h)** $6x^2-4x$

77 **a)** $df+f^2$ **b)** $2a^2+2ab$ **c)** $-g^2-2gh$ **d)** gh^2+h^3
e) $-a^4-a^3b$ **f)** $-x^2+xy^2$ **g)** $6x+3y-4z$ **h)** $-1{,}6d^3+d^2-0{,}4d$
i) $0{,}1k^3-0{,}5k^4+0{,}1k^2-0{,}8k$

78 **a)** $3(xy-z)$ **b)** $9(f+a)$ **c)** $3x(4x-3a)$ **d)** $10d(d-1)$
e) $2a(x+z)$ **f)** $f(9t+11g)$ **g)** $5x(y-1)$ **h)** $4b^2(2a-1)$

79 **a)** $(4g-h)(4e-f)$ **b)** $3(x+5y)(g-2)$ **c)** $(y+4z)(3x-1)$ **d)** $8f(2v-3x)$
e) $(a-b)(a-3)$ **f)** $(2x-y)(4x+y)$

80 **a)** $-2x-6$ **b)** $6v+3$ **c)** $-x-6y$ **d)** $11y-3x$
e) $8x-4y$ **f)** $-6b$

81 **a)** $7x+y$ **b)** $-8a-3b$

82 **a)** $23a-8$ **b)** $-a^3-3a^2+8a$ **c)** $-a^3+3a^2$ **d)** $6x^4-2x^3-2x$
e) $6y^5-5y^4-2y^3+2y^2-4y+3$ **f)** $24f^4-17f^3+52f^2$

83 (1) 1 m breit und 10 m lang; (2) 2 m breit und 8 m lang; (3) 1,5 m breit und 9 m lang usw.

84 Clemens setzt anstelle von (c + d) s und wendet ein erstes Mal das Distributivgesetz an. Danach setzt er s anstelle von (c + d) und wendet weitere zwei Mal das Distributivgesetz an und erhält so die Multiplikationsregel.

85 **a)** $15iv + 3iw + 20jv + 4jw$ **b)** $32ad - 56ae + 12bd - 21be$ **c)** $27ax + 63az - 6bx - 14bz$
d) $5iv + 30iw + 3jv + 18jv$ **e)** $16ad - 10ae + 24bd - 15be$ **f)** $14ax + 6az - 7bx - 3bz$

86 **a)**

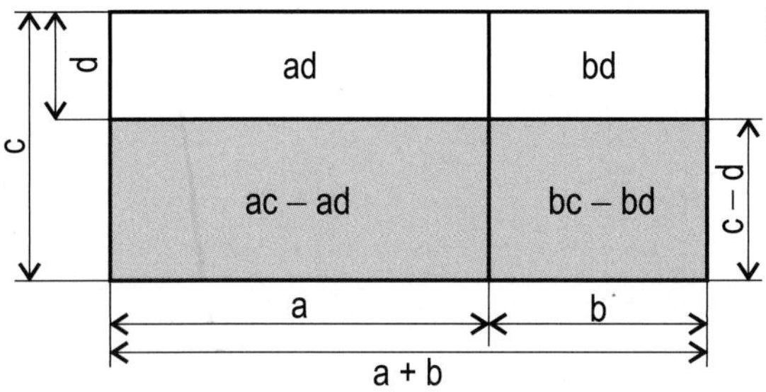

b)

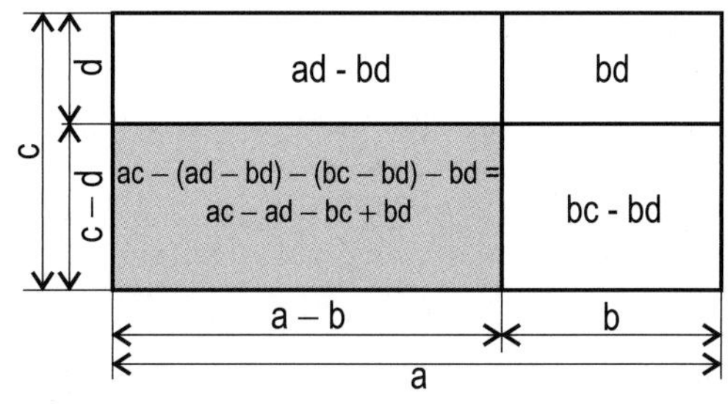

87 **a)** $2a^3 - a^2b + 4ab - 2b^2$ **b)** $x^3 + 3x^2y - xy - 3y^2$ **c)** $-50i^2 + 30ij^2 - 60ij + 36j^3$
d) $20j^5 - 10j^4 - 8j^3 + 4j^2$ **e)** $-4f^5 - 6f^4 + 2f^3 + 3f^2$ **f)** $-\frac{1}{3}g^6 + 2g^5 - \frac{1}{9}g^4 + \frac{2}{3}g^3$

88 **a)** $-6a^3 + a^2b + 6ab^2 - b^3$ **b)** $2x^2 + 2xy - xy^2 - y^3$ **c)** $10i^3 - 45i^2j + 12ij - 54j^2$
d) $12u^4 + 32u^3v^2 - 6uv - 16v^3$ **e)** $8u^3 + v^3$ **f)** $a^3 - b^3$

89 **a)** $-6p^2 - 15p + 6$ **b)** $3k^2 + 28km - 27m^2$ **c)** $-4y^2 - 6y + 33$ **d)** $53xy - 7y^2$

90 **a)** $13x^2 - 17xy - 7y^2$ **b)** $62x^3 - 40x^2y - 26xy^2 + 42y^3$
c) $-14a^3 - 60a^2b + 4ab^2 + 28b^3$

91 **a)** Die Grafik ist selbsterklärend.
b)

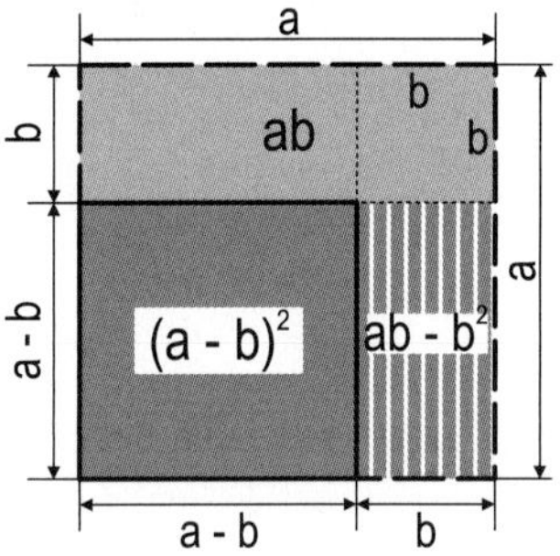

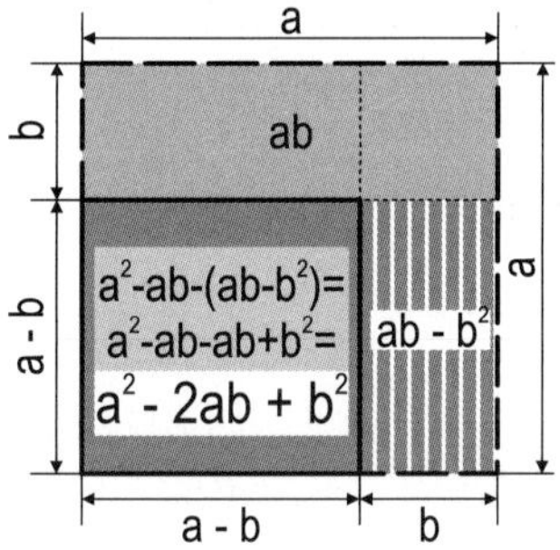

92 **a)** $36x^2 - 60xy + 25y^2$ **b)** $25u^2 - 130uv + 169v^2$ **c)** $100a^2 + 180ab + 81b^2$ **d)** $4u^2 - 28uv^2 + 49v^4$
e) $16u^4 - 48u^2v^2 + 36v^4$ **f)** $9a^2 + 12ab^2 + 4b^4$ **g)** $25a^4 + 2a^2c^2 + \frac{c^4}{25}$ **h)** $a^4d^2 - a^2d^2f + \frac{d^2f^2}{4}$

93 **a)** $9y^2 + 16z^2 + 24yz$ **b)** $4i^2 - 25j^2$ **c)** $9t^2 - 3st + \frac{1}{4}s^2$ **d)** $25x^2 - 60xy + 36y^2$
e) $-16a^2 + 9b^2$ **f)** $\frac{a^2}{4} - \frac{b^2}{9}$ **g)** $25x^2 - 60xy^2 + 36y^4$ **h)** $a^4 + 2a^3 + a^2$
i) $\frac{x^4}{9} + \frac{4}{3}x^2y^3 + 4y^6$ **j)** $a^2 - ab + \frac{b^2}{4}$ **k)** $z^2 - \frac{2}{3}z + \frac{1}{9}$ **l)** $\frac{x^2}{9} + \frac{xy}{3} + \frac{y^2}{4}$

94 **a)** $4a^2 + 2ab + \frac{b^2}{4}$ **b)** $9a^2 + 2ab + \frac{b^2}{9}$ **c)** $9a^2 - 3ab + \frac{b^2}{4}$ **d)** $x^2y^2 - bxy + \frac{b^2}{4}$
e) $4a^2 - 2ab^2 + \frac{b^2}{4}$ **f)** $4a^2 + 2ac^2 + \frac{c^4}{4}$ **g)** $x^2y^2 + \frac{x^2yz}{2} + \frac{x^2z^2}{16}$ **h)** $\frac{c^2}{9} - \frac{2a^3c}{3} + a^6$

95 **a)** $9x^2 + 24xy + 16y^2$ **b)** $a^2 + 14ab + 49b^2$

96 **a)** $(r - s)(r + s)$ **b)** $(9x - 4z)(9x + 4z)$ **c)** $\left(\frac{d}{4} - \frac{e}{3}\right)\left(\frac{d}{4} + \frac{e}{3}\right)$ **d)** $(a - 10)(a + 10)$
e) $(6 - u)(6 - u)$ **f)** $(b + 15)(b + 15)$ **g)** $(2a - 3b)(2a + 3b)$ **h)** $(2a - 3b^2)(2a - 3b^2)$
i) $(3b - 2a^3)(3b + 2a^3)$ **j)** $(2a^3 - 3b)(2a^3 - 3b)$

97 **a)** y^2 **b)** $2uv$ **c)** $2uv$ **d)** $12ij$ **e)** $90ju$ **f)** 1

98 **a)** $x^2 - 4xy + 4y^2 = (x - 2y)^2$ **b)** $36x^2 + 84xy + 49y^2 = (6x + 7y)^2$
c) $r^2 - rs + \frac{s^2}{4} = \left(r - \frac{s}{2}\right)^2$ **d)** $\frac{x^2}{4} + \frac{xy}{3} + \frac{y^2}{9} = \left(\frac{x}{2} + \frac{y}{3}\right)^2$
e) $144a^2 - 72ab + 9b^2 = (12a - 3b)^2$ **f)** $\frac{x^2}{16} + \frac{xy}{4} + \frac{y^2}{4} = \left(\frac{x}{4} + \frac{y}{2}\right)^2$

99 (1) $2x^2 - y^2 = (\sqrt{2}x - y)(\sqrt{2}x + y)$; (2) $2x^2 + \sqrt{2}xy + \frac{y^2}{4} = \left(\sqrt{2}x + \frac{y}{2}\right)^2$ (3) $x^2 + xy + \frac{y^2}{4} = \left(x + \frac{y}{2}\right)^2$
(4) $(x - 2y)^2 = x^2 - 4xy + 4y^2$ (5) $4x^2 - y^2 = (2x - y)(2x + y)$

100 **a)** $54x^2 + 33x + 7$ **b)** $6a - 2a^2$ **c)** $5x^2 + 32x + 12$ **d)** $50u^2 + 8v^2$

101 **a)** $39x^2 + 53x + 19$ **b)** $-2a^4 + 8a^2$ **c)** $15x^2 - 54x + 27$ **d)** $-60uv$

102 Siehe Nusslösungen im Schüler/innenbuch

103 **a)**

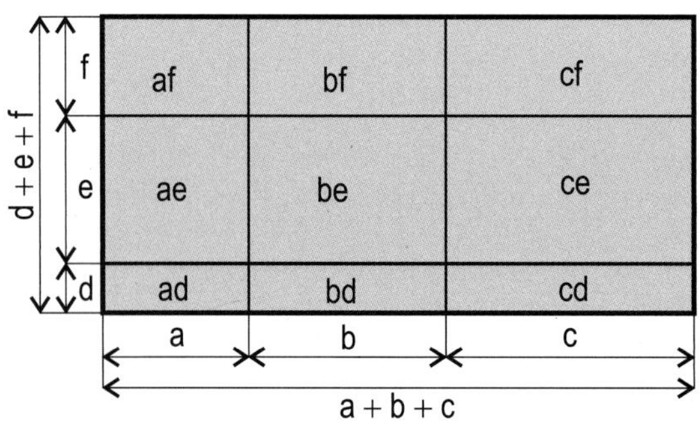

$(a + b + c)(d + e + f) = ad + bd + cd + ae + be + ce + af + bf + cf$

b) (1) $8a^2 - 4b^2 - 6c^2 + 14ab - 2ac + 14bc$ (2) $-8x^2 + 5y^2 - 2z^2 + 6xy + 8xz - 3yz$

2.2 Wiederholung – Lösen von Gleichungen

104 **a)** $L = \{6\}$ **b)** $L = \{-11\}$ **c)** $L = \{-7\}$ **d)** $L = \{1\}$

105 **a)** $L = \{12\}$ **b)** $L = \{7{,}5\}$ **c)** $L = \{42\}$ **d)** $L = \{-6\}$ **e)** $L = \{5\}$ **f)** $L = \{34\}$

106 **a)** $L = \{-9\}$ **b)** $L = \{25\}$ **c)** $L = \{2\}$ **d)** $L = \{-7{,}5\}$

107 Fehler 1: In zweiter Zeile „–" vor dem Klammernausdruck nicht beachtet.
Fehler 2: In vierter Zeile Vorzeichenfehler. Es müsste heißen $-2x = 10$
Richtigstellung: $x^2 - x^2 + 3x - x + 3 = 7$
$2x + 3 = 7$
$2x = 4$
$x = 2$

108 **a)** $L = \{20\}$ **b)** $L = \{7\}$ **c)** $L = \{7\}$ **d)** $L = \{1\}$

109 **(1)** unlösbar **(2)** allgemein gültig **(3)** eindeutig ($x = 0$) **(4)** eindeutig **(5)** allgemein gültig

110 **a)** $L = G$ **b)** $L = G$ **c)** $L = \{0\}$ **d)** $L = \{\ \}$ **e)** $L = \{\ \}$ **f)** $L = \{\ \}$

2.3 Modellieren – Anwenden von Gleichungen

2.3.1 Zahlen und Altersrätsel

111 **a)** $2\frac{1}{2}$ **b)** 2

112 **a)** $\frac{32}{3}$ und $\frac{16}{3}$ **b)** 6,5 und 9,5

113 x ist die kleinste, y die mittlere und z die größte der 3 Zahlen. $y = 39$; $z = 40$

114 23, 25, 27

115 **a)** $\frac{32}{3}$ **b)** 12 **c)** $14\frac{28}{97}$

116 **a)** 11 **b)** 12

117 Gilt für alle Zahlen, deren Ziffern diese Eigenschaft besitzen. Das sind: 30, 41, 52, 63, 74, 85, 96.

118 18

119 63

120 Ansatz: $m + 2m + (2m + 5) = 25$. Die Brüder sind 4 Jahre, 8 Jahre und 13 Jahre alt.

121 Ansatz: s sei das Alter der Schwester. $(2s - 4) = (s - 4) \cdot 4$. Der Junge ist 12 Jahre, seine Schwester 6 Jahre alt.

122 **a)** In 11 Jahren. **b)** Vor 4 Jahren

123 Mary ist 16 Jahre, Sally 8 Jahre alt.

124 Ansatz: $(x \cdot 7 - 1) : 4 = 5$. Die Hausnummer ist 3.

2.3.2 Aufgaben aus der Geometrie

125 $a + (a - 4) + (a + 9) = 44$. Die Seiten sind 13 cm, 9 cm und 22 cm lang.

126 $\alpha + \alpha + 2\alpha + \frac{\alpha}{2} = 360$. Die Winkel 80°, 80°, 160° und 40°.

127 $60\,\text{cm}^2$

128 **a)** Länge: $a + 4$; Breite: $a - 3$; Flächeninhalt: $(a + 4) \cdot (a - 3)$; Gleichung: $a^2 = (a + 4) \cdot (a - 3) = 12\,\text{cm}$
b) $a = 6\,\text{m}$

129 Ansatz: $(x + 3) \cdot (2x + 2 - 5) = x \cdot (2x + 2)$; Der Umfang beträgt 58 cm.

130 **a)** 8 cm **b)** 9 cm

131 Das neue Grundstück ist $28\,\text{m} \times 28\,\text{m} = 784\,\text{m}^2$ groß.

2.3.3 Aufgaben aus der Wirtschaft

132 **a)** 3000 €
b) Um 20 % weniger.

133 Ansatz: $20x + 50 \cdot (61 - x) = 2330$
Im Sparschwein befinden sich 24 20-Cent-Münzen und 37 50-Cent-Münzen.

134 Ansatz: $150 + 1 \cdot x = 200 + 0{,}5 \cdot x$. Bei 100 gefahrenen Kilometern sind beide Busunternehmen gleich günstig. Bei mehr als 100 Kilometern ist „Reiselust" günstiger, bei weniger als 100 Kilometern „Fliegender Pfeil".

135 Ansatz: $4 \cdot x + 3 \cdot (x - 3) = 96$. Es wurden 15 Sweater verkauft.

136 Er hat 10 000 € geerbt.

137 Siehe Nusslösungen im Schüler/innenbuch

2.3.4 Allerlei Gemischtes

138 15 Bienen

139 8 Schafe; Ansatz: $\left[x - \left(\frac{x}{2} + 3\right)\right] \cdot 8 = \left[x - \left(\frac{x}{2} + 3\right)\right] + 7$

140 **a)** 94 Quadrate **b)** 30 Quadrate **c)** 52 Quadrate

141 In der ersten Schachtel befanden sich am Anfang 67 Münzen.

142 Siehe Nusslösungen im Schüler/innenbuch

143 7 richtige Antworten

144 m sei die Anzahl der Bücher im mittleren Regal vor dem Umräumen. Nach dem Umräumen gilt:
$2 \cdot (m - 8 - 10) + (m - 8 - 10) + [(m - 8 - 10) + 24] = 92;\ m = 35$
Nach dem Umräumen stehen im mittleren Regal 17 Bücher, im oberen Regal 34 Bücher, im unteren Regal 41 Bücher.
Vor dem Umräumen stehen im mittleren Regal 35 Bücher, im oberen Regal 26 Bücher im unteren Regal 31 Bücher.

145 Ansatz: $\frac{x}{2} + \frac{1}{2} + \left(x - \left(\frac{x}{2} + \frac{1}{2}\right)\right) \cdot \frac{1}{2} + \frac{1}{2} + 11 = x$ 47 Hefte

2.3.5 Mischungsaufgaben

146 **a)** 18 kg der 20 %igen Weizen-Hirse-Mischung, 12 kg der 70 % Weizen-Hirse-Mischung.
b) Ansatz: $x \cdot 0{,}8 + (30 - x) \cdot 0{,}3 = 30 \cdot 0{,}6$

147 Ansatz: $x \cdot \frac{80}{100} + (4 - x) \cdot \frac{30}{100} = 4 \cdot \frac{40}{100}$ Man benötigt 0,8 Liter 80 %ige und 3,2 Liter 30 %ige Salzsäure.

148 Ansatz: $40 \cdot \frac{333}{1000} + 110 \cdot \frac{750}{1000} = 150 \cdot \frac{x}{1000}$ Die Mischung hat einen Feingehalt von 638,8.

149 10,50 €/kg

150 **a)** Das entstehende Messing hat 13 % Kupfergehalt.
b) Man muss $1\frac{5}{7}$ kg 15 %iges Messing mit $1\frac{2}{7}$ kg 8 %igem Messing verschmelzen.

151 12,5 l Wasser

2.3.6 Bewegungsaufgaben

152 **a)** Siehe Lösungsvorschlag im Schüler/innenbuch
b) Auto 1 legt in der Zeit t eine Strecke $s = 50 \cdot t$ zurück, Auto 2 in der Zeit (t − 0,5) eine Strecke von $s = 60 \cdot (t - 0{,}5)$. Bis zum Einholen legen beide Autos eine gleich lange Strecke zurück.
Daher gilt: $50t = 60 \cdot (t - 0{,}5)$; $t = 3$ h. Auto 2 holt Auto 1 in 150 km Entfernung von Innsbruck ein.

153 **a)** 30 Minuten **b)** 8 km von Bruck und 7 km von Leoben entfernt

154 Ansatz: $21 \cdot t = 28 \cdot (t - 36)$; $t = 144$ h.
Der Schnelldampfer holt den Frachter nach **a)** 108 h, das sind 4,5 Tage **b)** 5600 km von New York entfernt ein.

155 **a)** Ansatz: $480 \cdot t + 320 \cdot \left(t - \frac{10}{60}\right) = 240$; $t = \frac{11}{30}$ h. Die Flugzeuge begegnen sich um 10.22 Uhr.
b) Flugzeug A hat 176 km zurückgelegt, Flugzeug B 64 km.

156 **a)** Der Sonderzug überholt den Güterzug um ca. 9.16 Uhr.
b) ca. 111 km von Salzburg entfernt.

157 **a)** Das zweite Auto fuhr mit einer mittleren Geschwindigkeit von 45 km/h.
b) Sie treffen einander ca. 320 km von Graz bzw. 180 km von Nürnberg entfernt.

158 Der Radfahrer aus Melk benötigt 15 Minuten bis zum Treffpunkt. Daher der Ansatz für den Radfahrer aus Spitz: $18 \cdot \left(\frac{15}{60} + t\right) = 15$. Der Radfahrer ist um 9.25 Uhr in Spitz abgefahren.

159 Ansatz: $(x + 10) \cdot 3 + x \cdot 4 = 660$. Der Bus fährt mit einer Geschwindigkeit von 90 km/h.

2.4 Aus dem Gleichgewicht – Ungleichungen

2.4.1 Angabe von Mengen

160 **a)** 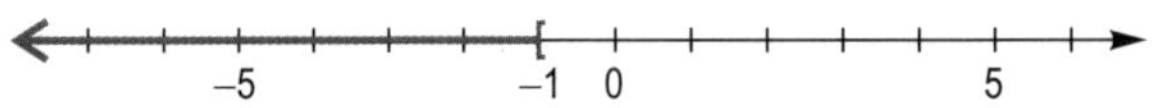

$]-\infty; -1[$

b) 

$]-\infty; 3{,}5]$

c) 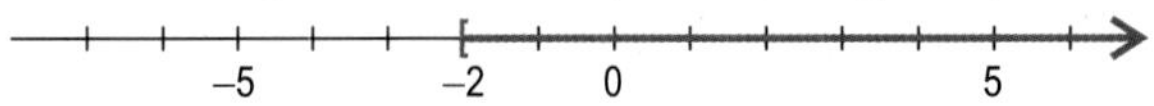

$[-2; \infty[$

d) 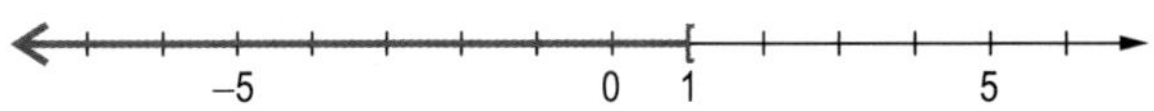

$\{x \in \mathbb{R} \mid x < 1\}$

e) 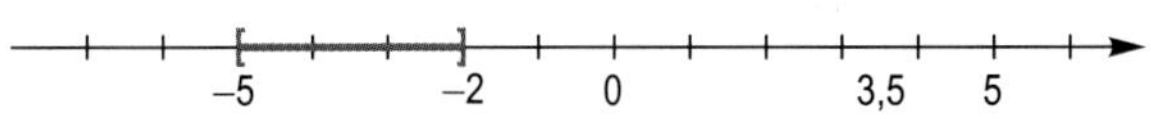

$\{x \in \mathbb{R} \mid -5 \le x \le -2\}$

f) 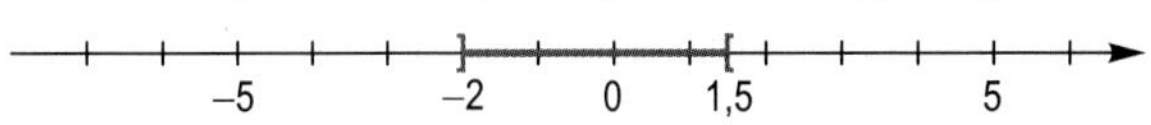

$]-2; 1{,}5[$

g) 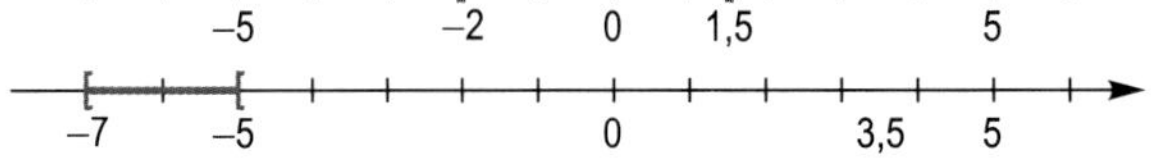

$[-7; -5[$

h) 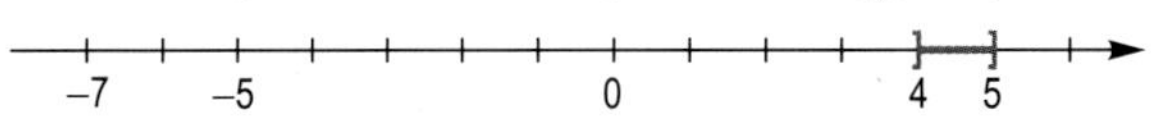

$\{x \in \mathbb{R} \mid 4 < x \le 5\}$

i) 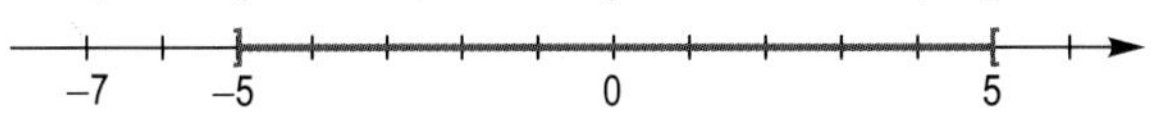

$]-5; 5[$

161 **a)** $L = \{x \in \mathbb{R} | x < 4\} =]-\infty; 4[= (-\infty; 4)$ **b)** $L = \{x \in \mathbb{R} | x \leq -3\} =]-\infty; -3] = (-\infty; -3]$
c) $L = \{x \in \mathbb{R} | x \leq 1\} =]-\infty; 1] = (-\infty; 1]$ **d)** $L = \{x \in \mathbb{R} | -7 \leq x \leq -1\} = [-7; -1]$
e) $L = \{x \in \mathbb{R} | x > 1\} =]1; \infty[= (1; \infty)$ **f)** $L = \{x \in \mathbb{R} | x \geq -7\} = [-7; \infty[= [-7; \infty)$
g) $L = \{x \in \mathbb{R} | -3 < x < 4\} =]-3; 4[= (-3; 4)$ **h)** $L = \{x \in \mathbb{R} | -3 < x \leq 1\} =]-11; 1] = (-11; 1]$

2.4.2 Lösen von Ungleichungen

162 **a)** −6, −5, −4 erfüllen das Zahlenrätsel. Marias Umformungen führen auf falsche Lösungen.
b) Sebastian hat richtig gerechnet. Erklärung findest du in Information auf Seite 53.

163 **a)** $L =]-\infty; -3[$ **b)** $L = [8; \infty[$ **c)** $L = [3; \infty[$ **d)** $L =]-\infty; 0[$
e) $L =]-6; \infty[$ **f)** $L = [-4; \infty[$ **g)** $L =]-\infty; -3[$ **h)** $L = [3; \infty[$

164 **a)** $+9{,}5$; $10{,}7$ **b)** $:50$; $-0{,}2$ **c)** $:0{,}3$; 0 **d)** $\cdot\frac{3}{2}$; $-1{,}5$

165 **a)** $L = \{x \in \mathbb{R} | x < 4\}$
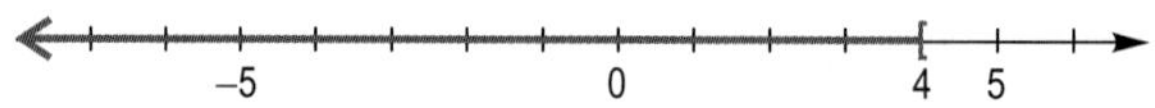

b) $L = \{x \in \mathbb{R} | x \leq -5\}$
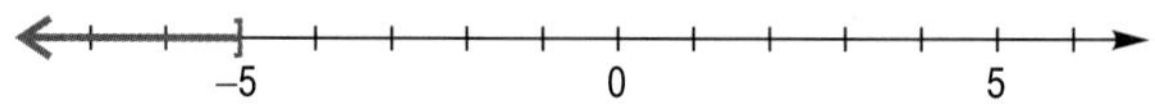

c) $L = \{x \in \mathbb{R} | x > 6{,}5\}$
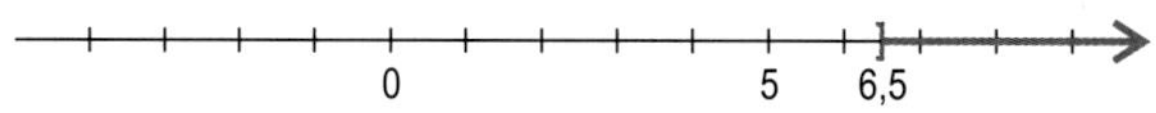

d) $L = \left\{x \in \mathbb{R} | x < -\frac{1}{2}\right\}$

e) $L = \{x \in \mathbb{R} | x \geq 4\}$
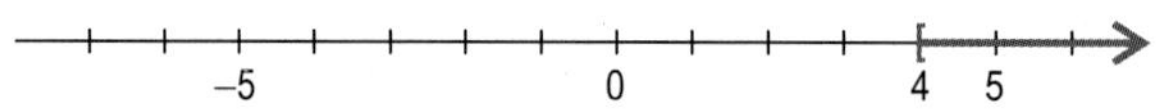

f) $L = \{x \in \mathbb{R} | x \geq -8\}$
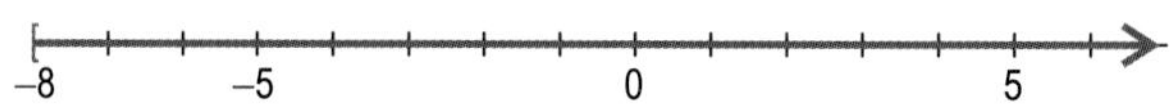

g) $L = \{x \in \mathbb{R} | x \geq -0{,}4\}$

h) $L = \{x \in \mathbb{R} | x \geq -2\}$
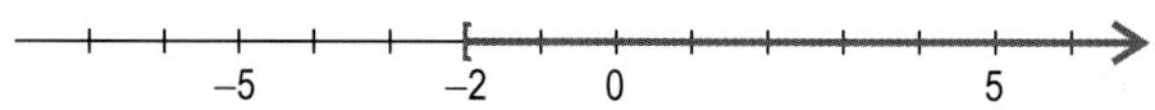

i) $L = \{x \in \mathbb{R} | x > 0\}$
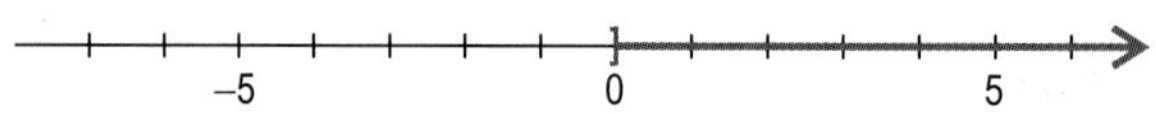

j) $L = \{x \in \mathbb{R} | x \geq 0\}$
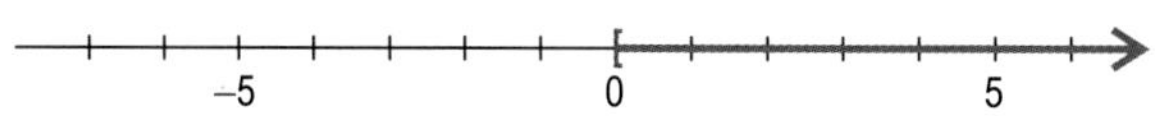

166 **a)** (1) $L = \{0, 1, 2, 3, 4, 5, 6, 7\}$; (2) $L = \{x \in \mathbb{Z} | x < 7\}$; (3) $L = \{x \in \mathbb{R} | x < 7\}$
b) (1) $L = \{0, 1, 2, 3\}$; (2) $L = \{x \in \mathbb{Z} | x < 4\}$; (3) $L = \{x \in \mathbb{R} | x < 4\}$
c) (1) $L = \{\ \}$; $L = \{x \in \mathbb{Z} | x < 0\}$, (3) $L = \{x \in \mathbb{R} | x < -0{,}25\}$
d) (1) $L = \mathbb{N}$; (2) $L = \{x \in \mathbb{Z} | x > -45\}$; $L = \{x \in \mathbb{R} | x > -45\}$
e) (1) $L = \{\ \}$; (2) $L = \{x \in \mathbb{Z} | x \leq -1\}$; $L = \{x \in \mathbb{R} | x \leq -\frac{3}{5}\}$
f) (1) $L = \mathbb{N}$; (2) $L = \{x \in \mathbb{Z} | x > -3\}$; $L = \{x \in \mathbb{R} | x > -3\}$
g) (1) $L = \{0\}$; (2) $L = \{x \in \mathbb{Z} | -3 \leq x < 1\}$; (3) $L = \{x \in \mathbb{R} | -3 \leq x < 1\}$
h) (1) $L = \{0, 1, 2, 3\}$; (2) $L = \{x \in \mathbb{Z} | -3 < x < 4\}$; (3) $L = \{x \in \mathbb{R} | -3 < x < 4\}$
i) (1) $L = \{1, 2, \ldots, 9, 10, 11\}$, (2) $L = \{x \in \mathbb{Z} | 0 < x < 12\}$; (3) $L = \{x \in \mathbb{R} | 0 < x < 12\}$

167 C, D

168 Einige mögliche äquivalente Ungleichungen:

a) $2x < 2$; $x + 3 < 4$; $0 < 1 - x$; $3x - 5 < 2x - 4$ **b)** $2x \geq 2$; $x + 3 \geq 4$; $x - 1 \geq 0$; $1 + 2x \leq 3x$

c) $2x > 2$; $x + 3 > 4$; $0 > 1 - x$; $3x - 5 > 2x - 4$ **d)** $4y \leq 6$; $2y + 1 \leq 4$; $y \leq 1{,}5$; $5y - 4 \leq y + 2$

e) $3a < 2a$; $a < 0$; $6a + 5 < 4a + 5$; $2a - 3{,}8 < 2 \cdot (0{,}5a - 1{,}9)$

169 **a)** $L = \{x \in \mathbb{R} \mid x < 17\}$ **b)** $L = \{x \in \mathbb{R} \mid x \geq 1\}$ **c)** $L = \{x \in \mathbb{R} \mid x \geq -4\}$ **d)** $L = \{x \in \mathbb{R} \mid x > 1\}$

e) $L = \{x \in \mathbb{R} \mid x \geq -1\}$ **f)** $L = \{a \in \mathbb{R} \mid a < -1{,}5\}$ **g)** $L = \{a \in \mathbb{R} \mid a > -4\}$ **h)** $L = \{y \in \mathbb{R} \mid y > 36\}$

170 **a)** $L = \{y \in \mathbb{R} \mid y \geq 1\}$ **b)** $L = \{x \in \mathbb{R} \mid x \leq -8\}$ **c)** $L = \{z \in \mathbb{R} \mid z < -1\}$ **d)** $L = \left\{f \in \mathbb{R} \mid f > \frac{1}{3}\right\}$

171 Stefan isoliert die Variable x auf der linken Seite. Im vorletzten Schritt multipliziert er mit (− 1) und muss daher das Ungleichheitszeichen umdrehen.
Peter bringt die Variable x auf die rechte Seite der Ungleichung und isoliert sie dann. Er erspart sich damit die Multiplikation mit (− 1).
Bastian arbeitet sehr umständlich. Der erste Schritt wäre eigentlich nicht notwendig. Sein weiterer Weg ähnelt dann dem Weg von Peter.

172 Folgende Ungleichungen wären z. B. möglich:

a) $2x \geq -4$; $x + 5 \geq 1$; $6 - x \leq 8$; $3x - 5 \geq 2x - 7$ **b)** $2x > -4$; $x + 5 > 1$; $6 - x < 8$; $3x - 5 > 2x - 7$

c) $2x < -4$; $x + 5 < 1$; $6 - x > 8$; $3x - 5 < 2x - 7$

173 Petra: Wenn man zu 5 eine beliebige Zahl addiert, erhält man mit Sicherheit eine kleinere Zahl, als wenn man zu 8 dieselbe Zahl addiert. Damit lösen alle Zahlen diese Ungleichung.
Hanna: Wenn man von 5 eine Zahl subtrahiert, ist diese Differenz größer, als wenn man dieselbe Zahl von 1 subtrahiert. Damit kann diese Ungleichung von keiner Zahl erfüllt werden, da dort genau das Gegenteil behauptet wird.

174 **a)** < **b)** Keines davon **c)** > **d)** > **e)** Keines davon

175 $\mathbb{R}$; { }; weder noch; $\mathbb{R}$; $\mathbb{R}$

2.4.3 Textungleichungen

176 **a)** $x > 0$ **b)** $x = 0$

177 **a)** $(x - 11) \cdot 7 < 42$ Alle Zahlen, die kleiner als 17 sind.

b) $90 + x \geq 80$ Alle Zahlen, die größer oder gleich − 10 sind.

c) $2x \geq 3x + 8$ Alle Zahlen, die kleiner oder gleich − 8 sind.

d) $\frac{x}{2} > x + 1$ Alle Zahlen, die kleiner als − 2 sind.

e) $8x - (x - 15) > 10x$ Alle Zahlen, die kleiner als 5 sind.

178 Jeder Motor darf höchstens 67 kg wiegen (unter der Annahme, dass alle gleich schwer sind).

179 Jeder Block muss mehr als € $2\frac{1}{3}$, also mindestens € 2,34 kosten.

180 Jeder Würfel ist ein gerades Prisma mit quadratischer Grundfläche. Da $G = a^2$ und die Höhe des Würfels gleich der Basiskantenlänge ist, gilt: $V = a^2 \cdot a = a^3$.

181 Bei mehr als 300 Besuchern ist die zweite Band billiger, bei weniger als 300 die erste und bei genau 300 Besuchern sind beide Bands gleich günstig.

182 Ansatz: Man kauft x Stück Topfentorte und (10 − x) Stück Obsttorte. Daher $x \cdot 2 + (10 - x) \cdot 2{,}30 \leq 21$; $x \geq 6\frac{2}{3}$.
Es können höchstens 3 Stück Obsttorte gekauft werden. Es bleiben dann 0,40 € über.

183 Das City-Bike hat ursprünglich höchstens € 333,33 gekostet.

184 Ab 1000 km ist das erste Angebot günstiger.

185 Siehe Nusslösungen im Schüler/innenbuch

186 **a)** Die Aussage ist richtig, wenn x positiv ist, sonst ist sie falsch.
b) Die Aussage ist richtig, wenn x positiv ist, sonst ist sie falsch.

187 **a)** Negative Zahlen **b)** Das ist nie möglich
c) Diese Eigenschaft haben alle negativen Zahlen aber auch alle Zahlen, die größer als 1 sind.

2.5 Bruchterme

2.5.1 Definitionsmenge von Bruchtermen

188 $x \neq 0$; $a \neq -2$; $y \neq -3, y \neq 1$; $b \neq \frac{3}{2}$

189 **a)** Nenner $x = 0$ **b)** Nenner $(x + 10) = 0$ **c)** Nenner $a(a - 2) = 0$ **d)** Nenner $x^2 - x = 0$.

190 T_1: $y = 0$; T_2: $x = 1$; T_3: $a = -2$, $a = -1$; T_4: $b = 3$, $b = -5$; T_5: $b = 5$

191 **a)** $D = \mathbb{R}\setminus\{3\}$ **b)** $D = \mathbb{R}\setminus\{0, 1\}$ **c)** $D = \mathbb{R}\setminus\{0, -1\}$ **d)** $D = \mathbb{R}\setminus\left\{0, -\frac{1}{2}\right\}$
e) $D = \mathbb{R}\setminus\left\{\frac{2}{5}\right\}$ **f)** $D = \mathbb{R}\setminus\{-1, 1\}$ **g)** $D = \mathbb{R}$ **h)** $D = \mathbb{R}\setminus\{0, 1, -1\}$

192 **a)** $\frac{1}{x}, \frac{3}{2x}, \frac{x+1}{x}$ **b)** $\frac{1}{x-5}, \frac{x}{3x-15}, \frac{x+3}{5-x}$ **c)** $\frac{3}{x^2+1}, \frac{x}{x^2+4}, \frac{3x-7}{x^2+3}$
d) $\frac{5}{(x-8)(x+3)}, \frac{x-3}{(2x-16)(x+3)}, \frac{x^2-2x+7}{x^2-5x-24}$

193 **a)** $x \neq -y$ **b)** $x \neq 0, y \neq 0$ **c)** $x \neq y$, $x \neq -y$
d) $y \neq 0$, $y \neq x$ **e)** $x \neq -y$ **f)** $x \neq y$

194 **a)** $2x \neq y$ **b)** $x \neq y$ **c)** $x \neq -2y$
d) $x \neq -2y$ **e)** $a \neq b$, $a \neq 0$ **f)** $p \neq -q$

2.5.2 Kürzen und Erweitern von Bruchtermen

195 **a)** $\frac{2y}{3}$ für $x \neq 0$ **b)** $\frac{y}{5x}$ für $x \neq 0$ **c)** $\frac{2ab}{5}$ für $a, b, c \neq 0$ **d)** $x + y$ für $a \neq 0$
e) a für $b \neq c$ **f)** $\frac{6k}{5(v-w)}$ für $v \neq w$ und $k \neq 0$ **g)** $\frac{1}{2(a+1)}$ für $a \neq \pm 1$

196 **a** $(b + c)$ für $a \neq 0$ **b)** $\frac{a+b}{a-b}$ für $a \neq b$ und $a \neq 0$
c) $\frac{2a-3b}{2a+3b}$ **d)** $(3y - 2x)$ für $x, y \neq 0$
e) $\frac{1}{5}$ für $x \neq -y$ **f)** $\frac{y+z}{y-z}$ für $x \neq 0$ und $y \neq z$
g) $\frac{3z-4y}{2y-2z}$ für $x \neq 0$ und $y \neq z$

197 **a)** $x - y$ (für $x \neq y$) **b)** $a + 5$ (für $a \neq -5$) **c)** $\frac{a-b}{a+b}$ (für $a \neq -b$)

d) $\frac{2x-3y}{2x+3y}$ $\left(\text{für } x \neq -\frac{3}{2}y\right)$ **e)** $\frac{3a+5b}{3a-5b}$ $\left(\text{für } a \neq \frac{5}{3}b\right)$ **f)** $\frac{2a-3y}{2a+3y}$ $\left(\text{für } a \neq \pm\frac{3}{2}y\right)$

198 **a)** $3a$ **b)** $x - y$ **c)** $2xy$

d) $x + y$ **e)** a **f)** $2 \cdot (z - 2)$

199 **a)** B: $\frac{a+1}{b+a}$; D: $\frac{2}{3}$; E:1 **b)** A: $\frac{x}{a}$; B: $\frac{x-a}{y-ay}$; D: -1; E: $\frac{p-2q}{3q-4p}$

200 **a)** 4; x **b)** 2; 3 **c)** 4; 3x **d)** a; b

e) x; x + y **f)** 2y; 3(x − y) **g)** p; $p^2 - q^2$ **h)** (−1); 1

201 Entscheidend ist die schwarze Farbe. Es lassen sich maximal 41 Plakate herstellen. Es bleiben 16 g schwarze und jeweils 836 g rote und grüne Farbe über.

2.5.3 Multiplikation und Division von Bruchtermen

202 **a)** $\frac{28x^2y^2}{15a^3}$ (für $a \neq 0$) **b)** $\frac{63pq}{40}$ (für $p, q \neq 0$) **c)** $\frac{x+y}{y^2}$ (für $x, y \neq 0$)

d) $\frac{b^3}{a^2 - ab}$ (für $a \neq 0$, $a \neq -b$) **e)** $\frac{28a^2y}{27b^3}$ (für $b \neq 0$) **f)** $\frac{5}{2y^2}$ (für $x, y \neq 0$)

g) $\frac{3ac}{32b}$ (für $a, b \neq 0$) **h)** $\frac{2y}{5x}$ (für $x, y \neq 0$) **i)** $3a$ (für $b \neq 0$)

j) $\frac{8y}{5}$ (für $x \neq 0$) **k)** $\frac{64a^2b}{3}$ (für $b \neq 0$) **l)** $\frac{4x^2 + 4xy}{7y}$ (für $y \neq 0$)

m) $-\frac{3}{2}$ (für $a, b \neq 0$) **n)** $4rs + 4s^2$ (für $r \neq 0$)

203 **a)** $\frac{1}{a^2 + ab}$ (für $a \neq 0$, $a \neq b$, $a \neq -b$) **b)** 1 (für $a \neq b$, $a \neq -b$)

c) $a^2 - b^2$ (für $a \neq b$, $a \neq -b$) **d)** $\frac{a-b}{x+y}$ (für $x \neq y$, $x \neq -y$)

204 **a)** $\frac{3ax}{4b}$ **b)** $\frac{49}{uvw}$ **c)** $\frac{ac + bc}{4}$

205 **a)** $\frac{ruv}{3}$ (für $r, u, v \neq 0$) **b)** $12y$ (für $x, y \neq 0$) **c)** $\frac{ax}{b}$ (für $a, b, c, x, y, z \neq 0$) **d)** $\frac{3b}{2}$ (für $a, c \neq 0$)

206 **a)** $\frac{1}{3b}$ (für $a, b \neq 0$) **b)** $\frac{2}{5x}$ (für $x, y \neq 0$) **c)** $\frac{32x^2z}{7y}$ (für $a, x, y, z \neq 0$)

d) $\frac{4xz}{3y}$ (für $x, y, z \neq 0$) **e)** $\frac{3x}{4yz}$ (für $x, y, z \neq 0$) **f)** $\frac{3z}{10ax}$ (für $a, x, y, z \neq 0$)

g) $\frac{a^3 + 3a^2b + 3ab^2 + b^3}{a-b}$ (für $a \neq b$, $a \neq -b$) **h)** $x - y$ (für $x \neq y$, $x \neq -y$)

207 **a)** $\frac{\cancel{(x+y)}}{\cancel{(a-b)}} \cdot \frac{\cancel{(a-b)}(a+b)}{\cancel{(x+y)}} = a + b$ **b)** $\frac{\cancel{(a-b)}\cancel{(a+b)}}{\cancel{(a+b)}\cancel{(a+b)}} \cdot \frac{\cancel{(a+b)}}{\cancel{(a-b)}} = 1$ **c)** $\frac{\cancel{3}\cancel{(x-y)}}{4\cancel{(a-b)}} \cdot \frac{5\cancel{(a-b)}(a+b)}{\cancel{6}_{2}\cancel{(x-y)}} = \frac{5(a+b)}{8}$

d) $\frac{\cancel{(x-y)}\cancel{(x-y)}}{\cancel{(x-y)}\cancel{(x+y)} \cdot \cancel{(x+y)}} \cdot \frac{\cancel{(x+y)}}{\cancel{(x-y)}} = 1$

208 **a)** $\frac{2x}{3} \cdot \frac{y}{7} = \frac{2xy}{21}$ **b)** richtig **c)** $\frac{ab + b^2}{a}$ **d)** $\frac{1}{(c+d)^2} \cdot \frac{1}{(c+d)} = \frac{1}{(c+d)^3}$

2.5.4 Addition und Subtraktion von Bruchtermen

209 **a)** $\frac{-2u + 9v}{2a^2}$ **b)** $\frac{-3a^2 + 3b - 5c}{8p}$ **c)** $\frac{5a - 3b}{2a - 3b}$

d) $\frac{4a^2 - 2b + 2c}{9b}$ **e)** $\frac{a^2 - 2b^2 - 2a - 5c}{2ab^2}$ **f)** $\frac{2x + y}{x^2 - y^2}$

210 **a)** $\frac{5ax - by}{4xy}$ (für x, y ≠ 0) **b)** $\frac{5bx + 7ay}{35ab}$ (für a, b ≠ 0) **c)** $\frac{4b^2c + 3a^2d}{3a^2b^2}$ (für a, b ≠ 0)
d) $\frac{3ac - 2b^2}{12bc}$ (für b, c ≠ 0) **e)** $\frac{20y + 21x^2}{48x^2y}$ (für x, y ≠ 0) **f)** $\frac{5tv - 4su^2}{20u^2v}$ (für u, v ≠ 0)
g) $\frac{b - a}{a^2b^2}$ (für a, b ≠ 0) **h)** $\frac{ab - 2b}{4a^2}$ (für a ≠ 0) **i)** $\frac{3x + 6}{2x^2}$ (für x ≠ 0)
j) $\frac{2z^2 - 5zy - 2xy}{x^2yz^2}$ (für x, y, z ≠ 0) **k)** $\frac{3a^2b + 12ab - 4a - 12b + 48bc}{12a^2b}$ für (a, b ≠ 0)
l) $\frac{-6ay + 10az - 67y + 14z}{60xyz}$ (für x, y, z ≠ 0)

211 **a)** $\frac{a + 2}{2(a + 1)}$ (für a ≠ − 1) **b)** $\frac{-x^2 + 3}{x(x + 1)}$ (für x ≠ 0, x ≠ − 1) **c)** $\frac{-3x^2 + 2}{6x(x - 2)}$ (für x ≠ 0, x ≠ 2)
d) $\frac{a^2 - 3a + 4}{(a - 2)(a + 2)}$ (für a ≠ 2, a ≠ − 2) **e)** $\frac{-a - 7}{6(a - 1)(a + 1)}$ (für a ≠ 1, a ≠ − 1)
f) $\frac{3}{u(u - 3)(u + 3)}$ (für u ≠ 0, u ≠ 3, a ≠ − 2) **g)** $\frac{x^2 + 2y^2}{(x - 2y)(x + 2y)}$ (für x ≠ 2y, x ≠ − 2y)
h) $\frac{4x^2 - x - 3}{6x(2x - 3)(2x + 3)}$ (für $x \neq 0, x \neq \frac{3}{2}, x \neq -\frac{3}{2}$) **i)** $\frac{4x - 1}{6(2x - 1)(2x + 1)}$ (für $x \neq \frac{1}{2}, x \neq -\frac{1}{2}$)

212 **a)** Die Hälfte **b)** Die Hälfte **c)** Die Hälfte

2.5.5 Verbindung der Grundrechnungsarten

213 **a)** $\frac{9x^2z - 10xy^2}{3y^2z}$ (für y, z ≠ 0) **b)** $\frac{15a^2c - 8a^2b}{10b^2c}$ (für b, c ≠ 0) **c)** $\frac{8x^2 + 3y^2}{8y^2}$ (für x, y ≠ 0)
d) $\frac{u^2 + 3uv}{6v^2}$ (für v ≠ 0) **e)** $16ab^2 - 12a^2b$ (für a, b ≠ 0) **f)** $\frac{b^2 - a^2}{a^2b^2}$ (für a, b ≠ 0)
g) $\frac{-4y}{x^2} + \frac{3}{x}$ (für x, y ≠ 0) **h)** $\frac{a^2b^2}{2} + \frac{b^3}{2}$ (für a ≠ 0) **i)** $2x^2 - xy^2$ (für x, y ≠ 0)

214 **a)** $\frac{18b^2d - 8c}{9bcd}$ (für b, c, d ≠ 0) **b)** $\frac{14q^2v - 15p^2u}{14pqv}$ (für p, q, u, v ≠ 0)
c) $\frac{rs}{r^2 - s^2}$ (für r, s ≠ 0, r ≠ s, r ≠ − s) **d)** $a^2b^2 + ab$ (für a, b ≠ 0, a ≠ b, a ≠ − b)
e) 0 (für a ≠ b, a ≠ − b) **f)** -4pq (für p ≠ q, p ≠ − q)

215 **a)** f^2 **b)** $\frac{3f}{f + 1}$ **c)** $\frac{3a + 1}{a}$
d) $\frac{1}{2x + 1}$ **e)** $(a - b)^2$ **f)** u − v
g) $\frac{1}{v - 1}$ **h)** $\frac{2a + c}{2}$ **i)** − (x + y)

216 **a)** (1) 45,45 % (2) 77,27 % **b)**

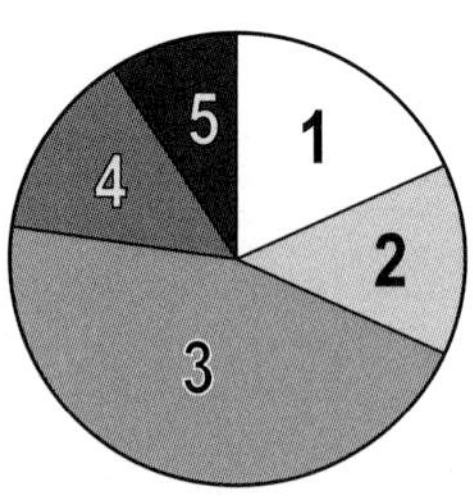

2.6 Bruchgleichungen

2.6.1 Lösen von Bruchgleichungen

217 **a)** $L = \{-1\}$ **b)** $L = \{2\}$ **c)** Siehe Lösungsvorschlag im Schüler/innenbuch

218 **a)** $L = \left\{\frac{1}{3}\right\}$, $D = \mathbb{R}\setminus\{0\}$ **b)** $L = \left\{\frac{1}{5}\right\}$, $D = \mathbb{R}\setminus\{0\}$ **c)** $L = \left\{\frac{1}{2}\right\}$, $D = \mathbb{R}\setminus\{0\}$ **d)** $L = \{-1\}$, $D = \mathbb{R}\setminus\{0\}$
e) $L = \left\{\frac{3}{2}\right\}$, $D = \mathbb{R}\setminus\{2\}$ **f)** $L = \{0\}$, $D = \mathbb{R}\setminus\{-1\}$ **g)** $L = \left\{\frac{9}{10}\right\}$, $D = \mathbb{R}\setminus\{1\}$ **h)** $L = \{4\}$, $D = \mathbb{R}\setminus\{5\}$

219 **a)** $L = \{-9\}$, $D = \mathbb{R}\setminus\{0, -3\}$ **b)** $L = \{-4\}$, $D = \mathbb{R}\setminus\{0, 3\}$ **c)** $L = \{3\}$, $D = \mathbb{R}\setminus\{0, 5\}$
d) $L = \{-7\}$, $D = \mathbb{R}\setminus\{0, -1\}$ **e)** $L = \{-7\}$, $D = \mathbb{R}\setminus\{3, -3\}$ **f)** $L = \{-5\}$, $D = \mathbb{R}\setminus\{-6, -12\}$
g) $L = \{2\}$, $D = \mathbb{R}\setminus\{4, 9\}$ **h)** $L = \{3\}$; $D = \mathbb{R}\setminus\{5, 10\}$

220 **a)** $L = \{-20\}$, $D = \mathbb{R}\setminus\left\{\frac{2}{5}, \frac{8}{3}\right\}$ **b)** $L = \{-12\}$, $D = \mathbb{R}\setminus\left\{\frac{4}{3}, -\frac{4}{3}\right\}$ **c)** $L = \{5\}$, $D = \mathbb{R}\setminus\left\{\frac{5}{2}, -5\right\}$
d) $L = \{4\}$, $D = \mathbb{R}\setminus\{0, -2\}$ **e)** $L = \{1\}$, $D = \mathbb{R}\setminus\left\{\frac{1}{2}, -1\right\}$ **f)** $L = \{-6\}$, $D = \mathbb{R}\setminus\{3, -3\}$
g) $L = \{-1\}$, $D = \mathbb{R}\setminus\left\{-\frac{7}{4}, \frac{2}{3}\right\}$ **h)** $L = \{-4\}$, $D = \mathbb{R}\setminus\{0, 1\}$

221 **a)** $L = \{-3\}$, $D = \mathbb{R}\setminus\{1\}$ **b)** $L = \{6\}$, $D = \mathbb{R}\setminus\{-1\}$ **c)** $L = \{0\}$, $D = \mathbb{R}\setminus\{-1\}$ **d)** $L = \{1\}$, $D = \mathbb{R}\setminus\{-2, 2\}$ **e)** $L = \{5\}$, $D = \mathbb{R}\setminus\{-2, 2\}$ **f)** $L = \{-2\}$, $D = \mathbb{R}\setminus\{-4\}$

222 $x^2 + 1$ und $2 \cdot (x^2 + 1)$ können nie Null sein, da $x^2 \geq 0$ für alle x aus den reellen Zahlen ist. $L = \left\{\frac{1}{2}\right\}$

223 **a)** Siehe Lösungsvorschlag im Schüler/innenbuch
b) (1) $L = \mathbb{R}\setminus\{4\}$ (2) $L = \mathbb{R}\setminus\{0\}$ (3) $L = \mathbb{R}\setminus\{1\}$ (4) $L = \mathbb{R}\setminus\{2\}$

224 **a)** $x = 1$, daher $L = \{\ \}$ wegen $D = \mathbb{R}\setminus\{-1, 1\}$ **b)** $L = \mathbb{R}\setminus\{-1, 1\}$ **c)** $L = \{0\}$

225 **a)** $L = \{\ \}$, $D = \mathbb{R}\setminus\{-3, 3\}$ **b)** $L = \{1\}$, $D = \mathbb{R}\setminus\{-4, 4\}$ **c)** $L = \{-2\}$, $D = \mathbb{R}\setminus\{-1, 0\}$
d) $L = \{\ \}$; $D = \mathbb{R}\setminus\{0, 2\}$ **e)** $L = \{-6\}$, $D = \{-1, -2\}$ **f)** $L = \{-4\}$, $D = \mathbb{R}\setminus\{3\}$

226 Max erhält 15 €, Sebastian 24 €.

2.6.2 Textgleichungen mit Bruchtermen

227 **a)** (1) 40,8 cm (2) 30 cm (3) −8,57 cm (4) ∞
b) (1) 60 cm (2) 26,4 cm (3) −6 cm

228 **a)** 6 **b)** 5 **c)** 2 **d)** 3

229 **a)** $\frac{x-2}{2x+2} = 0{,}4$ oder $(x-2) : (x+4) = 0{,}4 : 0{,}6$; 14 Buben und 14 Mädchen.
b) $\frac{x+3}{3x+3} = 0{,}4$; 30 Buben und Mädchen.

230 360 000; 140 000 000; 370; 245 370; 170 000 000; 21 700 000; 30

231 $\frac{1}{6} + \frac{1}{7} = \frac{1}{x}$; es dauert $3\frac{3}{13}$ Tage, das sind ungefähr 3 Tage und 5,5 Stunden.

232 Ansatz: $\frac{1}{2x} + \frac{1}{x} = \frac{1}{18}$ (x ist die Anzahl der Stunden, die zum Füllen des Beckens benötigt wird, d.h. durch Schlauch 1 dauert das Füllen x Stunden, durch Schlauch 2 dauert es 2 x Stunden). Mit Schlauch 1 dauert das Füllen 27 Stunden, mit Schlauch 2 dauert es 54 Stunden.

233 **a)** 2,4 h **b)** 3,5 h **c)** 3 h

234 **a)** Zusammen benötigen sie 15 Minuten.
b) Die schnellere Maschine druckt 15 000, die zweite 9000 Stück der Zeitung.

235 Siehe Nusslösungen im Schüler/innenbuch

2.7 Umformen von Formeln

236 **a)** $l_1 = l - l_2$; $l_1 = l - l_2$

b) $F_1 = \frac{F_2 \cdot s_2}{s_1}$; $F_2 = \frac{F_1 \cdot s_1}{s_2}$; $s_1 = \frac{F_2 \cdot s_2}{F_1}$; $s_2 = \frac{F_1 \cdot s_1}{F_2}$

c) $t = \frac{W}{p}$; $W = p \cdot t$

d) $U_1 = \frac{R_1 \cdot U_2}{R_2}$; $U_2 = \frac{R_2 \cdot U_1}{R_1}$; $R_1 = \frac{U_1 \cdot R_2}{U_2}$; $R_2 = \frac{R_1 \cdot U_2}{U_1}$

e) $A = \frac{F}{p}$; $F = A \cdot p$

f) $k = \frac{F}{x}$; $x = \frac{F}{k}$

g) $m = \frac{Q}{c \cdot t}$; $c = \frac{Q}{m \cdot t}$; $t = \frac{Q}{c \cdot m}$

h) $U = \frac{W}{I \cdot t}$; $I = \frac{W}{U \cdot t}$; $t = \frac{W}{I \cdot U}$

i) $F = \frac{W}{s}$; $s = \frac{W}{F}$

j) $A = \frac{\rho \cdot l}{R}$; $\rho = \frac{A \cdot R}{l}$; $l = \frac{A \cdot R}{\rho}$

k) $R = \frac{R_1 \cdot R_2}{R_1 + R_2}$; $R_1 = \frac{R \cdot R_2}{R_2 - R}$; $R_2 = \frac{R \cdot R_1}{R_1 - R}$

l) $G = \frac{F \cdot r^2}{m \cdot M}$; $r = \sqrt{\frac{G \cdot m \cdot M}{F}}$; $m = \frac{F \cdot r^2}{G \cdot M}$, $M = \frac{F \cdot r^2}{G \cdot m}$

237 **a)** (1) $V = abc$; $a = \frac{V}{bc}$; $b = \frac{V}{ac}$; $c = \frac{V}{ab}$

(2) $O = 2 \cdot (ab + ac + bc)$; $a = \frac{O - 2bc}{2(b+c)}$; $b = \frac{O - 2ac}{2(a+c)}$; $c = \frac{O - 2ab}{2(a+b)}$

b) (1) $V = 30xyz$; $x = \frac{V}{30yz}$; $y = \frac{V}{30xz}$; $z = \frac{V}{30xy}$

(2) $O = 2 \cdot (6xy + 15xz + 10yz)$; $x = \frac{O - 20yz}{6(2b + 5c)}$; $y = \frac{O - 30xz}{4(3x + 5z)}$; $z = \frac{O - 12xy}{10(3x + 2y)}$

c) (1) $V = \frac{1}{2}abh$; $a = \frac{2V}{bh}$; $b = \frac{2V}{ah}$; $h = \frac{2V}{ab}$

(2) $O = ab + ah + bh + ch$; $a = \frac{O - bh - ch}{b + h}$; $b = \frac{O - ah - ch}{a + h}$; $c = \frac{O - ab - ah - bh}{h}$; $h = \frac{O - ab}{a + b + c}$

d) (1) $V = 6stl$; $s = \frac{V}{6tl}$; $t = \frac{V}{6ls}$; $l = \frac{V}{6st}$

(2) $O = 6st + 6sl + 4tl + 6rl$; $s = \frac{O - 4tl - 6rl}{6(t + l)}$; $t = \frac{O - 6sl - 6rl}{2(3s + 2l)}$; $r = \frac{O - 6st - 6sl - 4tl}{6l}$; $l = \frac{O - 6st}{2(3s + 2t + 3r)}$

238 **a)** $A = \frac{1}{2}ab$; $a = \frac{2A}{b}$; $b = \frac{2A}{a}$ **b)** $A = \frac{4ab}{3}$; $a = \frac{3A}{4b}$; $b = \frac{3A}{4a}$ **c)** $A = \frac{5a^2}{12}$; $a = \sqrt{\frac{12A}{5}}$

2.8. Vermischte Übungen

239 **a)** $(a - b)(i - j)$ **b)** $(5d - 9z)(u + 1)$ **c)** $(x - 3b)(2r - 7v)$
d) $(5t - 2b)(2r + 3s)$ **e)** $(q - r)(p - s)$ **f)** $(x - y)(x + y)(e - f)$

240 **a)** $3x(2x^2 - x + 3)$ **b)** $4mn \cdot (-6m + 9n + 7)$ **c)** $(2v - 3)(2v - 3)$
d) $(7y + 3a)(7y + 3a)$ **e)** $2(x + 1)(x + 1)$ **f)** $3(w - 2)(w - 2)$

241 **a)** $(x + y)(3m + 2)$ **b)** $(m + 3)(9x - 2)$ **c)** $(t - 4)(4mn - 1)$
d) $(x + y)(m + 2) \cdot 2$ **e)** $(a - b)(1 + c + d)$ **f)** $(a + c)(b + d)$

242 **a)** $L = \{-2\}$ **b)** $L = \{1\}$ **c)** $L = \{9\}$ **d)** $L = \left\{-\frac{1}{2}\right\}$

243 **a)** $L = \{x \in \mathbb{R} \mid x \leq 3\}$

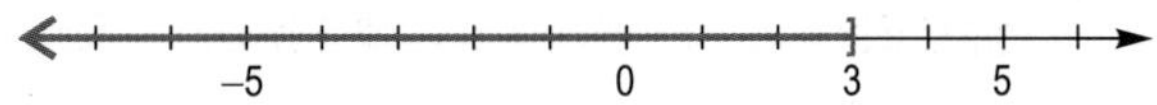

b) $L = \left\{x \in \mathbb{R} \mid x > -\frac{4}{5}\right\}$

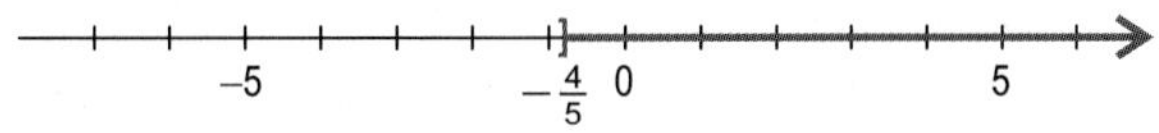

244 $(n + 1)^2 - n^2 = n^2 + 2n + 1 - n^2 = 2n + 1$;
Die Differenz der Quadrate zweier aufeinander folgenden natürlichen Zahlen ist gleich dem um 1 vermehrten Doppelten der kleineren Zahl.
Diese Differenz ist immer ungerade!

245 Siehe Nusslösungen im Schüler/innenbuch

246 $\frac{m}{n}$ muss zwischen 2 und 10 liegen.

247 Frederik ist 12 Jahre alt, Antonia ist 18 Jahre alt.

248 Beide Kinder erhalten je 7 300 €, Großmutter erhält 17 900 €.

249 Ansatz: $\frac{1}{2}x + \frac{1}{3}x + \frac{1}{8}x + 9 = x$. Auf dem Bauernhof leben 216 Tiere.

250 Ansatz: $50 \cdot 8 + 80 \cdot 9{,}50 + x \cdot 14 = (50 + 80 + x) \cdot 11$. Es müssen noch 90 kg der dritten Sorte hinzugefügt werden.

251 Ansatz: $x \cdot \frac{375}{1000} + (105 - x) \cdot \frac{585}{1000} = 105 \cdot \frac{500}{1000}$
Er muss 42,5 g 375-Gold mit 62,5 g 585-Gold mischen.

252 4 Tage

253 **a)** $D = \mathbb{R} \setminus \{-4\}$ **b)** $D = \mathbb{R} \setminus \{4\}$ **c)** $D = \mathbb{R}$ **d)** $D = \mathbb{R} \setminus \{-3, 7\}$ **e)** $D = \mathbb{R} \setminus \{-3, 1\}$

254 **a)** $x - y$ **b)** $a + 5$ **c)** $\frac{a - b}{a + b}$ **d)** $\frac{v + w}{v - w}$ **e)** $\frac{2a - 3b}{2a + 3b}$

255 **a)** $\frac{28x^2y^2}{15a^3}$ **b)** $\frac{81pq}{32}$ **c)** $\frac{x + y}{y^2}$ **d)** $\frac{2y}{5x}$ **e)** $\frac{1}{a}$
f) $\frac{ruv}{3}$ **g)** $\frac{3b}{2}$ **h)** $\frac{(a + b)^2}{c^2 - d^2}$ **i)** $\frac{32a^2b}{3}$ **j)** $\frac{2x^2}{3y^2}$

256 **a)** $\frac{3u - v}{a^2}$ **b)** $\frac{5a^2 - 2b}{9b}$ **c)** $\frac{1}{x + y}$ **d)** $\frac{2ay + 3ax}{xy}$ **e)** $-\frac{a}{8x}$
f) $\frac{4ax + 3y}{6a^3}$ **g)** $\frac{b + a + 2}{2a^2b^2}$ **h)** $\frac{a^3 - 15a^2 - 28a + 32}{a^3 - 16a}$ **i)** 0

257 **a)** $\frac{49x + 3y^3}{21y^2}$ **b)** $\frac{2r}{9s^3}$ **c)** richtig

258 Da der Zähler des linken Bruches dreimal so groß wie der Zähler des rechten Bruches ist, muss dies auch für die Nenner gelten. $x = 14$

259 **a)** $L = \{4\}$ **b)** $L = \left\{-\frac{3}{2}\right\}$ **c)** $L = \{1\}$ **d)** $L = \{2\}$

260 **a)** $L = \{\ \}$ **b)** $L = R$ **c)** $L = \{-4\}$ **d)** $L = \{2\}$

261 **a)** Die Zahl lautet 8. **b)** Die Zahl lautet $-\frac{1}{2}$.

262 $61 = 60 + 1$; $59 = 60 - 1$.
Daher gilt $61 \cdot 59 = (60 + 1)(60 - 1) = 3600 - 1 = 3599$.

Im Blickpunkt: Pascal'sches Dreieck – Potenzieren von Summen

263 **a)** $(a+b)^3 = (a+b)^2 \cdot (a+b) = (a^2+2ab+b^2)(a+b) = a^3+2a^2b+ab^2+a^2b+2ab^2+b^3 = a^3+3a^2b+3ab^2+b^3$.
b) $(a-b)^3 = a^3-3a^2b+3ab^2-b^3$
c) (1) $p^3+3p^2q+3pq^2+q^3$ (2) $a^3+6a^2+12a+8$
(3) $u^3+6u^2v+12uv^2+8v^3$ (4) $8m^3+36m^2n+54mn^2+27n^3$
(5) $27x^6+135x^4z+225x^2z^2+125z^3$ (6) $a^3-3a^2b+3ab^2-b^3$
(7) $u^3-9u^2+27u-27$ (8) $8a^3-48a^2+96a-64$

264 **a)** 1 4 6 4 1 **b)** 1 5 10 10 5 1; 1 6 15 20 15 6 1; 1 7 21 35 35 21 7 1

265 **a)** $a^6+6a^5b+15a^4b^2+20a^3b^3+15a^2b^4+6ab^5+b^6$
$x^7+7x^6y+21x^5y^2+35x^4y^3+35x^3y^4+21x^2y^5+7xy^6+y^7$
$p^9+9p^8q+36p^7q^2+84p^6q^3+126p^5q^4+126p^4q^5+84p^3q^6+36p^2q^7+9pq^8+q^9$
b) $a^5-5a^4b+10a^3b^2-10a^2b^3+5ab^4-b^5$
$x^6-6x^5y+15x^4y^2-20x^3y^3+15x^2y^4-6xy^5+y^6$
$p^9-9p^8q+36p^7q^2-84p^6q^3+126p^5q^4-126p^4q^5+84p^3q^6-36p^2q^7+9pq^8-q^9$
c) $27a^3+27a^2+9a+1$
$64x^3+96x^2+48x+8$
$32c^5+240c^4d+720c^3d^2+1080c^2d^3+810cd^4+243d^5$
d) $x^4-12x^3y+54x^2y^2-108xy^3+81y^4$
$1024z^5-1280z^4w+640z^3w^2-160z^2w^3+20zw^4-w^5$
$64x^6-576x^5y+2160x^4y^2-4320x^3y^3+4860x^2y^4-2916xy^5+729y^6$
e) $a^3+3a^2b^2+3ab^4+b^6$
$a^8-4a^6b^2+6a^4b^4-4a^2b^6+b^8$
$32p^5-240p^4q^2+720p^3q^4-1080p^2q^6+810pq^8-243q^{10}$

266 Offene Aufgabenstellung

3 Die Satzgruppe von Pythagoras

3.1 Der Satz von Pythagoras und seine Umkehrung

267 Siehe Lösungsvorschlag im Schüler/innenbuch

268 **a)** 6,5 cm **b)** 19,3 cm **c)** 11,7 cm **d)** 8,9 cm

269 **a)** $c = 3{,}7\,\text{km}$; $u = 8{,}4\,\text{km}$; $A = 2{,}1\,\text{km}^2$ **b)** $c = 6\,\text{cm}$; $u = 24\,\text{cm}$; $A = 24\,\text{cm}^2$
c) $c = 8\,\text{cm}$; $u = 40\,\text{cm}$; $A = 60\,\text{cm}^2$ **d)** $c = 20\,\text{m}$; $u = 70\,\text{m}$; $A = 210\,\text{m}^2$
e) $b = 85\,\text{mm}$; $u = 204\,\text{mm}$; $A = 1734\,\text{mm}^2$ **f)** $a = 187\,\text{cm}$; $u = 476\,\text{cm}$; $A = 7854\,\text{cm}^2$

270 1300 m

271 ca. 3,27 m

272 **a)** ohne Lösung
b) Der Flächeninhalt zweier mittlerer Quadrate ist so groß wie der des großen Quadrates. Da der Flächeninhalt zweier kleiner Quadrate dem eines mittleren Quadrates entspricht, ergeben vier kleine Quadrate den Flächeninhalt des großen Quadrates.
Für die Summe der Flächeninhalte aller Quadrate gilt: $16\,\text{cm}^2 \cdot 3 = 48\,\text{cm}^2$
Für den Umfang gilt: $u = 3 \cdot 12 + 8 \cdot \sqrt{2} \approx 47{,}3\,\text{cm}$

273 **a)** ja; Hypotenuse 2 **b)** ja; Hypotenuse 4
c) ja; Hypotenuse 10 **d)** ja; Hypotenuse 29
e) ja; Hypotenuse $\sqrt{8}$ **f)** ja; Hypotenuse $\sqrt{42}$

274 **a)** (1) $\sqrt{74}$ (2) $\sqrt{116} = 2 \cdot \sqrt{29}$ (3) $\sqrt{116} = 2 \cdot \sqrt{29}$ (4) $\sqrt{50} = 5 \cdot \sqrt{2}$
(5) 5 (6) $\sqrt{40} = 2 \cdot \sqrt{10}$ (7) $\sqrt{50} = 5 \cdot \sqrt{2}$ (8) 10
b) $d_p = \sqrt{x^2 + y^2}$. Gilt auch für negative Koordinaten, da Quadratzahlen immer positiv sind.

275 **a)** 10 **b)** 17 **c)** 10 **d)** 25

276 **a)** $u \approx 19{,}25$ **b)** $\overline{AB}^2 + \overline{BC}^2 = \overline{AC}^2$ wegen $(\sqrt{45})^2 + (\sqrt{20})^2 = (\sqrt{65})^2$

277 **a)** $\sqrt{29} + \sqrt{34} + \sqrt{13} \approx 14{,}82\,\text{cm}$ **b)** $\sqrt{85} + \sqrt{41} + \sqrt{74} \approx 24{,}22\,\text{cm}$
c) $\sqrt{68} + \sqrt{5} + \sqrt{26} + \sqrt{13} \approx 19{,}19\,\text{cm}$ **d)** $\sqrt{20} + \sqrt{18} + \sqrt{5} + \sqrt{37} \approx 17{,}03\,\text{cm}$

278 18 m

279 **a)** $s \cdot (t + u)$ **b)** $a \cdot (b + 1)$ **c)** $3x \cdot (x + 2)$ **d)** $7a$ **e)** $(2a - b) \cdot (2a + b)$

280 **a)** ca. 26 mm **b)** 38,4 %

281 $c = 10{,}4\,\text{cm}$. Wegen $A = \frac{a \cdot b}{2} = \frac{c \cdot h_c}{2}$ erhält man $h_c = \frac{a \cdot b}{c}$; $h_c \approx 3{,}69\,\text{cm}$.

282 ca. 19,0 m

283 ca. 433 m

284 Siehe Nusslösungen im Schüler/innenbuch

285 2 cm

286 Distributivgesetz: $a \cdot b + a \cdot c = a \cdot (b + c)$

3.2 Kathetensatz und Höhensatz

287 **a)** Lösungsvorschlag im Schüler/innenbuch
b) Ansatz: $b : c = q : b \Rightarrow b^2 = c \cdot q$
c) Ansatz: $q : h = h : p \Rightarrow h^2 = p \cdot q$

288 **a)** $c = 9\,cm$, $q = 5\,cm$, $b \approx 6{,}7\,cm$, $A \approx 20{,}12\,cm^2$
b) $c = 12{,}8\,cm$, $p = 7{,}8\,cm$, $a \approx 10\,cm$, $A \approx 39{,}97\,cm^2$
c) $a \approx 6{,}9\,m$, $q = 8\,m$, $b \approx 9{,}8\,m$, $A \approx 33{,}81\,m^2$
d) $c = 10\,dm$, $a = b \approx 7{,}1\,dm$, $A = 25\,dm^2$
e) $p = 3\,mm$, $b \approx 8{,}4\,mm$, $a \approx 5{,}5\,mm$, $A \approx 22{,}91\,mm^2$
f) $c = 22\,cm$, $a \approx 16{,}9\,cm$, $b \approx 14{,}1\,cm$, $A \approx 118{,}98\,cm^2$
g) $c = 14{,}8\,cm$, $q = 9{,}8\,cm$, $a \approx 8{,}6\,cm$, $b \approx 12{,}0\,cm$, $A \approx 51{,}80\,cm^2$
h) $p = 12\,cm$, $c = 24\,cm$, $a = b = 12 \cdot \sqrt{2}\,cm \approx 17{,}0\,cm$, $A = 144\,cm^2$

289 **a)** $x \approx 3{,}8\,cm$ **b)** $x \approx 2{,}6\,cm$ **c)** $x \approx 14{,}9\,cm$ **d)** $x \approx 42{,}1\,cm$

290 **a)** A, C, E **b)** A, B, C

291 Das genaue Ergebnis ist 4,33 m. Das Schild wird wahrscheinlich 4,10 m anzeigen.

292 $\approx 22\,mm$

293 **a)** Falsch! Das Doppelte von Null ist gleich der Hälfte von Null.
b) Falsch! Ist die zweite Zahl negativ, dann ist die neue Zahl kleiner als die ursprüngliche.

294 Fenja: $a^2 = c \cdot q$ Gunnar: richtig Hanna: $\sqrt{sr} = h$

295 Es wird 3,70 m Material benötigt.

3.3 Beweise zum Satz von Pythagoras

296 Diese Art Nachweis funktioniert nur für ganzzahlige Maßzahlen, die außerdem nicht zu groß sein sollten.

297 Aus den gegeben Dreiecken und Quadraten lassen sich jeweils zwei kongruente Quadrate mit den Seitenlängen $s = a + b$ legen. In beiden Quadraten decken die vier kongruenten rechtwinkligen Dreiecke einen gleich großen Flächenanteil ab. Damit muss auch der Flächeninhalt des nicht durch die Dreiecke abgedeckten Teils eines jeden Quadrates gleich sein.

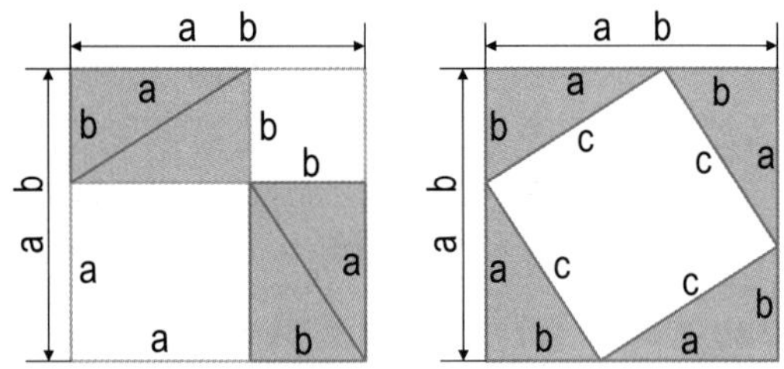

Im linken Quadrat sind das zwei Quadrate mit den Flächeninhalten a^2 und b^2 und im rechten ein Quadrat mit dem Flächeninhalt c^2.
Es gilt daher $a^2 + b^2 = c^2$. a und b sind aber die Katheten und c ist die Hypotenuse eines rechtwinkligen Dreiecks.

298 Aus der Figur sieht man, dass man die Fläche des Quadrates mit der Seitenlänge c auf zwei Arten berechnen kann:
1) $A = c \cdot c = c^2$
2) Die Fläche des Quadrates setzt sich aus 4 rechtwinkligen Dreiecken mit den Kathetenlängen a und b und einem kleinen Quadrat mit der Seitenlänge (b − a) zusammen. Es gilt also $A = \frac{4a \cdot b}{2} + (b - a)^2$.
Durch Auflösen der Klammern und Vereinfachung ergibt sich:
$A = 2ab + b^2 - 2ab + a^2 = b^2 + a^2$
Damit gilt: $A = c^2 = a^2 + b^2$. a, b sind dabei Katheten und c die Hypotenuse eines rechtwinkligen Dreiecks.

299 (1) Da $\alpha + \beta = 90°$, gilt $\angle BAQ = 90°$.
(2) $\overline{CA} + \overline{AP} = b + a$.
(4) Das rote Quadrat bildet mit dem aufgesetzten rechtwinkligen Dreieck eine Figur mit der Höhe a + b. Desgleichen bildet das blaue Quadrat mit dem aufgesetzten rechtwinkligen Dreieck eine Figur der Höhe b + a.
Die beiden Figuren sind gleich hoch und bilden daher die gemeinsame Ecke G.
Da die Dreiecke ABC und APQ zur Gänze Teile der aus dem roten und blauen Quadrat gebildeten Figur waren, ist die durch Drehung der Dreiecke entstandene neue Figur flächengleich. Die neue Figur hat die gleichen Außenlängen c und in den Ecken ergänzen sich α und β jeweils zu rechten Winkeln. Die neue Figur ist ein Quadrat mit der Seitenlänge c, das flächengleich ist zu der Ausgangsfigur gebildet aus den Quadraten mit den Seitenlängen a und b.

300 siehe Lösungsvorschlag im Schüler/innenbuch

301 (1) Die Außenseitenlänge beträgt (a + b).
(2) Das Viereck hat vier gleich lange Seiten mit der Länge c. Die Winkel müssen rechte Winkel sein, da in jeder Ecke die Winkel α und β zusammenkommen ($\alpha + \beta = 90°$) und damit muss der ergänzende Winkel des Vierecks ebenfalls 90° groß sein.
(3) $A = (a + b)^2 - 4 \cdot \frac{ab}{2} = a^2 + 2ab + b^2 - 2ab = a^2 + b^2$.
Andererseits gilt auch: $A = c^2$. Damit gilt die Beziehung $a^2 + b^2 = c^2$.

302 (1) Die Winkel in der gemeinsamen Ecke der beiden Dreiecke sind α und β. Wegen $\alpha + \beta = 90°$ muss δ ebenfalls 90° messen.
(2) $A = \frac{(a + b) \cdot (a + b)}{2} = \frac{a^2 + 2ab + b^2}{2}$
(3) $A = \frac{c^2}{2} + \frac{ab}{2} + \frac{ab}{2} = \frac{c^2 + 2ab}{2}$
(4) Da $\frac{c^2 + 2ab}{2} = \frac{a^2 + 2ab + b^2}{2}$ gelten muss, ist sofort zu sehen, dass die beiden Formeln nur dann äquivalent sein können, wenn $c^2 = a^2 + b^2$.

3.4 Pythagoras und die irrationalen Zahlen – Die Quadratwurzel auf dem Zahlenstrahl

303 Nach dem Satz von Pythagoras hat die Hypotenuse des rechtwinkligen Dreiecks eine Länge von $\sqrt{2}$. Durch Abschlagen dieser Länge mithilfe eines Zirkels ausgehend vom Nullpunkt des Zahlenstrahls erhält man am Zahlenstrahl die Stelle für $\sqrt{2}$.

304 Mit der gleichen Erklärung wie zu Aufgabe 303 befindet sich an der Stelle x die Zahl $\sqrt{8}$.

305 (Lösungen nicht maßstabsgetreu)

a)
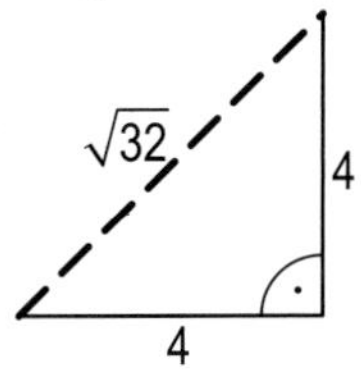

b)
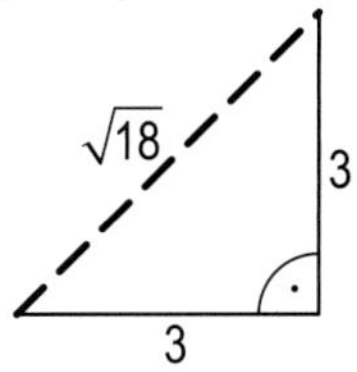

c)
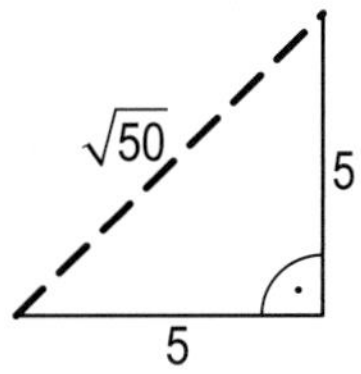

d)
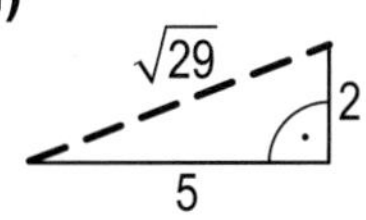

e)
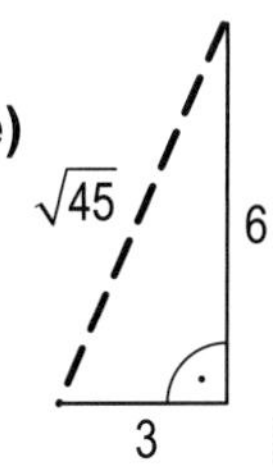

306 $\overline{MB} = \sqrt{2}$; $\overline{MC} = \sqrt{3}$; $\overline{MD} = 2$; $\overline{ME} = \sqrt{5}$; $\overline{MF} = \sqrt{6}$; $\overline{MG} = \sqrt{7}$; $\overline{MH} = \sqrt{8}$;

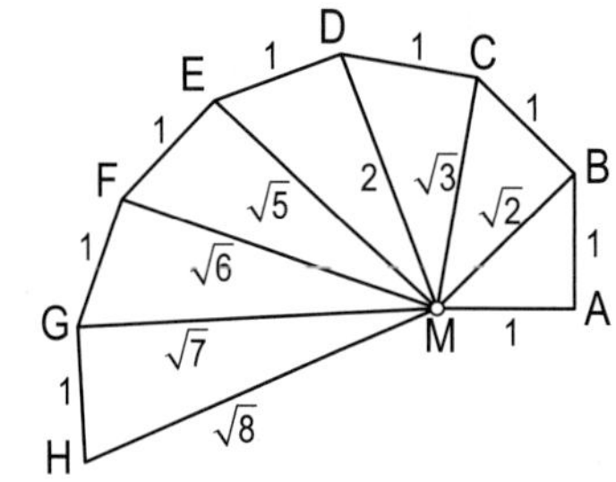

307 Kathi: $24 = 4^2 + 2^2 + 2^2$. Sie verwendet zwei rechtwinklige Dreiecke wobei sie nur mithilfe von Katheten die Konstruktion durchführt.
Marco: $24 = 7^2 - 5^2$. Er verwendet nur ein Dreieck. Von diesem kennt er eine Kathete und die Hypotenuse. Er beginnt mit einer Kathete 5 und dem rechten Winkel des Dreiecks. Dann findet er die zweite Kathete durch Abschlagen der Hypotenusenlänge 7. Die Lösung ist die Länge der zweiten Kathete.
Michi: $24 = 7^2 - 5^2$. Sie zeichnet zuerst die Hypotenuse 7 und errichtet darüber einen „Thaleskreis". Dann schlägt sie auf dem Halbkreis die Länge 5 ab und erhält somit den dritten Eckpunkt des Dreiecks.

308 Lösung mit Höhensatz (linke Zeichnung): Zerlege zunächst 24 in ein Produkt z. B. $24 = 4 \cdot 6$ oder $24 = 3 \cdot 8$ usw. Damit kennst du die Werte für p und q. Trag sie auf einer Geraden auf und errichte über der Gesamtstrecke (10 cm bzw. 11 cm usw.) einen Halbkreis. Dann errichte die Höhe, die laut Höhensatz $\sqrt{4 \cdot 6}$ cm = $\sqrt{24}$ cm lang ist.
Lösung mit Kathetensatz (rechte Zeichnung): Zerlege 24 in ein Produkt z. B. $24 = 4 \cdot 6$ oder $24 = 3 \cdot 8$. Nimm den größeren Wert als Hypotenuselänge c und den kleineren Wert als Hypotenusenabschnittslänge p an. Zeichne nun $c = 6$ cm (oder $c = 8$ cm usw.) und trage den Wert $p = 4$ cm auf (siehe Skizze im Buch). Zeichne über c einen Halbkreis und errichte die Höhe. Die Kathete über p hat die gewünschte Länge von $\sqrt{4 \cdot 6}$ cm = $\sqrt{24}$ cm.

309 Die folgenden Lösungen stellen jeweils nur eine der möglichen Konstruktionsmöglichkeiten dar. (Lösungen in halber Größe!)

a) $28 = 8^2 - 6^2$

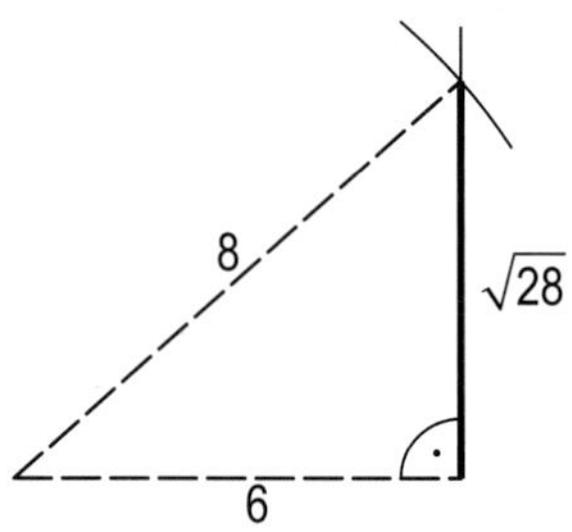

b) $53 = 7^2 + 2^2$

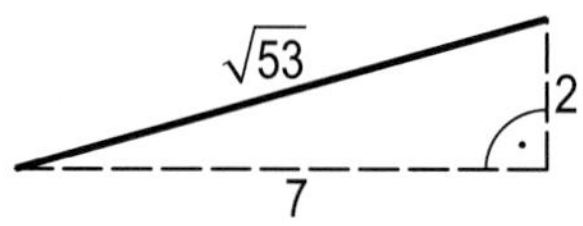

c) $46 = 6^2 + 3^2 + 1^2$

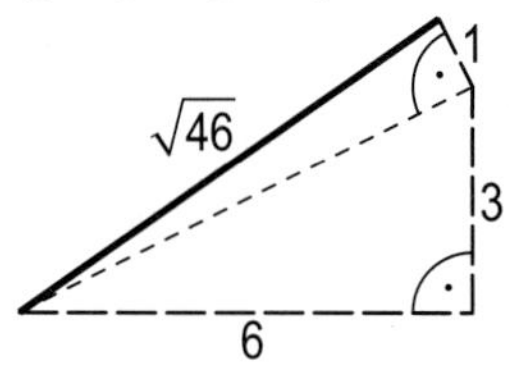

d) $72 = 6^2 + 6^2$

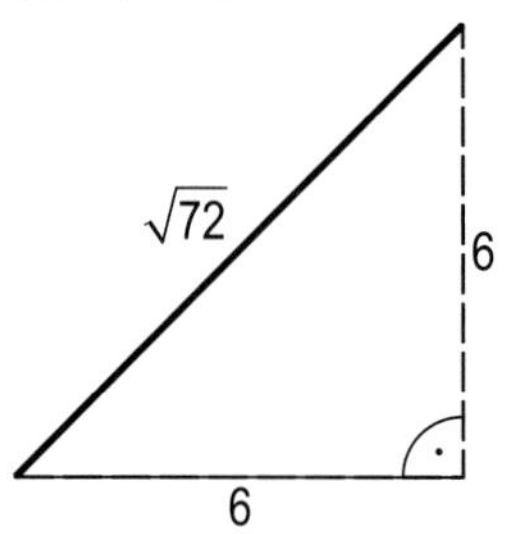

e) $13 = 3^2 + 2^2$

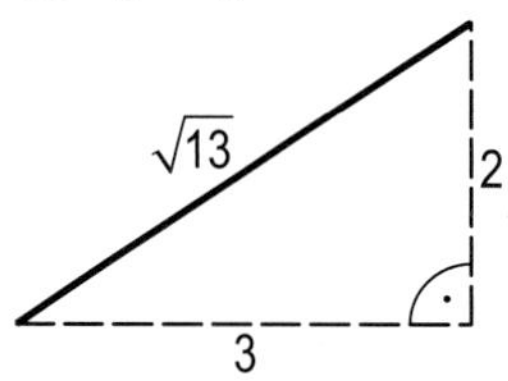

f) $30 = 5^2 + 2^2 + 1^2$

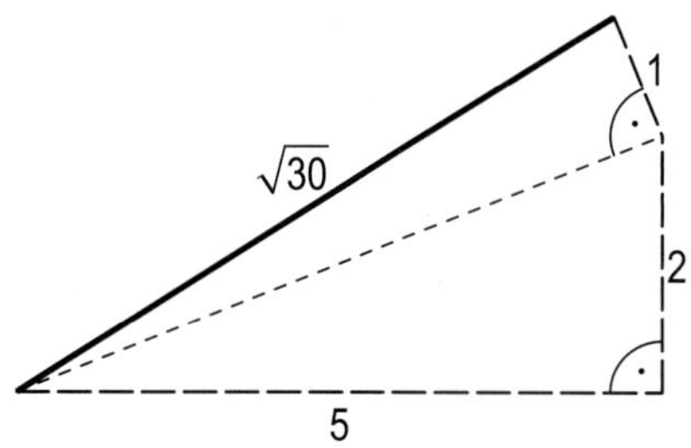

g) $40 = 6^2 + 2^2$

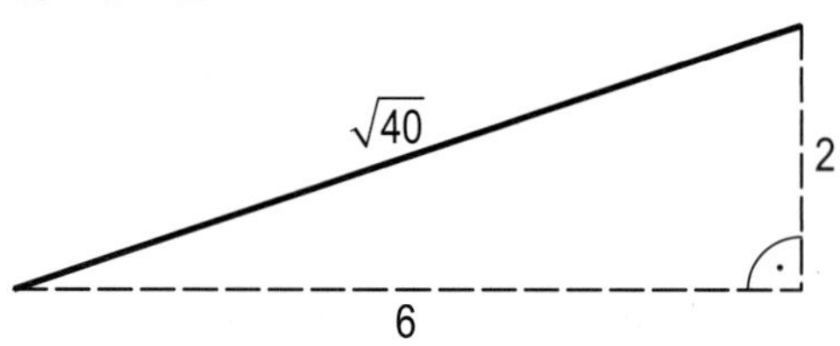

h) $17 = 4^2 + 1^2$

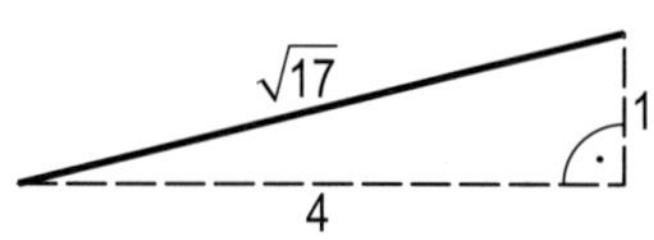

i) $27 = 3^2 + 3^2 + 3^2$

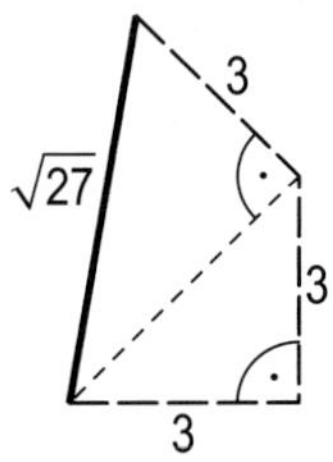

j) $63 = 3^2 + 3^2 + 3^2 + 6^2$

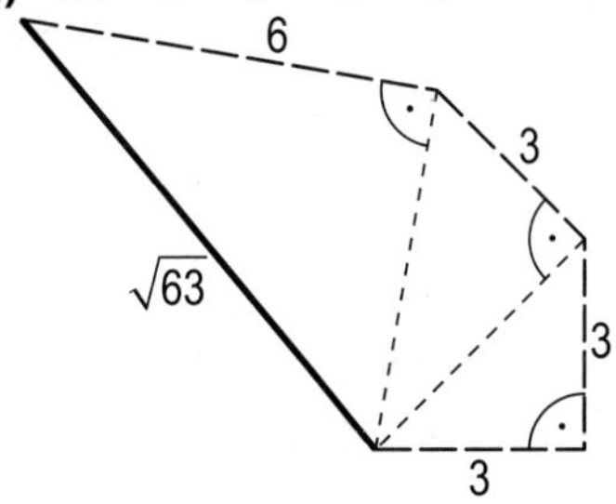

310 **a)** $a = 3$ **b)** $b = 5$ **c)** $c = -3$ **d)** $d = -2$ **e)** $x = -5$

3.5 Anwendungen des Satzes von Pythagoras in ebenen Figuren

3.5.1 Dreiecke

311 **a)** Man unterteilt nichtrechtwinklige Dreiecke meist durch Einzeichnen der Höhen in rechtwinklige Teildreiecke.

b) Siehe Lösungsvorschlag im Schüler/innenbuch für h.

$A = \frac{1}{2} \cdot a \cdot \frac{a}{2} \cdot \sqrt{3} = \frac{a^2}{4} \cdot \sqrt{3}$

c) Nach dem Satz von Pythagoras gilt: $\left(\frac{c}{2}\right)^2 + h_c^2 = a^2$. Daraus erhält man $h_c^2 = a^2 - \left(\frac{c}{2}\right)^2$ bzw. $h_c^2 = a^2 - \frac{c^2}{4}$. Damit erhält man die Formel $h_c = \sqrt{a^2 - \frac{c^2}{4}}$. $A = \frac{1}{2} \cdot c \cdot \sqrt{a^2 - \frac{c^2}{4}}$

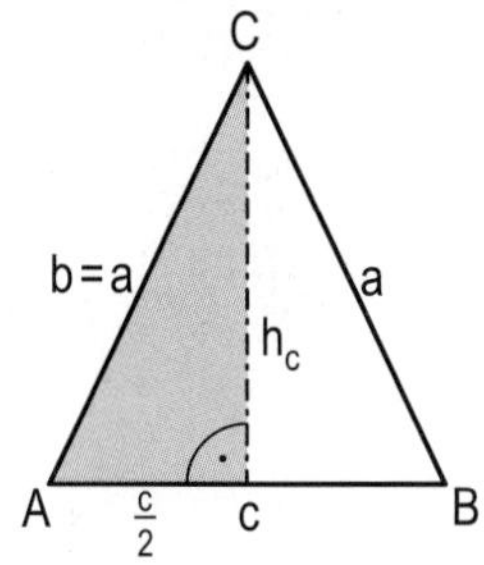

312 **a)** $h \approx 2{,}6\,\text{cm}$ [5,0 cm]; $A \approx 3{,}90\,\text{cm}^2$ [14,57 cm²]

b) $a = \frac{2h}{\sqrt{3}}$; $a \approx 6{,}2\,\text{m}$ [4,3 cm]; $A \approx 16{,}84\,\text{m}^2$ [7,90 cm²]; $u \approx 18{,}7\,\text{cm}$ [12,8 cm]

c) $a = \sqrt{\frac{4A}{\sqrt{3}}}$; $a \approx 9{,}0\,\text{cm}$ [1,1 m]; $h \approx 7{,}8\,\text{cm}$ [0,9 m]; $u \approx 27{,}0\,\text{cm}$ [3,2 m]

313 **a)** $h \approx 5{,}66\,\text{cm}$; $A \approx 11{,}32\,\text{cm}^2$; $u = 16\,\text{cm}$
b) $a \approx 3{,}91\,\text{dm}$; $A = 7{,}5\,\text{dm}^2$; $u \approx 12{,}82\,\text{dm}$
c) $a \approx 32{,}90\,\text{mm}$; $A = 540\,\text{mm}^2$; $u \approx 110{,}80\,\text{mm}$
d) $h \approx 7{,}59\,\text{m}$; $A \approx 25{,}44\,\text{m}^2$; $u = 23{,}3\,\text{m}$
e) $c \approx 4{,}76\,\text{km}$; $A \approx 6{,}43\,\text{km}^2$; $u \approx 11{,}96\,\text{km}$
f) $a \approx 4{,}75\,\text{cm}$; $A = 11{,}16\,\text{cm}^2$; $u \approx 15{,}70\,\text{cm}$

314 $h = 283\,\text{mm}$

315 Die Dachbalken müssen 7,15 m lang sein.

316 $-\frac{3}{4}$: $\mathbb{Q}, \mathbb{R}$; -7: $\mathbb{Z}, \mathbb{Q}, \mathbb{R}$; $\sqrt{13}$: $\mathbb{R}$; $-\frac{1}{3}$: $\mathbb{Q}, \mathbb{R}$; $\sqrt{6 \cdot 6}$: $\mathbb{N}, \mathbb{Z}, \mathbb{Q}, \mathbb{R}$

317 Anton hat zuerst 19 minus 11 gerechnet und nicht darauf geachtet, dass vor 19 auch ein Minus steht.

318 **a)** 1,75 m

b) Die lotrechten Stäbe sind 58 cm und 117 cm lang. Damit ergibt sich für die schrägen Stäbe 208 cm und 232 cm.

319 Am einfachsten gelingt der Beweis mit dem Höhensatz, der in einem rechtwinkligen Dreieck gelten müsste:
$\overline{AD} \cdot \overline{DB} = \overline{CD}^2$
$15 \cdot 9{,}6 = 144 = 12^2$, damit ist das gegebene Dreieck rechtwinklig!
Eine weitere Möglichkeit wäre, die Längen der Seiten AC und BC zu berechnen und zu zeigen, dass der Satz von Pythagoras im Dreieck ABC gilt!

320 Wegen $\overline{CB} = 16$ ist $\overline{CD} = 20$

321 Siehe Nusslösungen im Schüler/innenbuch

322 **a)** 4,3 cm [0,6 m] **b)** 7,3 cm **c)** 5 cm

323 Term (3)

324 Siehe Nusslösungen im Schüler/innenbuch

3.5.2 Vierecke und Vielecke

325 Siehe Lösungsvorschlag im Schüler/innenbuch

326 Nein! Die erste Bedingung besagt, dass es mehr rote als blaue T-Shirts gibt, die zweite besagt, dass es weniger rote als blaue gibt. Das ist ein Widerspruch!

327 **a)** (1) 9,90 cm; (2) 1,13 m
b) (1) $a \approx 8{,}49$ cm; $A = 72$ cm²; (2) $a \approx 1{,}41$ m; $A = 2$ m²

328 **a)** $a^2 + a^2 = d^2 \Leftrightarrow 2a^2 = d^2$. Daraus erhält man $d = \sqrt{2a^2} = a \cdot \sqrt{2}$.
b) $a = \frac{d}{\sqrt{2}}$; Daher gilt $A = \frac{d}{\sqrt{2}} \cdot \frac{d}{\sqrt{2}} = \frac{d^2}{2}$.
Man kann dieselbe Formel natürlich auch mit der bereits bekannten Formel für die Raute $A = \frac{e \cdot f}{2}$ herleiten. Auch Zerteilen des Quadrats längs der Diagonalen und Zusammensetzen der Stücke zu einem Rechteck führen auf die Formel.

329 $d = \sqrt{a^2 + b^2}$, $a = \sqrt{d^2 - b^2}$, $b = \sqrt{d^2 - a^2}$
a) $d \approx 14{,}2$ cm **b)** $b \approx 70{,}7$ cm **c)** $a \approx 7{,}1$ m

330 Der Balken hat einen quadratischen Querschnitt mit einer Kantenlänge von ca. 21,2 cm.

331 Siehe Nusslösungen im Schüler/innenbuch

332 **a)** $f = 100$ mm, $e = 156$ mm, $h_b \approx 98{,}8$ mm, $A = 6720$ mm², $u = 360$ mm
b) $e = 75$ mm, $f = 117$ mm, $h_b \approx 74{,}1$ mm, $A = 3780$ mm², $u = 270$ mm
c) $b = 85$ mm, $e = 125$ mm, $h_b \approx 123{,}5$ mm, $A = 10\,500$ mm², $u = 450$ mm
d) $b = 34$ mm, $e \approx 124{,}0$ mm, $h_b \approx 43{,}8$ mm, $A = 1488$ mm², $u = 254$ mm
e) $a = 56$ mm, $e = 78$ mm, $h_b \approx 49{,}4$ mm, $A = 1680$ mm², $u = 180$ mm
f) $a = 15{,}6$ cm, $f \approx 11{,}5$ cm, $h_b \approx 11{,}3$ cm, $A = 98{,}28$ cm², $u = 43{,}8$ cm

333 **a)** $a = 3{,}7$ cm, $u = 14{,}8$ cm, $A = 8{,}4$ cm² **b)** $f \approx 7{,}94$ mm, $u = 24$ mm, $A \approx 35{,}72$ mm²
c) $e = 6$ km, $u = 13{,}6$ km, $A = 9{,}6$ km² **d)** $a \approx 2{,}87$ m, $u \approx 11{,}49$ m, $A = 7{,}755$ m²
e) $f = 9$ cm, $a = 5{,}3$ cm, $u = 21{,}2$ cm **f)** $e = 30$ mm, $a = 39$ mm, $u = 156$ mm

334

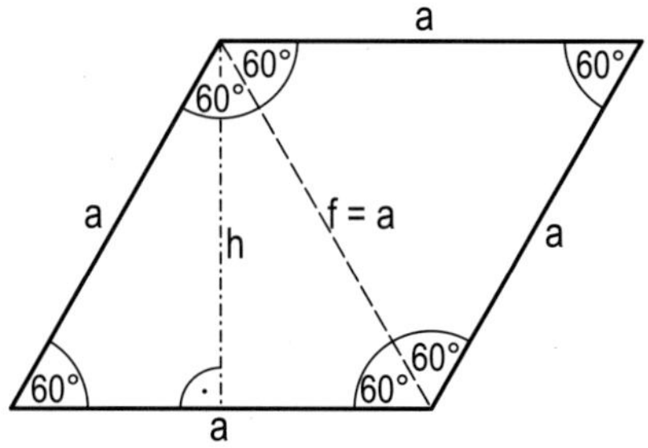

Die Raute lässt sich in zwei gleichseitige Dreiecke zerlegen.
Damit ist a = f und die Höhe des gleichseitigen Dreiecks lässt sich leicht berechnen.
$u = 4 \cdot 50$ mm $= 200$ mm; $h = 25 \cdot \sqrt{3}$ mm, $A \approx 1082{,}5$ mm²

335 **a)** 33,6 cm
b) Um 24,6 cm länger als die kürzeste und um 8,2 cm kürzer als die längste Seite.

336 Die Diagonale f unterteilt das Parallelogramm in zwei halbe gleichseitige Dreiecke ABD und BCD. Daher ist die Seitenlänge $a = 2f$.
Der Flächeninhalt des Parallelogramms ist gleich dem Flächeninhalt des gleichseitigen Dreiecks mit der Seitenlänge a. $A = 2771{,}28\,mm^2$.

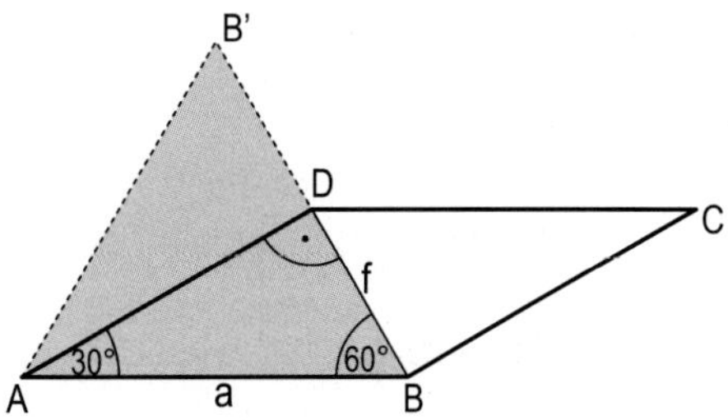

337 $\overline{AD} = \overline{AB} = 5\,cm$; $\overline{BC} = \overline{CD} = \sqrt{52}\,cm \approx 7{,}21\,cm$

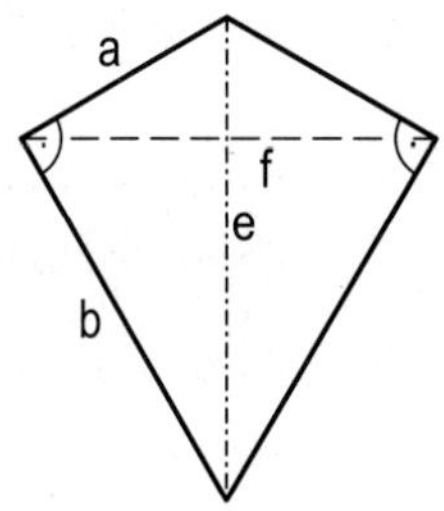

338 $a = 40\,mm$, $u = 230\,mm$.
Der Flächeninhalt des Deltoids lässt sich leicht berechnen, da es aus zwei rechtwinkligen Dreiecken besteht. Mithilfe der Flächenformel des Deltoids erhält man dann die Länge von f.
$f \approx 70{,}6\,mm$

339 **a)** $a = 38\,cm$; $A = 360\,cm^2$
b) $c = 21\,mm$; $A = 1110\,mm^2$
c) Eine Skizze hilft weiter. $2 \cdot x = (a - c) \Rightarrow x = 20\,mm$
$h = 48\,mm$; $A = 2400\,mm^2$

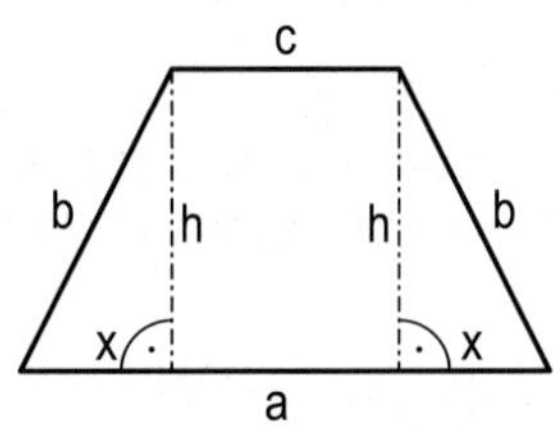

340 **a)** $x = 11\,cm$; $b = d = 61\,cm$; $u = 270\,cm$
b) $c = 13\,cm$; $x = 12\,cm$; $b = d = 13\,cm$; $u = 76\,cm$
c) $x = 2{,}7\,cm$; $h = 3{,}6\,cm$; $e = 6{,}0\,cm$

341 $h = 36\,cm$; $A = 2088\,cm^2$; $e \approx 68{,}26\,cm$

342 Die Dachsparren sind 4,70 m lang.

343 **a)** $s \approx 4{,}95\,m$ **b)** 25 660,80 €

344 **a)** $u \approx 272{,}5\,m$ **b)** $u \approx 135{,}0\,m$ **c)** 307,5 m

345 $\overline{CA} = 20$; es gilt $20^2 + 15^2 = 25^2$. Damit sind CA und AD Katheten eines rechtwinkligen Dreiecks.

346 Siehe Nusslösungen im Schüler/innenbuch

347 **a)** Die Fläche eines regelmäßigen 6-Ecks besteht aus 6 gleichseitigen Dreiecken mit der Seitenlänge a.
Daher $A_{6\text{-eck}} = 6 \cdot \frac{a^2}{4} \cdot \sqrt{3} = \frac{3a^2}{2} \cdot \sqrt{3}$
b) (1) $A \approx 41{,}57\,cm^2$ (2) $23{,}38\,cm^2$ **c)** $u = 35{,}3\,cm$

3.6 Anwendungen des Satzes von Pythagoras bei Körpern

3.6.1 Prismen

348 Siehe Lösungsvorschlag im Schüler/innenbuch

349 Wie lange dauert die Fahrt insgesamt? 2,5 Stunden
Wie lange ist die Gesamtstrecke? 200 km
Wie groß ist die Durchschnittsgeschwindigkeit? 80 km/h
Wie lange braucht man noch bis zum Ziel? 1 Stunde

350 **a)** $d_1 = 2 \cdot \sqrt{2}\,\text{cm} \approx 2{,}8\,\text{cm}$; $d = 2 \cdot \sqrt{3}\,\text{cm} \approx 3{,}5\,\text{cm}$
b) $d_1 \approx 4{,}2\,\text{cm}$, $d \approx 4{,}7\,\text{cm}$
c) $d_1 \approx 3{,}6\,\text{cm}$, $d \approx 3{,}7\,\text{cm}$

351 **a)** $a = 5\,\text{cm}$, $d_1 \approx 7{,}1\,\text{cm}$, $d_2 = d_3 = 13\,\text{cm}$, $d \approx 13{,}9\,\text{cm}$
b) $a = 8\,\text{mm}$, $d_1 \approx 11{,}3\,\text{mm}$, $d_2 = d_3 \approx 36{,}9\,\text{mm}$, $d \approx 37{,}7\,\text{mm}$
c) $a = 4{,}3\,\text{dm}$, $d_1 \approx 6{,}1\,\text{dm}$, $d_2 = d_3 \approx 6{,}3\,\text{dm}$, $d \approx 4{,}6\,\text{dm}$
d) $a = 165\,\text{mm}$, $d_1 \approx 233{,}3\,\text{mm}$, $d_2 = d_3 \approx 229{,}8\,\text{mm}$, $d \approx 282{,}9\,\text{mm}$

352 195 cm

353

a)	(1) $1728\,\text{cm}^3$,	(2) $864\,\text{cm}^2$,	(3) 16,97 cm,	(4) 20,78 cm
b)	(1) $39{,}304\,\text{m}^3$,	(2) $69{,}36\,\text{m}^2$,	(3) 4,81 m,	(4) 5,89 m
c)	(1) $75{,}151\,\text{dm}^3$,	(2) $106{,}85\,\text{dm}^2$,	(3) 5,97 dm,	(4) 7,31 dm
d)	(1) $0{,}439\,\text{km}^3$,	(2) $3{,}466\,\text{km}^2$,	(3) 1,07 km,	(4) 1,32 km

354 ca. 46 m

355 **a)** $a \approx 9{,}65\,\text{cm}$, $d_1 \approx 13{,}65\,\text{cm}$, $d \approx 16{,}72\,\text{cm}$
b) $a = 30\,\text{mm}$, $d_1 \approx 42{,}43\,\text{mm}$, $d \approx 51{,}96\,\text{mm}$
c) $a \approx 1{,}44\,\text{dm}$, $d_1 \approx 2{,}04\,\text{dm}$, $d \approx 2{,}50\,\text{dm}$
d) $a \approx 4{,}31\,\text{m}$, $d_1 \approx 6{,}09\,\text{m}$, $d \approx 7{,}46\,\text{m}$

356 $a = \sqrt[3]{V}$; $O = 6 \cdot \sqrt[3]{V^2}$; $d = \sqrt[3]{V} \cdot \sqrt{3}$

357 $a \approx 2{,}10\,\text{cm}$

358 $h \approx 21{,}9\,\text{cm}$; $V \approx 26\,291\,\text{cm}^3$; $m \approx 60{,}5\,\text{kg}$

359 **a)** 207 cm **b)** $2{,}07\,\text{m}^2$ **c)** $13{,}80\,\text{m}^2$ **d)** $18{,}84\,\text{m}^2$ (ohne Boden) **e)** 378 cm

360 **a)** $V \approx 19{,}843\,\text{cm}^3$; $O \approx 56{,}17\,\text{cm}^2$
b) $V \approx 40{,}643\,\text{cm}^2$; $O \approx 86{,}61\,\text{cm}^2$
c) $h = 250 : G$, daher $h \approx 4{,}0$ cm

361 **a)** (1) $V = 6a^3$, (2) $O = 20a^2 + 2 \cdot \sqrt{2}\,a^2 = 2a^2 \cdot (10 + \sqrt{2})$,
(3) 3a, (4) $V = 1296\,\text{cm}^3$, $O \approx 821{,}82\,\text{cm}^3$
b) (1) $V = 5a^3$, (2) $O = 17a^2 + 6 \cdot \sqrt{2}\,a^2 = a^2 \cdot (17 + 6\sqrt{2})$,
(3) 3a, (4) $V = 1080\,\text{cm}^3$, $O \approx 917{,}47\,\text{cm}^2$

362 **a)** Das Becken fasst ca. 135 ℓ Wasser (134,89 dm^3).
b) Ca. 12 503 cm^2 werden mit Kunststoff überzogen.

363 B, D

3.6.2 Pyramiden

364 **a)** $h_a = 7{,}5\,cm$; $s \approx 8{,}75\,cm$; $O = 216\,cm^2$
b) siehe Lösungsvorschlag im Schüler/innenbuch

365 **a)** Mindestens 4860 Ziegel **b)** Mindestens 140 Firstziegel

366

	(1)	(2)	(3)	(4)
a)	$s \approx 64{,}03\,cm$;	$h_a \approx 50\,cm$;	$O \approx 14\,400\,cm^2$;	$V \approx 64\,000\,cm^3$
b)	$s \approx 6{,}69\,m$;	$h_a \approx 6{,}5\,m$;	$O \approx 51{,}84\,m^2$;	$V \approx 21{,}504\,m^3$
c)	$a \approx 6{,}32\,cm$;	$h \approx 3{,}20\,cm$;	$O \approx 96{,}88\,cm^2$;	$V \approx 42{,}67\,cm^3$
d)	$h \approx 16{,}96\,cm$;	$h_a \approx 18{,}54\,cm$;	$O \approx 781{,}2\,cm^2$	$V \approx 1271{,}7\,cm^3$
e)	$h \approx 3{,}10\,dm$;	$h_a \approx 7{,}2\,dm$;	$O \approx 356{,}2\,dm^2$	$V \approx 175\,dm^3$
f)	$a \approx 8{,}49\,cm$;	$s \approx 6{,}94\,cm$;	$O \approx 118{,}72\,cm^2$	$V \approx 84{,}09\,cm^3$

367 C, D

368 $M = 2340\,mm^2$, $O = 3240\,mm^2$

369 **a)** 5,43 ha **b)** ca. 2,64 Mio m^3 **c)** ca. 11 %

370 **a)** $h = 3 \cdot \sqrt{2}\,cm \approx 4{,}24\,cm$ **b)** $V = 36 \cdot \sqrt{2}\,cm^3 \approx 50{,}91\,cm^3$

371 Aus Lösung zu 370 d) folgt: $a = \frac{2h}{\sqrt{2}}$ bzw. $a = h \cdot \sqrt{2}$. Durch Einsetzen in die in 370 d) gefundene Volumenformel erhält man: $V = \frac{2}{3}h^3$. $V = 144\,cm^3$

372 **a)** $h_a = 100\,mm$, $h_b = 104\,mm$; (1) $143\,360\,mm^3$; (2) $18\,304\,mm^2$; (3) $s \approx 107{,}7\,mm$
b) $h_a = 10{,}6\,dm$, $h_b = 10{,}2\,dm$; (1) $322{,}56\,dm^3$; (2) $323{,}52\,dm^2$; (3) $s \approx 11{,}6\,dm$
c) (1) $h = 2{,}4\,dm$, $V = 31{,}104\,dm^3$; (2) $h_a \approx 4{,}33\,dm$, $h_b \approx 3{,}61\,dm$, $O \approx 88{,}3\,dm^2$
d) (1) $h = 30\,cm$, $V = 2059{,}2\,cm^3$; (2) $h_a \approx 30{,}32\,cm$, $h_b \approx 32{,}20\,cm$, $O \approx 1198{,}8\,cm^2$

373

	(1)	(2)	(3)	(4)
a)	$196\,415\,mm^3$;	$24\,051{,}9\,mm^2$;	81,66 mm;	87 mm
b)	$2281{,}319\,dm^3$;	$1103{,}07\,dm^2$;	23,13 dm;	23,8 dm
c)	$1425{,}970\,m^3$;	$814{,}78\,m^2$;	18,86 dm;	19,5 m

374 710,73 €

375 $L = \{\ \}$: $2x - 3 = 5x + 1 - 3x$; $6x + 4 - 5x = 7 \cdot (x + 1) - 6x$
$L = \mathbb{R}$: $2x - 3 = 4x + 1 - 2x - 4$; $6x + 4 - 5x = 6 \cdot (x + 1) - 5x - 2$

376 **a)** Die Oberfläche besteht aus 8 gleichseitigen Dreiecken. Deshalb: $O = 2 \cdot a^2 \cdot \sqrt{3}$
$O \approx 55{,}4\,cm^2$
b) Alle Raumdiagonalen sind gleich lang. $d = a \cdot \sqrt{2}$.
c) Ein Oktaeder ist eine quadratische Doppelpyramide.
Es gilt: $V = 2 \cdot a^2 \cdot \frac{a}{2} \cdot \sqrt{2} \cdot \frac{1}{3} = \frac{1}{3} \cdot a^3 \cdot \sqrt{2} \approx 30{,}2\,cm^3$

377 **a)** (1) $6\cdot\sqrt{2}\,\text{cm} \approx 8{,}49\,\text{cm}$; (2) $72\cdot\sqrt{2}\,\text{cm}^3 \approx 101{,}823\,\text{cm}^3$; (3) $72\cdot\sqrt{3}\,\text{cm}^2 \approx 124{,}71\,\text{cm}^2$
b) (1) 48,08 mm; (2) 18 528,083 mm^3; (3) 4004,50 mm^2
c) (1) 3,54 m; (2) 7,366 m^3; (3) 21,65 m^2
d) (1) 31,11 dm; (2) 5019,515 dm^3; (3) 1676,63 dm^2

378 **a)** Die Oberfläche eines regelmäßigen Tetraeders besteht aus 4 gleichseitigen Dreiecken. Daher: $O = a^2\cdot\sqrt{3}$

b) $h^2 = a^2 - \overline{AM}^2$; wegen $\overline{AM} = \frac{2}{3}h_a$ (siehe Hinweis im Schüler/innenbuch) und $h_a = \frac{a}{2}\cdot\sqrt{3}$ (Höhe eines gleichseitigen Dreiecks) gilt auch $\overline{AM} = \frac{a}{3}\cdot\sqrt{3}$.

Man erhält folgende Beziehung: $h^2 = a^2 - \left(\frac{a}{3}\cdot\sqrt{3}\right)^2 = a^2 - \frac{a^2}{3} = \frac{2a^2}{3}$.

Daher ist $h = \sqrt{\frac{2a^2}{3}} = a\cdot\sqrt{\frac{2}{3}} = a\cdot\frac{\sqrt{2}}{\sqrt{3}} = a\cdot\frac{\sqrt{2}\cdot\sqrt{3}}{\sqrt{3}\sqrt{3}} = a\cdot\frac{\sqrt{6}}{3} = \frac{a}{3}\cdot\sqrt{6}$.

Die Volumenformel für eine Pyramide ist $V = \frac{1}{3}\cdot G\cdot h$. $G = \frac{a^2}{4}\cdot\sqrt{3}$ (gleichseitiges Dreieck).

Setzt man nun ein, erhält man:

$V = \frac{1}{3}\cdot\frac{a^2}{4}\cdot\sqrt{3}\cdot\frac{a}{3}\cdot\sqrt{6} = \frac{a^3}{36}\cdot\sqrt{18} = \frac{a^3}{\cancel{36}}\cdot\cancel{3}\cdot\sqrt{2} = \frac{a^3}{12}\cdot\sqrt{2}$

379 $V = 375\,\text{cm}^3$. $a = \sqrt[3]{\frac{12V}{\sqrt{2}}} \approx 14{,}7\,\text{cm}$.

380 $a = \frac{45}{\sqrt{6}}\,\text{cm}$. $V \approx 730{,}7\,\text{cm}^3$

381 $V = \frac{1}{3}\cdot a^2\cdot 2a = \frac{2}{3}a^3$. $h_a^2 = (2a)^2 + \left(\frac{a}{2}\right)^2 = 4a^2 + \frac{a^2}{4} = \frac{17a^2}{4}$; $h_a = \frac{a}{2}\cdot\sqrt{17}$

Damit ist $A = \frac{a^2}{4}\cdot\sqrt{17}$

382 **a)** $m = \frac{2a}{x+y}$; $x = \frac{2a - my}{m}$; $y = \frac{2a - mx}{m}$

b) $x = 2z - y$; $y = 2z - x$

c) $R = \frac{R_1\cdot R_2}{R_1 + R_2}$; $R_1 = \frac{R\cdot R_2}{R_2 - R}$; $R_2 = \frac{R\cdot R_1}{R_1 - R}$

3.7 Vermischte Übungen

383 29,15 m

384 **a)** 323,1 m **b)** 3 m

385 **a)** 15,59 cm^2 **b)** 315,67 dm^2

386 T_1 und T_2 seien die Berührpunkte der Tangenten mit dem Kreis. $\overline{PT_1} = 64\,\text{mm}$; $\overline{T_1T_2} = 76{,}8\,\text{mm}$

387 Ansatz: $(x - 0{,}5)^2 + 2{,}5^2 = x^2$; $x = 6{,}5\,\text{m}$

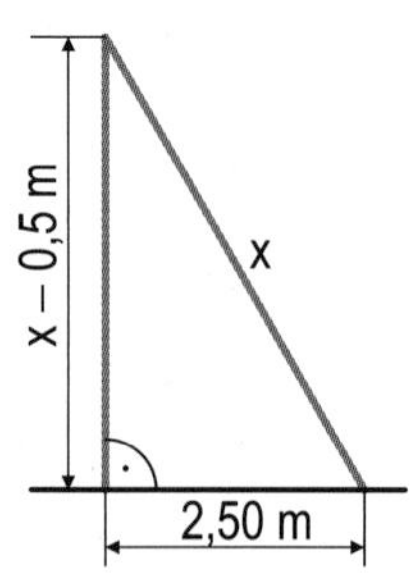

388 106 cm

389 Das Rechteck hat eine Breite von 33 cm (großer Viertelkreis). Damit hat der mittlere Viertelkreis einen Radius von 23 cm. Die Länge des Rechtecks ist somit $23 + 33 = 56$ cm. Der Satz von Pythagoras ergibt für die Diagonale:
$33^2 + 56^2 = d^2$. d ist 65 cm lang.
Damit ist $x = 65 - 10 - 33 = 22$ cm (Siehe Skizze im Schüler/innenbuch.)

390 **a)** 40 Temposünder **b)** $\frac{12}{40} = 30\,\%$; $\frac{18}{40} = 45\,\%$; $\frac{7}{40} = 17{,}5\,\%$; $\frac{3}{40} = 7{,}5\,\%$

391 $w = 1676\,m$

392 **a)** $(u^2 - v^2)^2 + (2uv)^2 = (u^2 + v^2)^2$
$u^4 - 2u^2v^2 + v^4 + 4u^2v^2 = u^4 + 2u^2v^2 + v^4$
$u^4 + 2u^2v^2 + v^4 = u^4 + 2u^2v^2 + v^4$, was zu zeigen war!
b) $u = 2,\ v = 1: a = 3,\ b = 4,\ c = 5$; $u = 3,\ v = 2: a = 5,\ b = 12,\ c = 13$
$u = 3,\ v = 1: a = 8,\ b = 6,\ c = 10$; $u = 4,\ v = 1: a = 15,\ b = 8,\ c = 17$

393 Siehe Nusslösungen im Schüler/innenbuch

394 Ja. Die Raumdiagonale der Kiste ist ca. 2,06 m lang.

395 $d_1 \approx 33{,}5\,cm$, $d_2 \approx 18{,}0\,cm$, $d_3 \approx 31{,}6\,cm$; $d = 35\,cm$

396 $4320\,cm^3$

397 ca. $494\,m^2$

398 5,18 m

399 **a)** $V \approx 54\,138\,mm^3$, $O \approx 10\,588\,mm^2$ **b)** $V \approx 38\,722\,mm^3$, $O \approx 8726\,mm^2$
c) $V \approx 75\,025\,mm^3$, $O \approx 11\,664\,mm^2$ **d)** $V \approx 71\,525\,mm^3$, $O \approx 11\,450\,mm^2$

400 **a)** $a = 25$; $b = 20$; $c \approx 32{,}0$ **b)** $x \approx 10{,}8$; $y \approx 8{,}9$; $z \approx 7{,}2$ **c)** $y = 5$, $x = 13$

401 $V = 22{,}176\,m^3$, $O = 60{,}4920\,m^2$

402 **a)** $h_a = 3{,}7\,cm$ **b)** $s \approx 4{,}8\,cm$ **c)** $V \approx 26\,cm^3$

403 Für jede Kante k des Körpers gilt: $k^2 = \left(\frac{a}{2}\right)^2 + \left(\frac{a}{2}\right)^2 = \frac{a^2}{2}$. Mit $a = 12$ beträgt die Kantenlänge $\sqrt{72}\,cm$.
Volumen $V = \frac{1}{3} \cdot 72 \cdot 12 = 288\,cm^2$

404 **a)** (1) Ungefähr 1,8 Liter Flüssigkeit. (2) Ungefähr $6{,}4\,dm^2$ Blech.
b) (1) Ungefähr 40,6 Liter Flüssigkeit. (2) Ungefähr $50{,}0\,dm^2$ Blech.
c) (1) $V = \frac{10}{3}x^3$ (2) $O = 6x^2 + 2x^2 \cdot \sqrt{3}$

405 $V \approx 36{,}4\,dm^3$; $m \approx 80\,kg$ *Druckfehler im Schüler/innenbuch (1. Auflage):* $\rho = 2{,}2\,kg/dm^3$

406 $m \approx 11{,}8\,g$

407 **a)** $a = 6$ **b)** $a = 3$

408 **a)** $15\,m^2$ Zeltstoff **b)** ca. 292 cm lang

409 **a)** (1) $V = 72\,cm^3$, $O = 122{,}9\,cm^2$; (2) $V = \frac{a^3}{3}$, $O = 2a^2 + a^2\sqrt{2} = a^2 \cdot (2 + \sqrt{2})$
b) (1) $V = 36\,cm^3$, $O = 86{,}9\,cm^2$; (2) $V = \frac{a^3}{6}$, $O = a^2 + a^2 \cdot \sqrt{2} = a^2 \cdot (1 + \sqrt{2})$

410 Die Kanten des Körpers sind alle Flächendiagonalen des Würfels. Damit bilden sich vier gleichseitige Dreiecke, der entstandene Körper ist ein regelmäßiger Tetraeder.
$V = a^3 - 4 \cdot \frac{a^3}{6} = \frac{a^3}{3}$; $O = 2a^2 \cdot \sqrt{3}$

Im Blickpunkt: Rund um den Pythagoras

411 offene Aufgabenstellung

412 offene Aufgabenstellung

413 **a)** Das Quadrat hat den Flächeninhalt 1. Aus je zwei gleichschenklig rechtwinkligen Dreiecken in der Figur kann man ein Quadrat mit dem Flächeninhalt $\frac{1}{2}$ bilden. Die Seitenlänge des Ausgangsquadrats entspricht der Hypotenusenlänge, die Seitenlänge eines kleinen Quadrats der Kathetenlänge des gleichschenklig rechtwinkligen Dreiecks. Die Summe der Flächeninhalte der kleinen Quadrate ist gleich dem Flächeninhalt des Ausgangsquadrates. Damit ist der Satz von Pythagoras erfüllt.

b) Ansatz: $30^2 + 30^2 = d^2$; $d^2 = 2 \cdot 30^2 \Rightarrow d = 30 \cdot \sqrt{2}$

414 Nimm einen Wollfaden beliebiger Länge doppelt und markiere die Länge dieser Strecke, indem du z. B. Stäbe in den Boden steckst. Nun viertle eine Hälfte des Wollfadens und markiere dieses Viertel (von der Mitte ausgehend) auf dem Faden. Diese Markierung teilt den Wollfaden im Verhältnis $\frac{5}{4} : \frac{3}{4} = 5 : 3$, die Länge zwischen den Stäben entspricht $\frac{4}{4}$ des halben Wollfadens. Befestige nun den Faden an den beiden Stäben und spanne ihn, indem du ihn an der Markierung festhältst. Der Wollfaden bildet nun mit der Strecke zwischen den Stäben ein rechtwinkliges Dreieck. Die Seiten des Dreiecks stehen im Verhältnis 3 : 4 : 5.

4 Gemeinsam durch die Welt – Funktionen

4.1 Funktionen und ihre Darstellungen

415 **a, b)** A, G, 4: Der Flächeninhalt des Quadrates ist abhängig von der Seitenlänge des Quadrats. G zeigt die Funktionsgleichung, A den Graphen.
B, D, 2: Der Preis, den man für die Kirschen zahlen muss, ist abhängig von der Menge der gekauften Kirschen. B zeigt die Funktionsgleichung, D den Graphen.
R, C, 1: Die Masse der Kugel ist abhängig vom Radius der Kugel. C ist die Wertetabelle und R der Graph.
E, O, F, 3: Die Ausdehnung der Feder ist abhängig von der Anzahl der Massenstücke. E ist die Wertetabelle, O der Graph. F zeigt die Funktionsgleichung. Da es keine „Zwischenstücke" gibt, ist der Graph nur eine Reihe von Punkten.
P, H, 7: Die Kosten für die Taxifahrt sind abhängig von einer Grundgebühr von 4 € und von der gefahrenen Strecke. H zeigt die Funktionsgleichung, P den Graphen.
I, K, M, 8: Die Zeit, die ein Auto für den Weg von Wien nach Graz benötigt, ist abhängig von der Geschwindigkeit, mit der das Auto fährt. K zeigt die Funktionsgleichung, I den Graphen. M zeigt die Wertetabelle.
N, J, L, 5: Die Länge der brennenden Kerze ist abhängig von der Zeit, in der sie brennt. L zeigt die Funktionsgleichung, J den Graphen.
Q, 6: Die Leihgebühr für das Tretboot ist abhängig von der Anzahl der angefangenen Stunden. Der Graph wird in Q deshalb auch als „Treppenfunktion" dargestellt.

416 **a)** Tageszeit t **b)** Alter A **c)** Schüler S **d)** Spannung U **e)** Geschwindigkeit v

417 **a)** $y = 3x$ für $x \in \mathbb{N}$

x	y
0	0
1	3
2	6
3	9
4	12
5	15
6	18
x	3x

b) $u = 4s$ für $s > 0$

s	u
0,5	2
1	4
2	8
3,1	12,4
5	20
6,5	26
7	28
s	4s

c) $b = -z$ für $z \in \mathbb{Z}^-$.

z	b
−1	1
−2	2
−3	3
−4	4
−5	5
−6	6
−7	7
z	−z

418 (1) Das Auto bewegt sich mit konstanter Geschwindigkeit auf den Punkt zu.
(2) Das Auto befindet sich in kleinem Abstand von der Markierung und entfernt sich dann mit konstanter Geschwindigkeit von dieser Markierung.
(3) Das Auto bewegt sich nicht.
(4) Das Auto entfernt sich langsam vom Markierungspunkt und bleibt stehen. Nach einiger Zeit entfernt es sich mit höherer Geschwindigkeit als vorher vom Markierungspunkt.
(5) Auto bewegt sich zunächst nicht. Dann fährt es rasch auf die Markierung zu. Es bleibt wieder stehen. Dann entfernt es sich wieder rasch von der Markierung und fährt zurück zum Ausgangspunkt oder zu einer Stelle, die gleich weit wie der Ausgangspunkt vom Markierungspunkt entfernt liegt, um an dieser Stelle eine Zeit lang stehen zu bleiben. Dann fährt es wieder auf den Punkt zu usw.
(6) Auto entfernt sich rasch vom Markierungspunkt. Dann bleibt es eine Zeit lang stehen um anschließend wieder rasch zum Markierungspunkt zurückzukehren.

Bemerkung: Der **Stillstand** in (3), (4), (5), (6) kann auch als **Bewegen auf einer Kreisbahn** um den Markierungspunkt gedeutet werden.

419 Der Graph beschreibt weder das Abbrennen der Kugelkerze noch das Abbrennen der Kegelkerze.
Die Kugelkerze wird zunächst rasch an Höhe verlieren, aber die Abnahme der Höhe wird immer langsamer bis die obere Hälfte der Kerze abgebrannt ist. Dann wird die Kerze wieder rascher an Höhe verlieren (linker Graph).
Die Kegelkerze verliert immer langsamer an Höhe (rechter Graph).

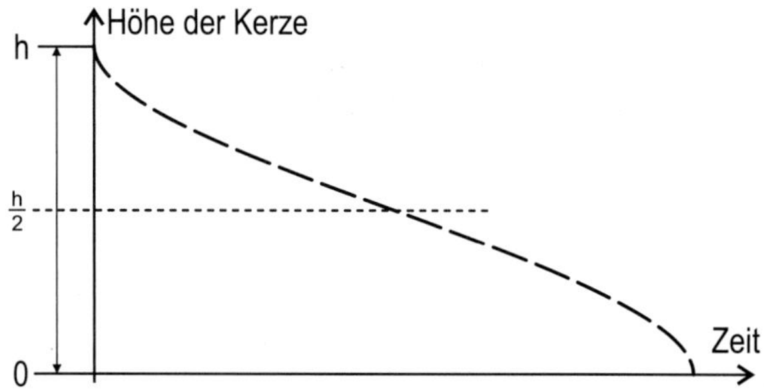

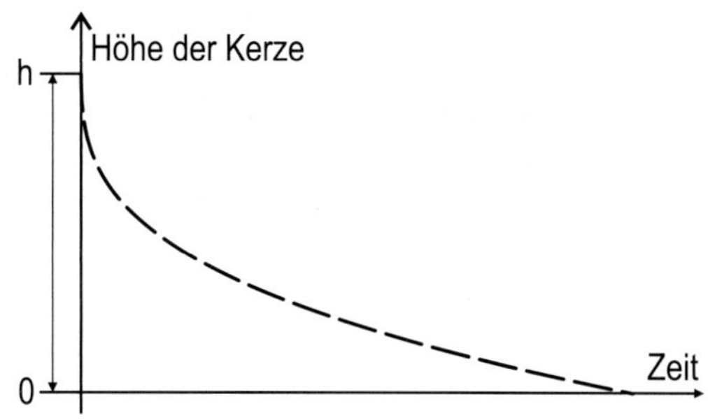

420 2,3; 11,35; 2,2; 0,07; 0,032; $0,\dot{3}$; 9,25; $1,\dot{4}$; 3,875

421 (1) Grundgebühr plus gleichmäßig ansteigende Gebühr für die Dauer der Vermietung.
(2) Keine Grundgebühr. Am Anfang der Vermietung steigt der Preis für die Zeit der Vermietung stark an. Ab einem bestimmten Zeitpunkt bleibt der Mietpreis konstant.
(3) Preis pro Zeiteinheit (z. B. Stunden). Pro angefangener Stunde erhöht sich der Mietpreis.

Bemerkung: Druckfehler in der ersten Auflage des Schüler/innenbuches: Es dürfen keine Lücken zwischen den „Treppen" auftreten.

422 Bei Abbildung (1) hat sie vermutlich recht. Hingegen passt Abbildung (2) nicht zur Fahrt eines Fahrrades über eine Kuppe, da die Geschwindigkeit beim Bergauffahren abnehmen und beim Bergabfahren wieder zunehmen wird.

423 Rennbahn 3: Beschleunigen – bremsen (Kurve 1) – beschleunigen bis beinahe zur Höchstgeschwindigkeit – konstante Geschwindigkeit – bremsen (Kurve 2) – beschleunigen bis Höchstgeschwindigkeit – kurz etwas langsamer im leichten Knick auf der Geraden – Höchstgeschwindigkeit – bremsen (Kurve 3) – beschleunigen (Zieldurchfahrt).

424 (A): (1), (2) (B): (1), (4) (C): (5) (D): (3)

425 **a)**

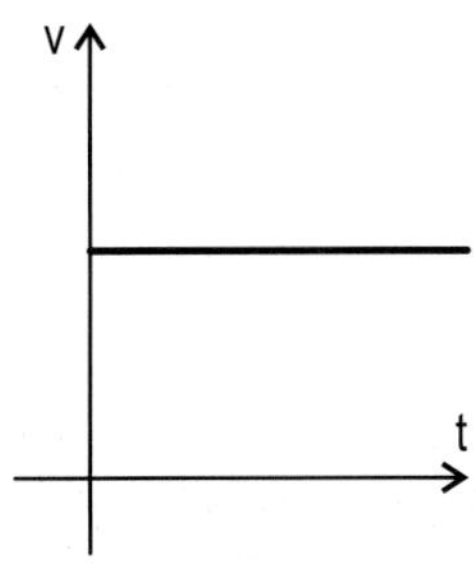

b)

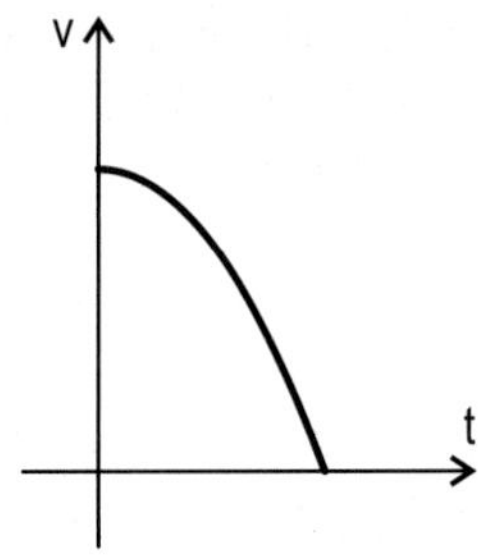

426 (1) Ständig wachsende Geschwindigkeit, die am Anfang am stärksten zunimmt, dann immer weniger stark zunimmt und gegen Ende nur mehr gleichmäßig ansteigt.
(2) Gleichmäßig ansteigende Geschwindigkeit (konstante Beschleunigung)
(3) Ständig ansteigende Geschwindigkeit, die bis zu einem bestimmten Zeitpunkt immer stärker zunimmt und von diesem Zeitpunkt weg gleichmäßig stark ansteigt.
(4) Gleich bleibende Geschwindigkeit
(5) Gleichmäßige Geschwindigkeitsabnahme (Verzögerung) bis zum Stillstand.

427 **a)**

0 Uhr	4 Uhr	8 Uhr	12 Uhr	16 Uhr	20 Uhr	24 Uhr
4 °C	−3 °C	−3 °C	3 °C	3 °C	2 °C	1 °C

b) richtig; falsch (ab 16 Uhr nicht mehr); richtig; falsch (nur zweimal); falsch (um 0 Uhr hatte es 4 °C); richtig; falsch (bis ca. 13 Uhr stieg die Temperatur noch etwas an); falsch (Anstieg nur um 6 °C); falsch (nicht gleichmäßig; zunächst stärker werdender Anstieg, dann schwächer werdender Anstieg der Temperatur)

c) Fallend: von 0 Uhr bis 6 Uhr und von ca. 13.30 Uhr bis 24 Uhr
Steigend: von 6 Uhr bis ca. 13.30 Uhr

d) Die Temperatur beträgt um 01.30 Uhr, 10.30 Uhr und 24 Uhr 1 °C.
Die Zuordnung Lufttemperatur → Zeitpunkt ist daher nicht eindeutig.

428 **a)**

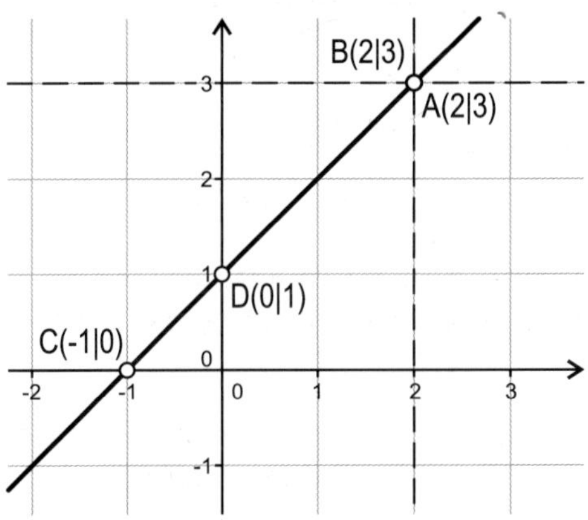

b)

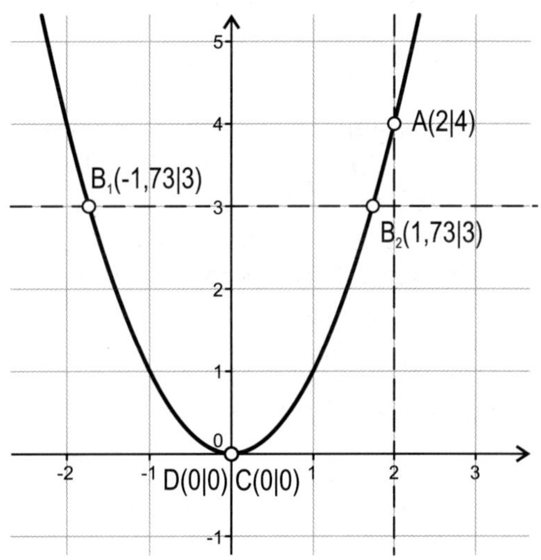

c)

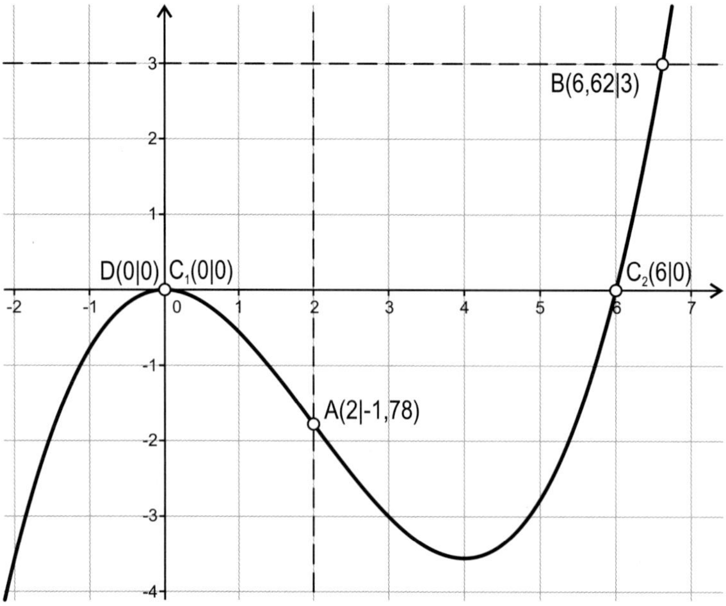

429 **a)** (1)

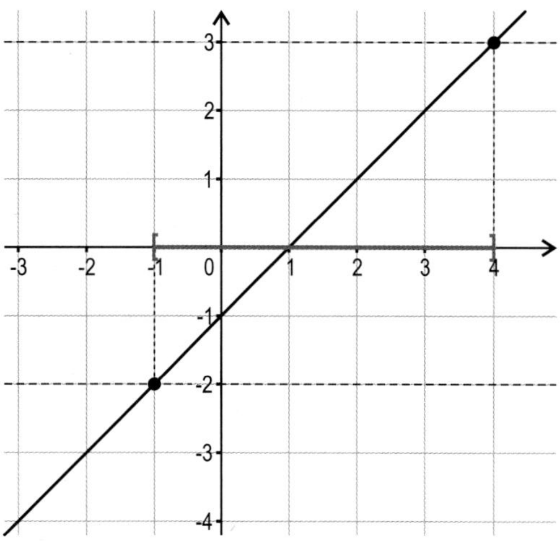

(2)

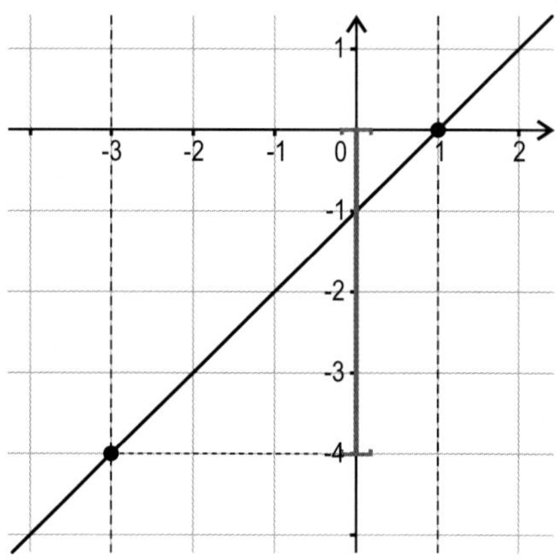

b) (1)

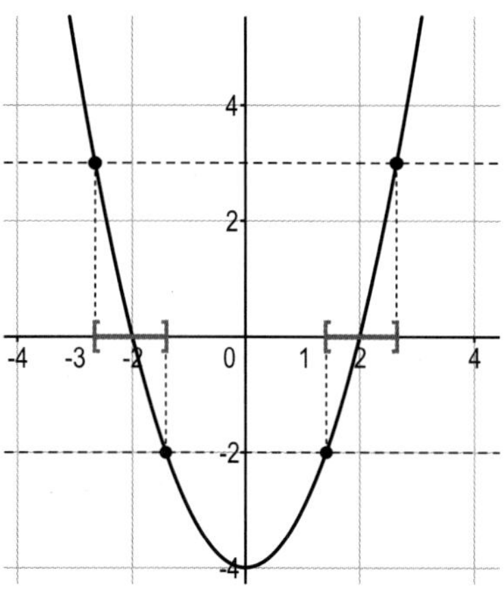

(2)

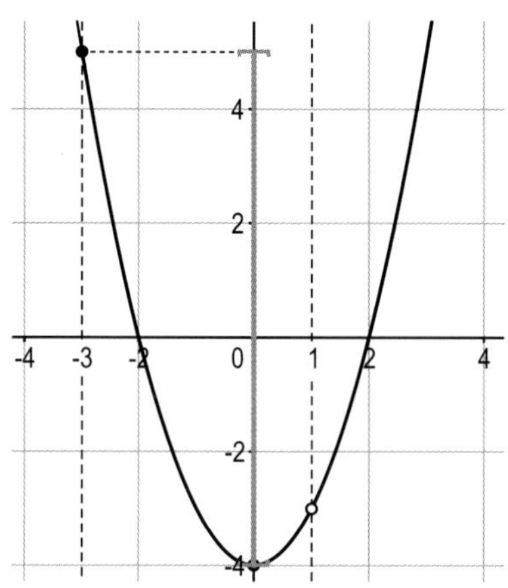

c) (1) (2)

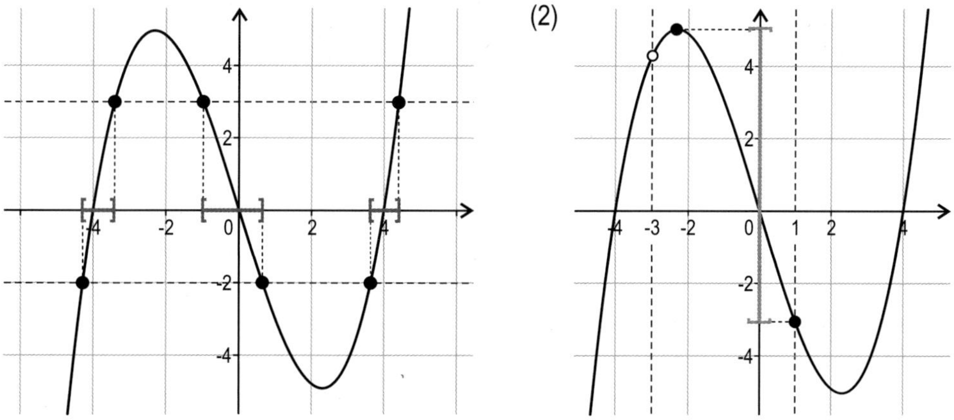

430 B, C, E

431 **a)**

x	−3	−2	−1	0	1	2	3	4
y	−7	−5	−3	−1	1	3	5	7

b)

x	−3	−2	−1	0	1	2	3	4
y	−9	−6	−3	0	3	6	9	12

c)

x	−3	−2	−1	0	1	2	3	4
y	5	4	3	2	1	0	−1	−2

d)

x	−3	−2	−1	0	1	2	3	4
y	9	4	1	0	1	4	9	16

e)

x	−3	−2	−1	0	1	2	3	4
y	7	2	−1	−2	−1	2	7	14

432 (A): (1), (2) (B): (3), (4) (C): keine (D): keine

433 **a)** Troposphäre: Temperatur nimmt gleichmäßig ab; Stratosphäre: Temperatur bleibt zunächst konstant (niedrig) und steigt dann bis 0 °C an; Mesosphäre: Temperatur nimmt rasch ab; darüber steigt die Temperatur wieder rasch an.

b) −60 °C **c)** 4000 m, 35 bis 40 km, 60 km, ca. 100 km

d) Die Zuordnung Temperatur ⟶ Höhe ist nicht eindeutig (keine Funktion).
Die Zuordnung Höhe ⟶ Temperatur ist eindeutig (Funktion)

434 Marias Weg ist um 34,2 % länger als der Weg von Markus.

435 Folgende Graphen gehören zu Funktionen, da jedem x-Wert genau ein y-Wert zugeordnet wird: (2), (3), (5), (6). Folgende Graphen gehören nicht zu Funktionen, da es x-Werte gibt, denen mehr als genau ein y-Wert zugeordnet wird: (1), (4), (7), (8)

436 **a)** Wird nur im Ausnahmefall eine Funktion sein. Es wird kaum lauter Märzgeborene geben und wenn ja, dann gibt es wahrscheinlich mehrere Personen, die am gleichen Tag im März Geburtstag haben bzw. Tage, an denen niemand Geburtstag hat.

b) Funktion. Jedes Rechteck kann nur genau einen Umfang besitzen.

c) Keine Funktion. Jede natürliche Zahl größer als 1 besitzt mindestens zwei Teiler.

437 a)

Anzahl	1	2	3	4	5	6	7	8	9	10
Gesamtpreis in €	2	4	6	8	8	10	12	14	16	16

b)

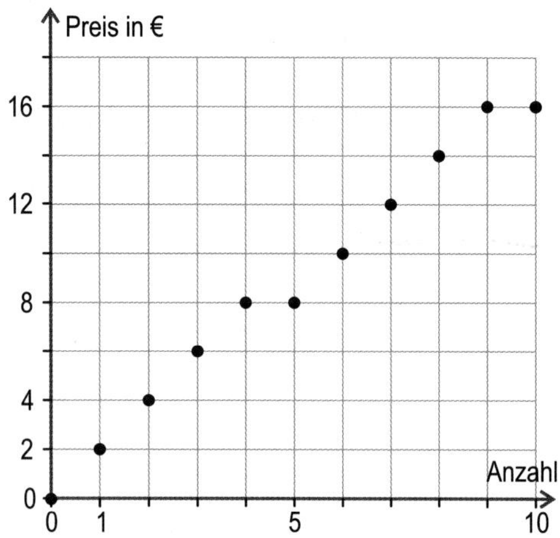

Das Verbinden der Punkte ist nicht sinnvoll, da man nur „ganze" DVDs kaufen kann.

438 B, C, D

439 a) $A = a \cdot h$. Es handelt sich um ein Rechteck.

b) $A = \frac{a \cdot h}{2}$. Es handelt sich um ein Dreieck.

440 a) $D = \mathbb{N}$; $W = \mathbb{N}_g$

x	0	1	2	3	4	5
y	0	2	4	6	8	10

b) $D = \mathbb{Z}$; $W = \mathbb{N}$

x	−2	−1	0	1	2	3
y	2	1	0	1	2	3

c) $D = \mathbb{R}$; $W = \mathbb{R}^+ \{y \in \mathbb{R} \mid y \geq 1\}$

x	−2	−1	0	1	2	3
y	5	2	1	2	5	10

441 a)

Betrag (in Cent)	Anzahl der Münzen
1	1
2	1
3	2
4	2
5	1
6	2
7	2
8	3
9	3
10	1
11	2
12	2
13	3
14	3
15	2

b)

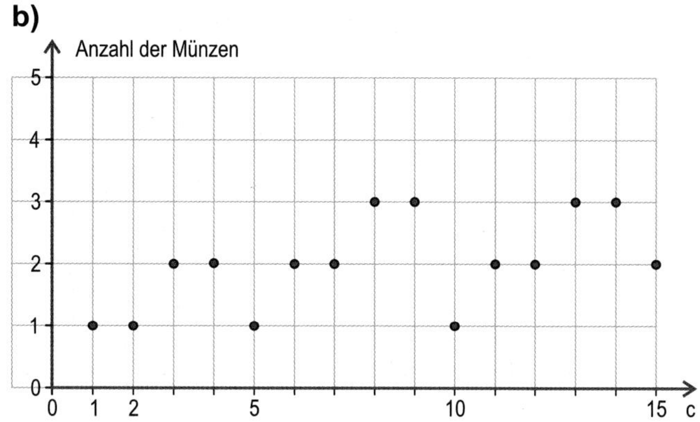

Es macht keinen Sinn, die Punkte zu verbinden, da keine Zwischenwerte existieren.

442 **a)** (1): (1; 5), (2; 10), (3; 15), (4; 20), (5; 22), (6; 27)
(2): (0,5; 1), (1; 2), (1,5; 3), (2; 4), (2,5; 5)
(3): (2004; 4,52 Mio), (2005; 4,68 Mio), (2006; 5,04 Mio), (2007; 5,04 Mio), (2008; 5,03 Mio), (2009; 5,02 Mio)

b) Da es nur eine ganzzahlige Anzahl von Kugelschreibern gibt und die Anzahl der Autos nur pro Jahr (und nicht zu jedem beliebigen Zwischenpunkt) ermittelt werden (eine geradlinige Verbindung existiert nicht), ist die Verbindung bei (1) und (3) nicht sinnvoll.
Bei Distelöl ist aufgrund des gleichmäßigen Anstiegs und der in beliebiger Maßzahl abgebbaren Menge die Verbindung sinnvoll.

443

Arbeitszeit in Stunden	bis 0,5	bis 1	bis 1,5	bis 2	bis 2,5	bis 3
Gesamtkosten in Euro	70	90	110	130	150	170

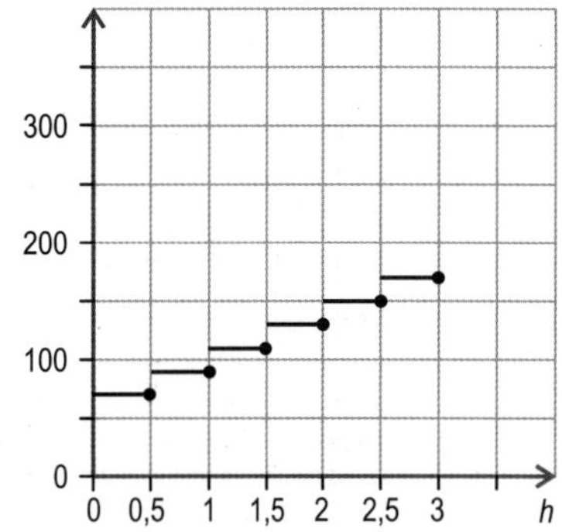

444 Das DIN-A4-Format hat eine Länge von 29,7 cm und eine Breite von 21,0 cm.
Durch Ausschneiden der Quadrate mit der Länge x bestimmt ihr die Höhe der Schachtel.
Wenn die Höhe der Schachtel x betragen soll, dann muss die Länge a der Schachtel $(29{,}7 - 2x)$ und die Breite b der Schachtel $(21{,}0 - 2x)$ betragen. Das Volumen beträgt somit
$V = (29{,}7 - 2x) \cdot (21 - 2x) \cdot x$ (alle Maße in cm).
Es lassen sich zwei Grenzlagen finden: $x = 0$ cm und $x = 10{,}5$ cm. Nur zwischen diesen beiden Zahlen sind die x-Werte wählbar. Sonst ergeben sich für das Volumen negative Werte.
Durch Probieren kann ein maximaler Wert für das Volumen bei ungefähr $x = 4$ cm gefunden werden. Das Volumen der Schachtel beträgt dort ungefähr 1128 cm^3.

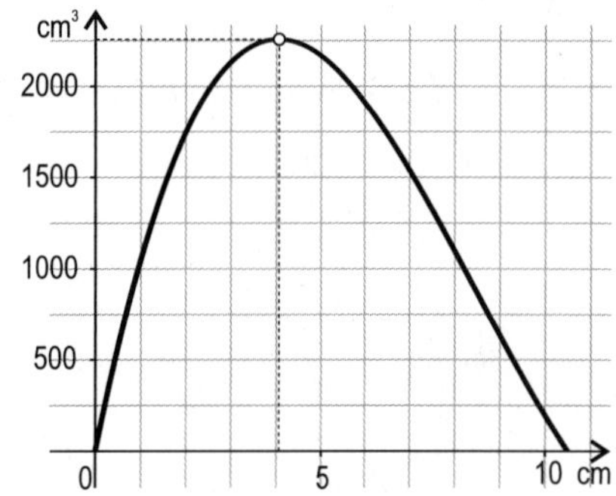

445 **a)**

Länge a (in m)	Breite b (in m)
1	11
2	10
3	9
4	8
5	7
6	6
7	5
a	12 − a

b)

Länge a (in m)	Fläche A (in m^2)
1	11
2	20
3	27
4	32
5	35
6	36
7	35
a	$a \cdot (12 - a)$

c)

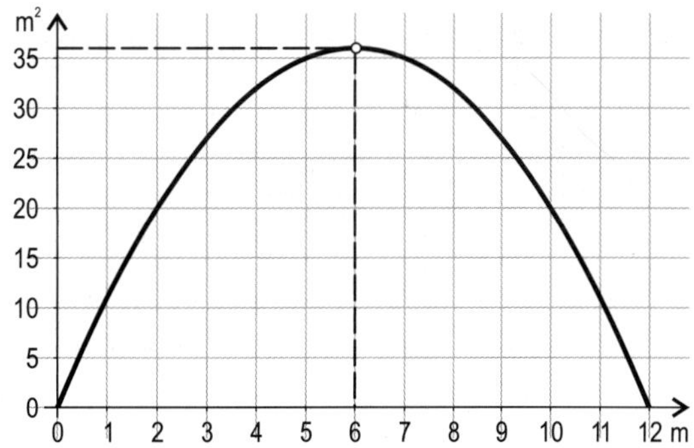

446 **a)**

Abstand x (in m)	1	2	3	4	5	6	7	x
Fläche A (in m^2)	16	28	36	40	40	36	28	$(18 - 2x) \cdot x$

Die x-Werte müssen größer als Null und kleiner als 9 sein.

b) $\overline{PQ} = 18 - 2x$; $A = (18 - 2x) \cdot x$

c) Der größtmögliche Flächeninhalt von 40,5 m^2 ergibt sich für $x = 4,5$ m.

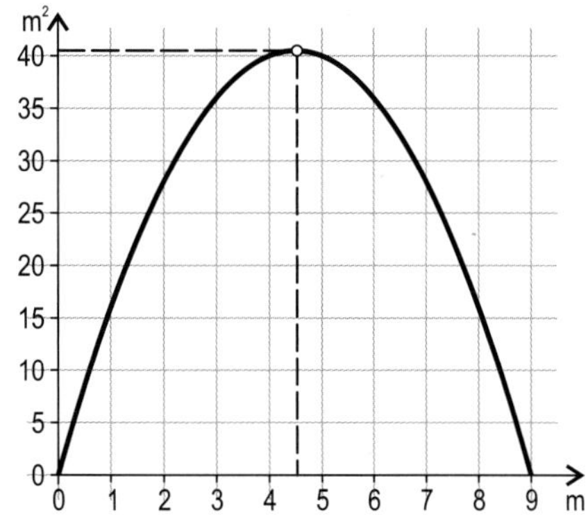

447 **a)** P_1, P_2, P_4, P_6 **b)** P_4, P_2 **c)** P_4, P_5

448 **a)**

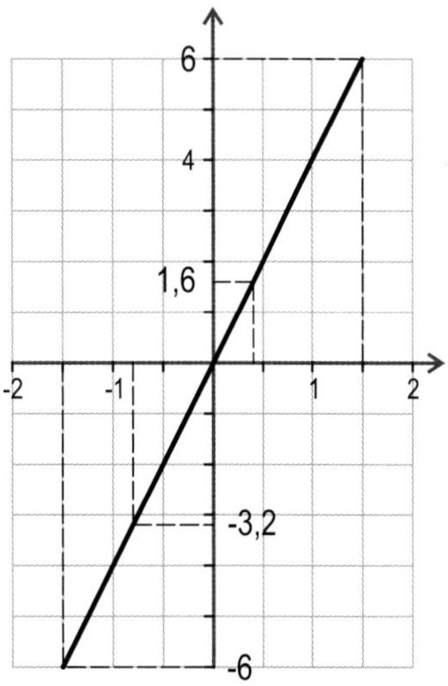

b)

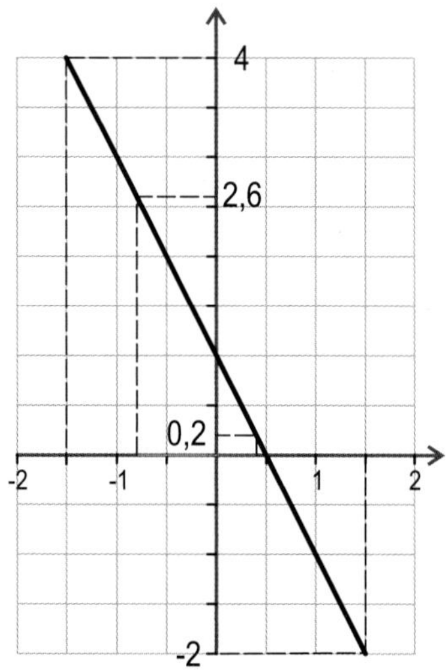

c)

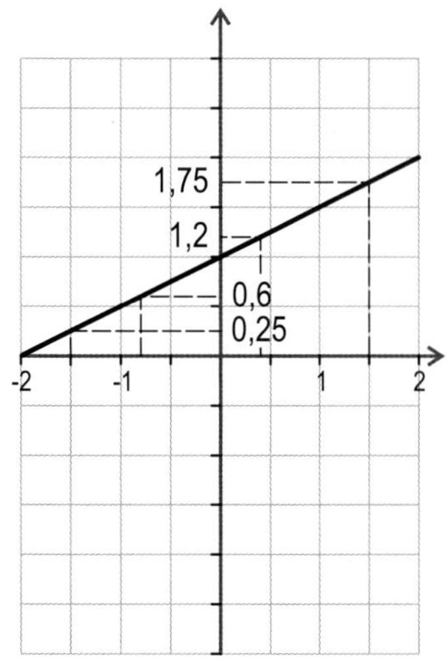

d)

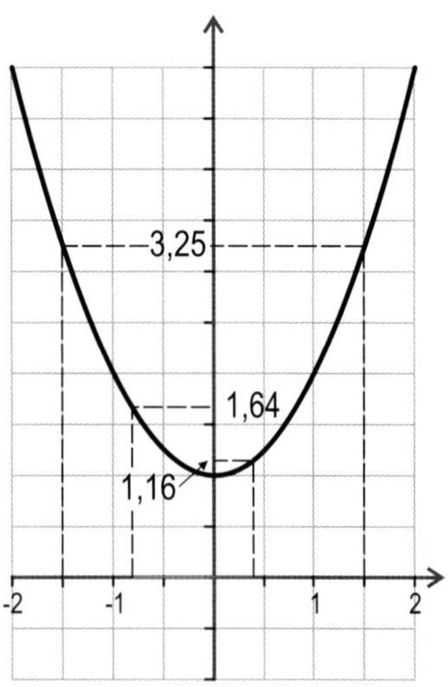

e)

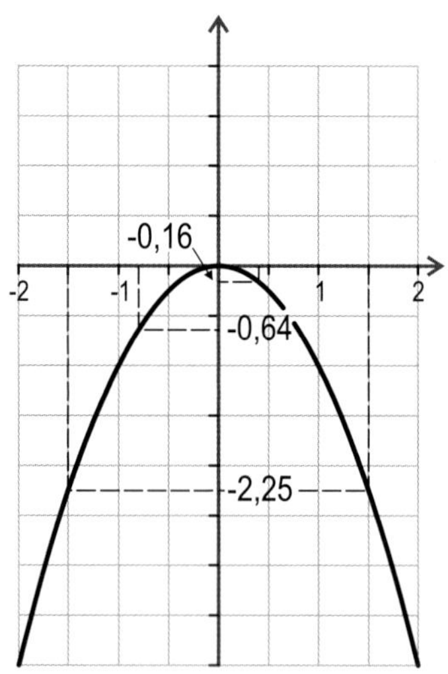

4.2 Spezielle Funktionen

4.2.1 Lineare Funktionen

449 **a)** 7,5 cm bzw. 12,5 cm **b)** 22,5 cm

c) Tal: $h = 1{,}25t$; Alm: $h = 1{,}25t + 15$

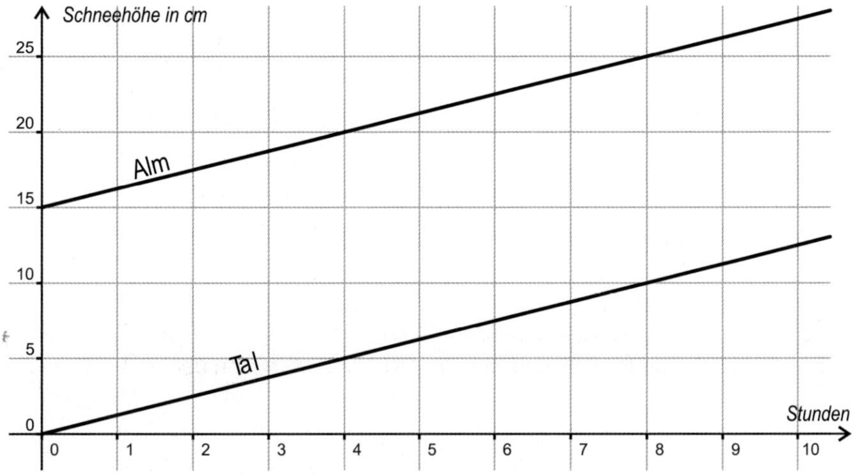

d) Die beiden Graphen liegen auf Geraden, die zueinander parallel sind.

e) Nach 16 Stunden.

f) $h = 20 - 1{,}5t$

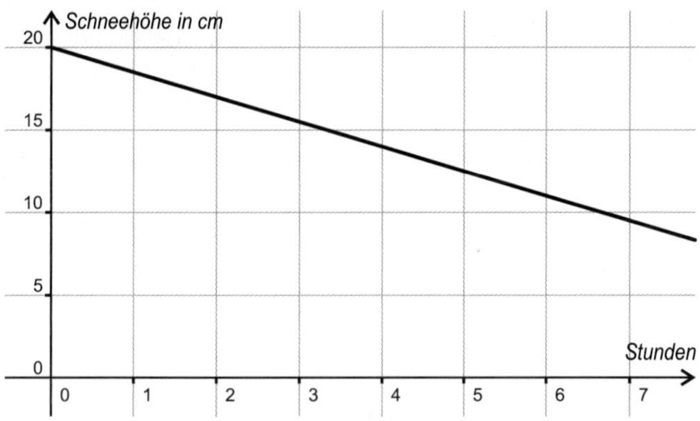

450 Formel 3 und 4 sind anzukreuzen.

451 96 km

452 **a)**

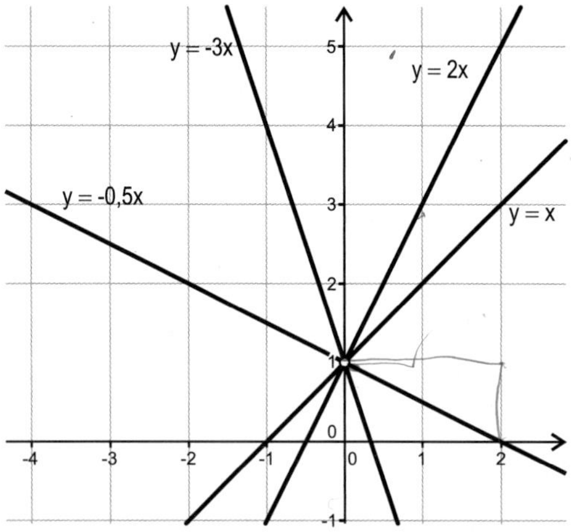

b)

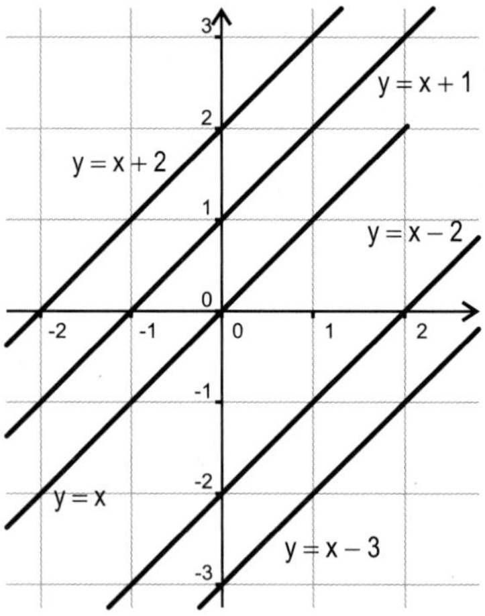

453 **a)** P = 1,90 · m;
Die Funktionsgleichung hat die Form y = kx und damit handelt es sich um eine homogene lineare Funktion.

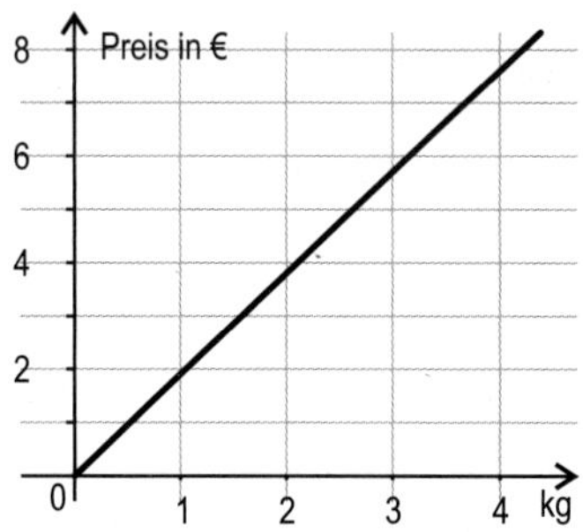

b) Da zum Kaufpreis jeweils 4 € an Fahrtkosten dazugerechnet werden müssen, lautet die Gleichung:
P = 1,90 · m + 4.
Die Funktionsgleichung hat die Form y = kx + d und ist daher inhomogen.

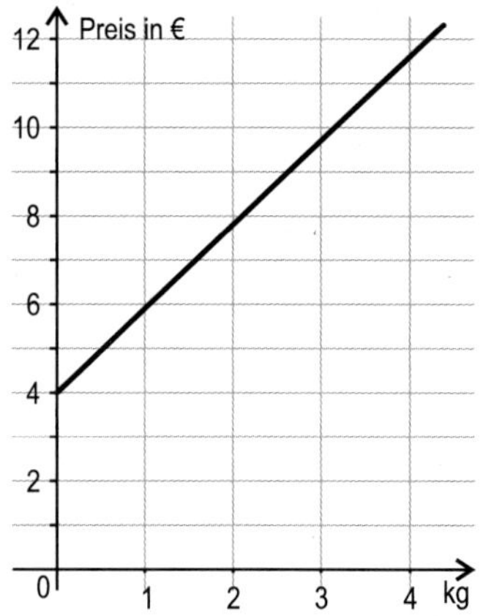

454 Es geht um Telefontarife.
Grün: Die Grundgebühr beträgt 10 €. Dafür ist die Gesprächsgebühr günstig. Sie beträgt ca. 2,50 € für 100 Minuten.
Violett: Es gibt keine Grundgebühr. Dafür beträgt die Gesprächsgebühr ca. 7 € für 100 Minuten.
Nach ungefähr 220 Gesprächsminuten ist der Normaltarif der günstigere.

455 Wertetabelle:

Alter Preis in €	100	200	300	400	500
a) Preisnachlass in €	20	40	60	80	100
b) Neuer Preis in €	80	160	240	320	400

a)

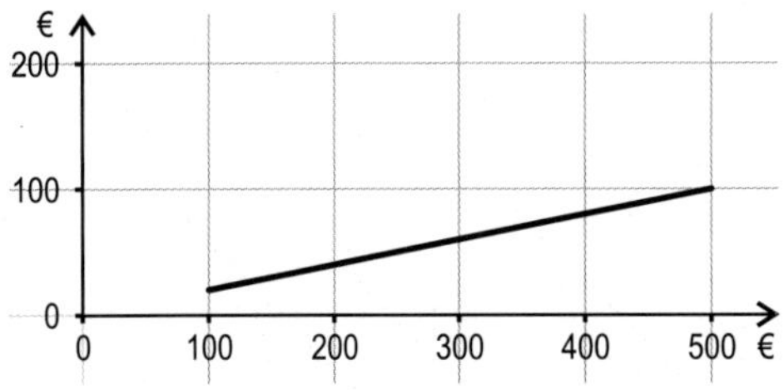

b)

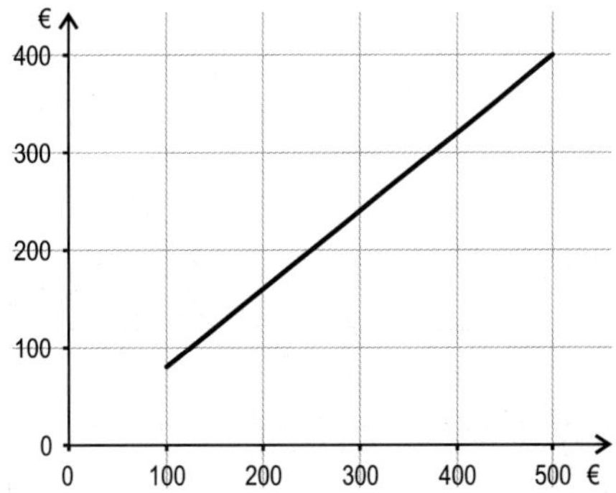

456 offene Aufgabenstellung

457 **a)** Die y-Werte vergrößern sich um (1) 1,5; (2) 0,75; (3) 3.
Koordinaten des Schnittpunktes: (0 | 2)

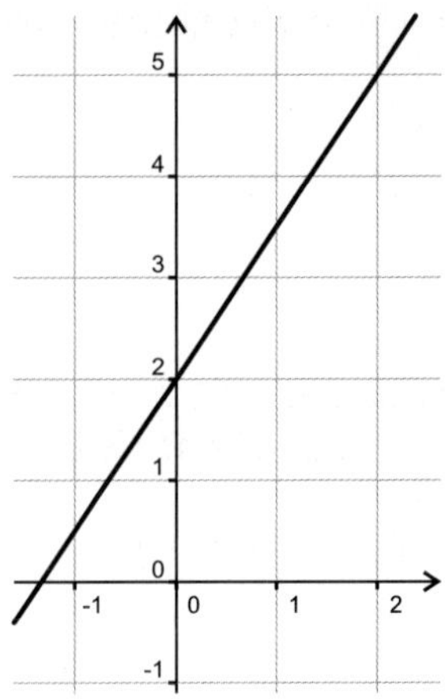

b) Die y- Werte vergrößern sich um (1) k; (2) 0,5 k; (3) 2 k.
Koordinaten des Schnittpunktes: (0 | d)

458 **a)** f_3

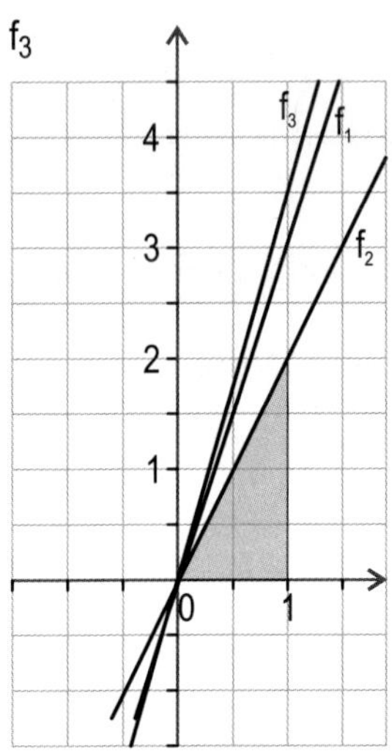

b) f_2

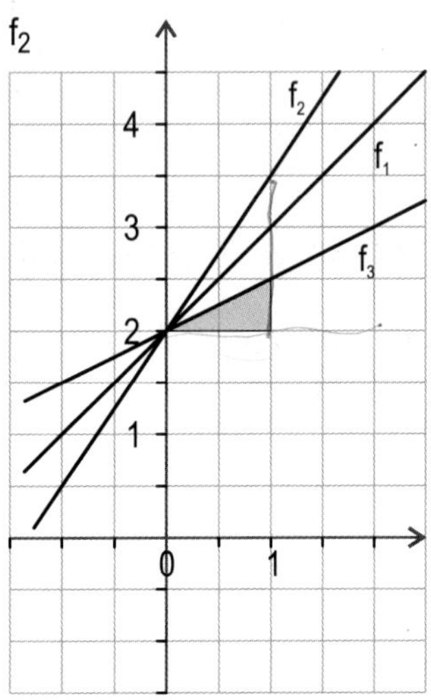

c) f_3

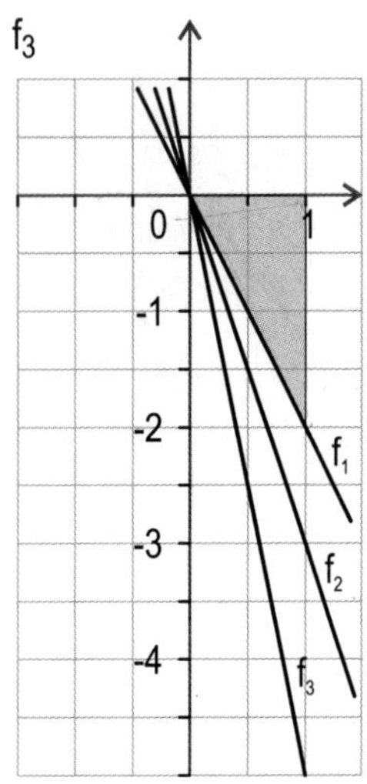

d) f_3

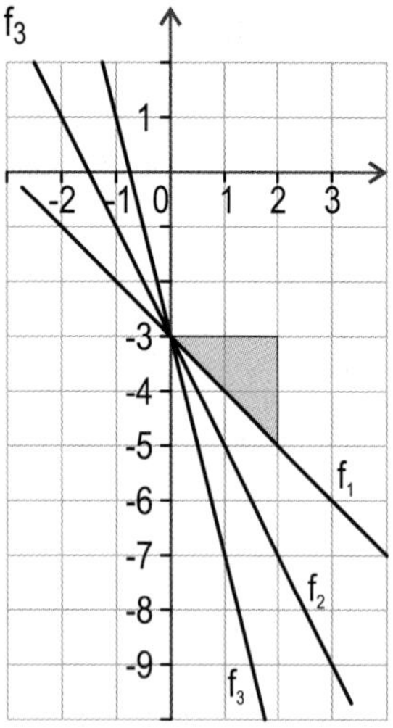

459 Bei gleich bleibender Steigung sind die Graphen zueinander parallel.
Bei gleich bleibendem y-Abschnitt gehen alle Graphen durch einen gemeinsamen Punkt auf der y-Achse mit den Koordinaten (0 | d).

a)

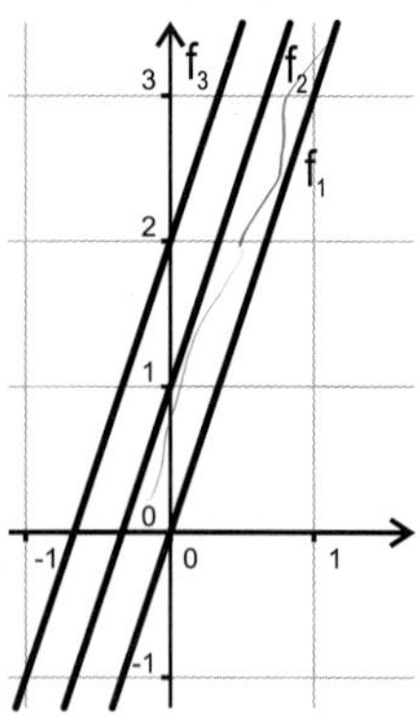

b)

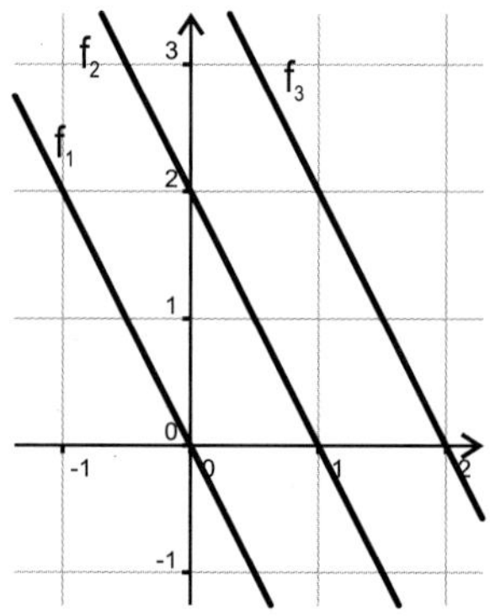

c)

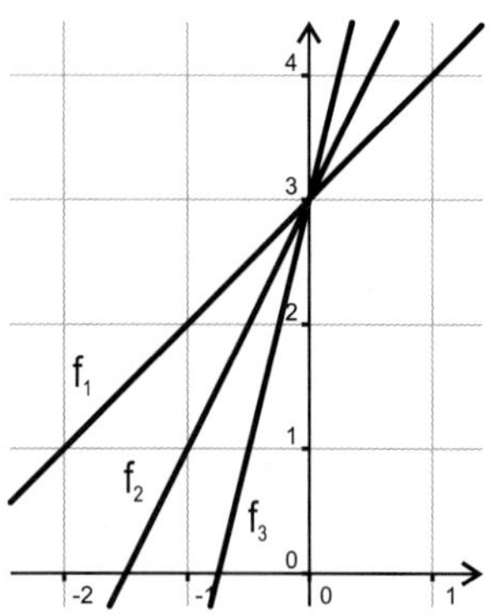

d)

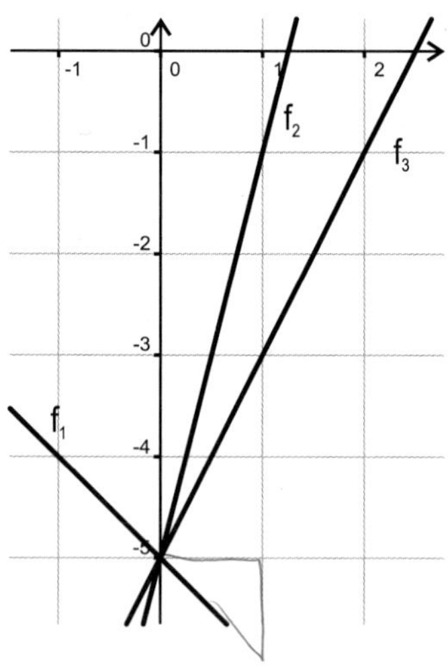

460 **a)** P_2, P_3 liegen auf der Geraden

$P_6(2|6)$, $P_7 = P_3$, $P_8\left(1\frac{1}{3}\middle|4\right)$, $P_9(-1|-3)$

(1) $\frac{10}{3}$, (2) $\frac{100}{3}$, (3) $-\frac{10}{3}$, (4) $\frac{1}{30}$, (5) $-\frac{1}{6}$

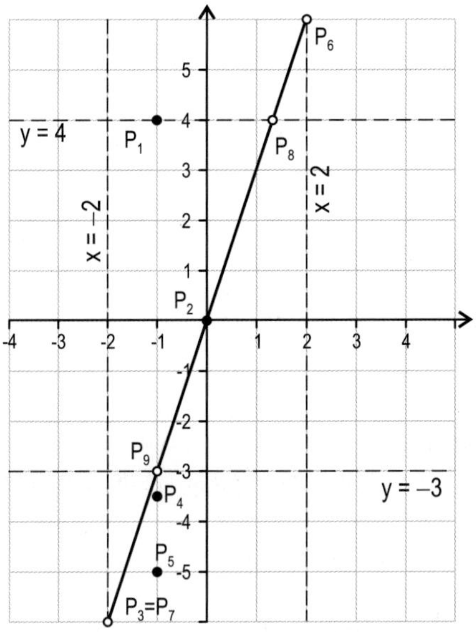

b) P_1, P_2 liegen auf der Geraden.

$P_6(2|-8)$, $P_7(-2|8)$, $P_8 = P_1$, $P_9\left(\frac{3}{4}\middle|-3\right)$

(1) $-2{,}5$, (2) -25, (3) $2{,}5$, (4) $-0{,}25$, (5) $\frac{1}{8}$

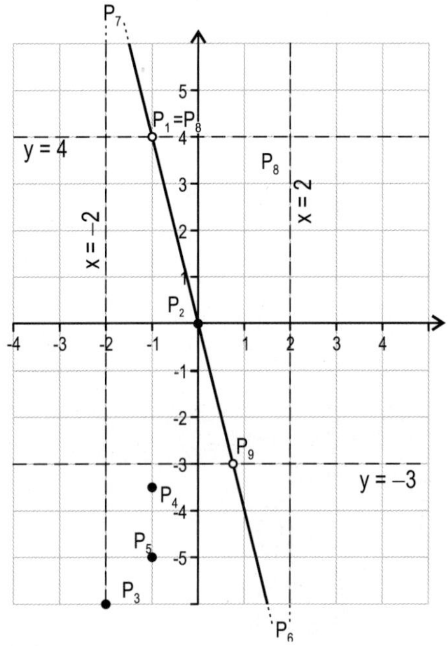

c) P_1 liegt auf der Geraden.

$P_6(2|10)$, $P_7(-2|2)$, $P_8 = P_1$, $P_9(-4{,}5|-3)$

(1) 2, (2) 47, (3) -8, (4) $-2{,}45$, (5) $-\frac{13}{4}$

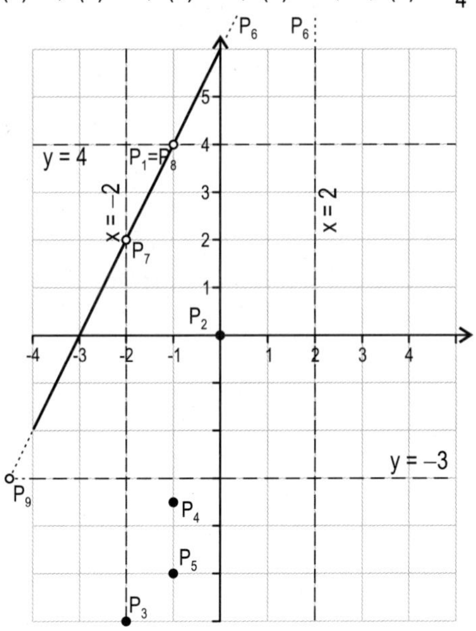

d) P_5 liegt auf der Geraden.

$P_6(2|-2)$, $P_7 = P_3$, $P_8(8|4)$, $P_9(1|-3)$

(1) 14, (2) 104, (3) -6, (4) $4{,}1$, (5) $3\frac{1}{2}$

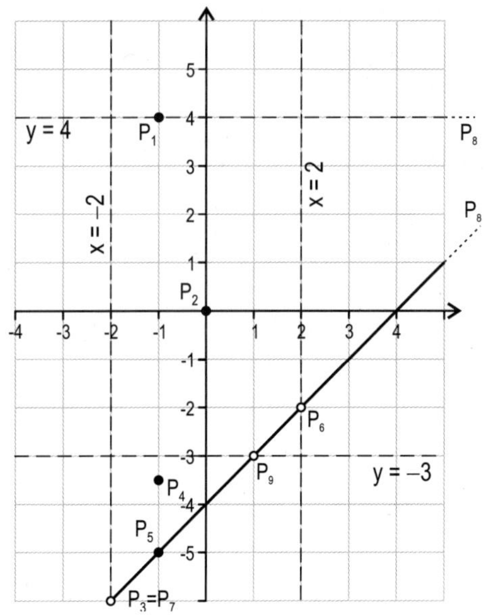

e) P_3 und P_4 liegen auf der Geraden.
$P_6 = P_8 = (2|4)$, $P_7 = P_3$, $P_9(-0{,}8|-3)$
(1) 4,4, (2) 40,4, (3) −3,6, (4) 0,44, (5) 0,2

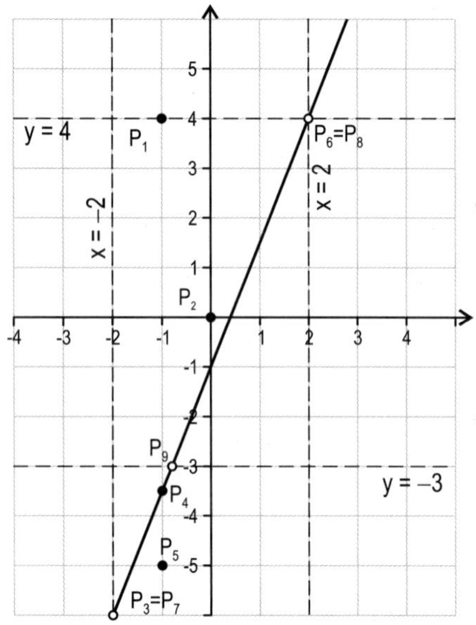

461 (1) Britta hat ein viermal so großes Steigungsdreieck verwendet. Damit hat jene Seite des Steigungsdreiecks, das bei Martin die Länge 1 hat, die Länge 4 und jene Seite, die bei Martin die Länge $k = \frac{3}{4}$ hat, die Länge 3. Britta hat somit ein Steigungsdreieck mit ganzzahligen Seitenlängen.

(2) **a)**

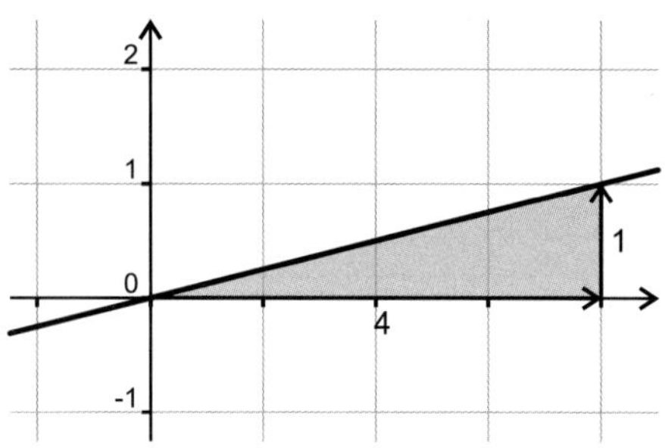

b)

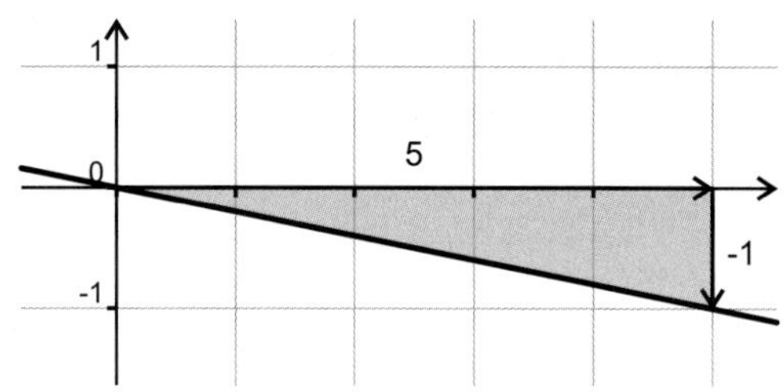

c)

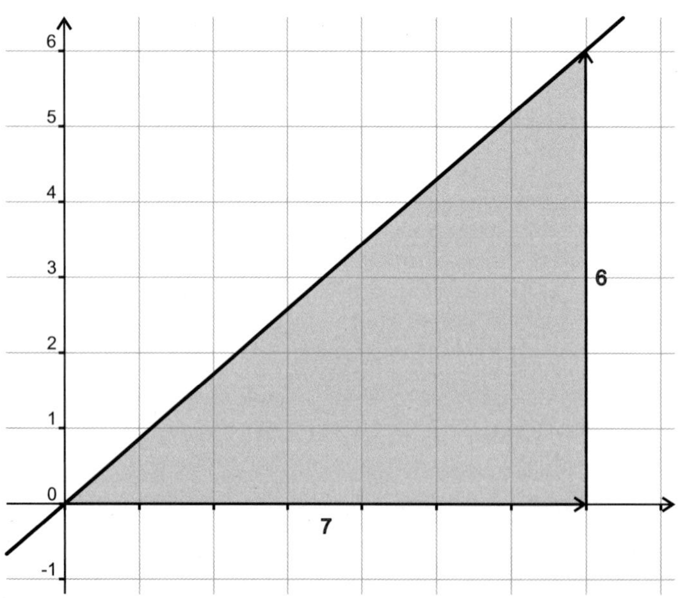

d)

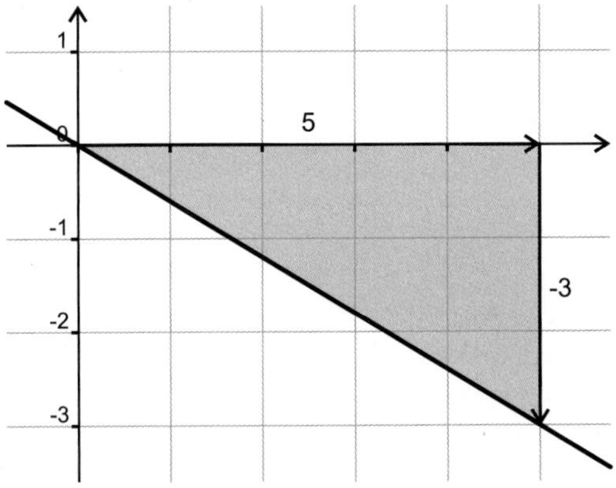

e)

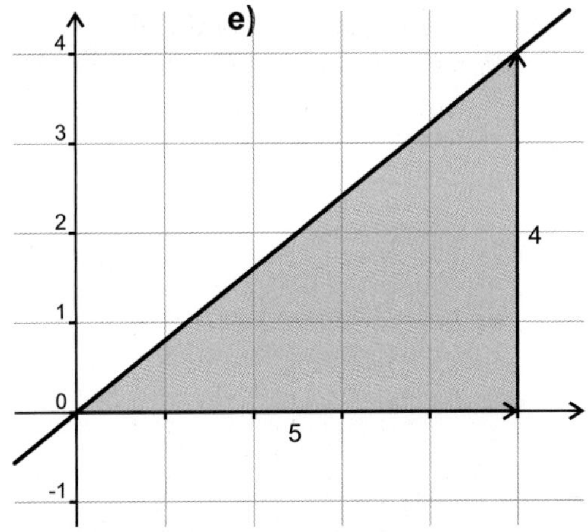

462 **a)** Das neue Steigungsdreieck ist dreimal so groß wie das ursprüngliche und laut Strahlensatz ähnlich zum ursprünglichen Dreieck. Damit bleiben auch alle Winkel gleich und das neue Dreieck kann deshalb als Steigungsdreieck verwendet werden.

b) Weitere Steigungsdreiecke können folgende Kathetenlängen besitzen: 9 nach rechts und 6 nach oben; 12 nach rechts und 8 nach oben; 15 nach rechts und 10 nach oben; 3 nach links und 2 nach unten usw.

463 A, 7; B, 6; C, 2; D, 3; E, 1; F, 5

464 **a)** Die Straße steigt bei einer Horizontalentfernung von x Metern um 20 % von x also um $0{,}2 \cdot x$ Meter an. Das heißt: Bei 100 m Horizontalentfernung steigt die Straße um 20 % von 100 m also um $100\text{ m} \cdot 0{,}2 = 20\text{ m}$ an.

b) Siehe Antwort zu a).

c) $y = 0{,}15x$

Horizontalentfernung	100 m	200 m	500 m	1200 m
Höhenmeter	15 m	30 m	75 m	180 m

d) 10 %

465 (1) **a)**

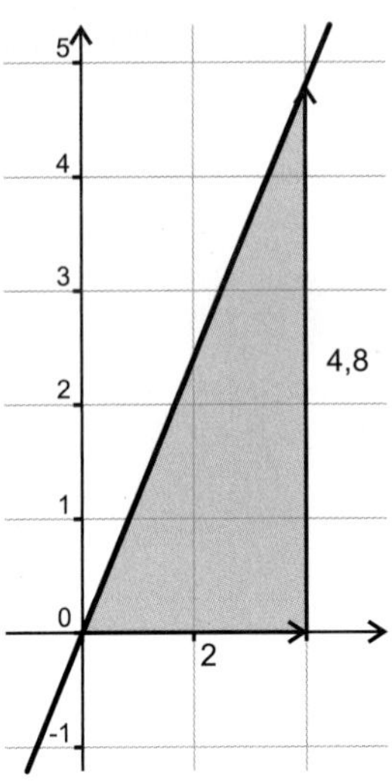

b)

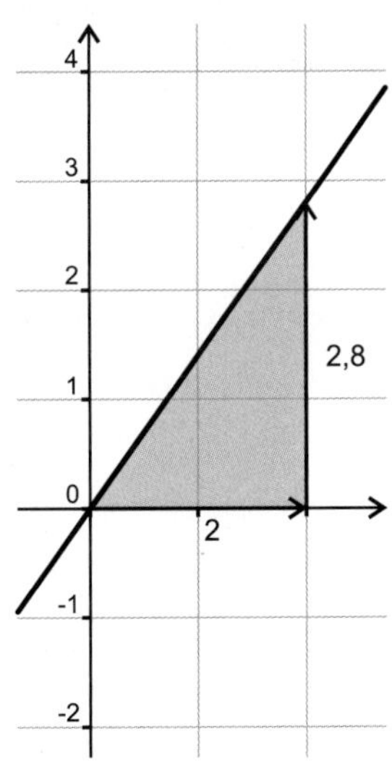

c)

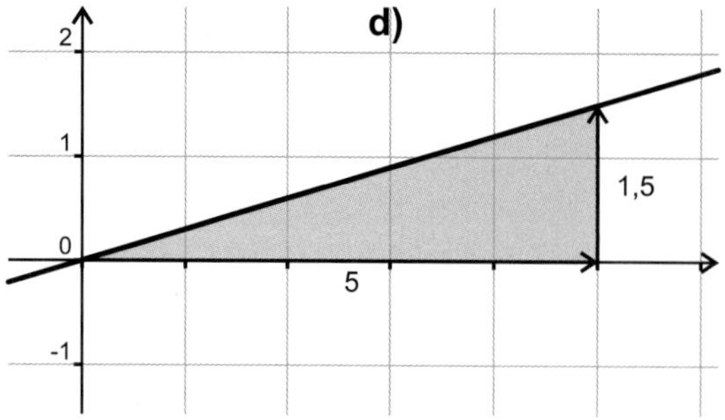
2
1
0
-1
5
1,5

d)

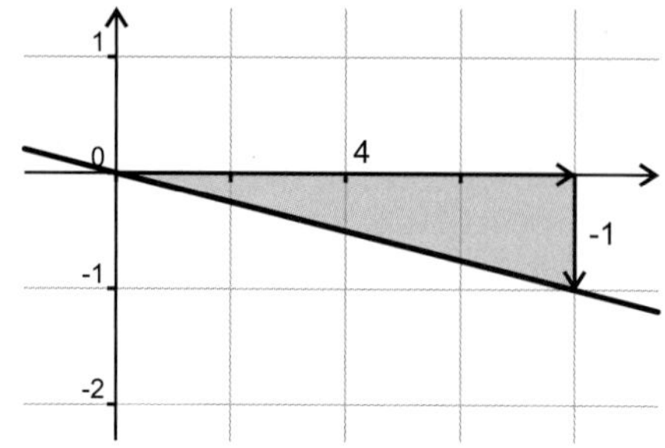
1
0
-1
-2
4
-1

e)

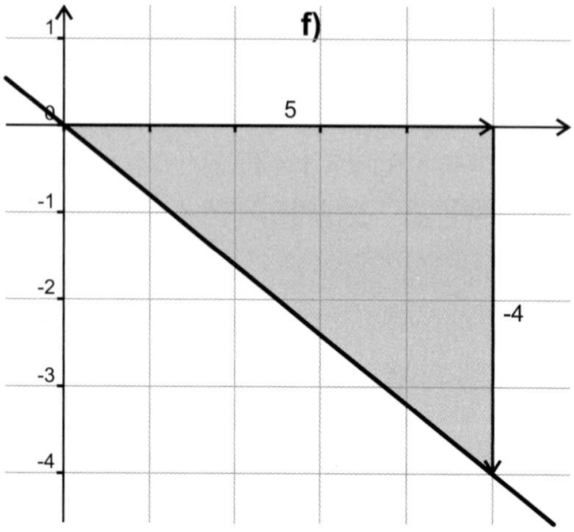
1
0
-1
-2
-3
-4
5
-4

f)

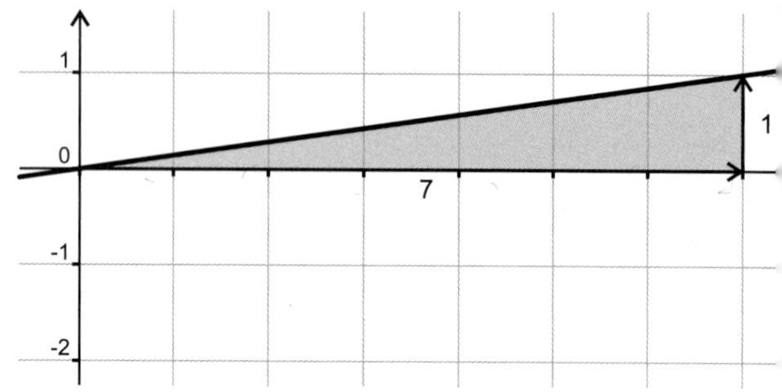
1
0
-1
-2
7
1

g)

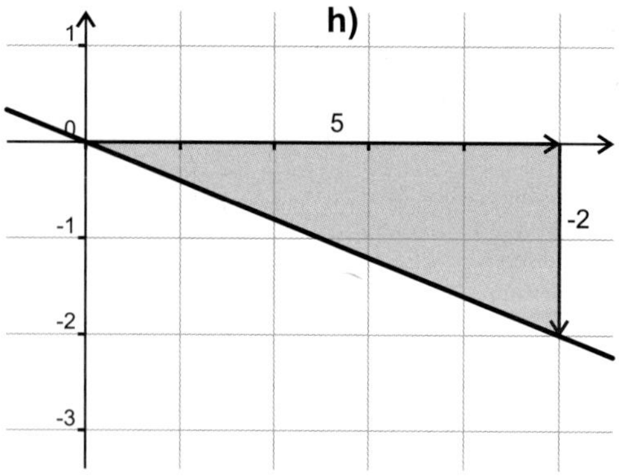
1
0
-1
-2
-3
5
-2

h)

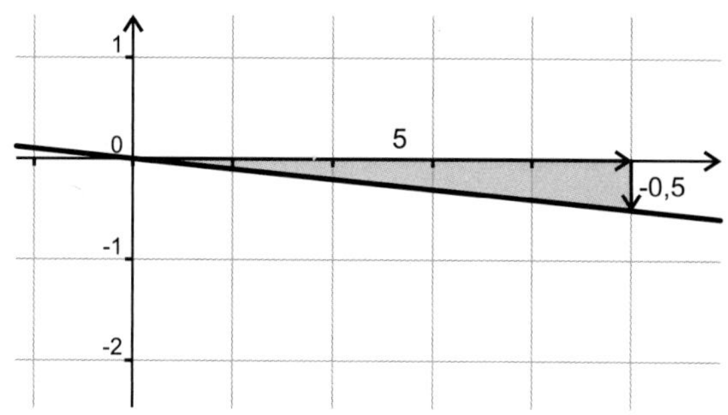
1
0
-1
-2
5
-0,5

i)

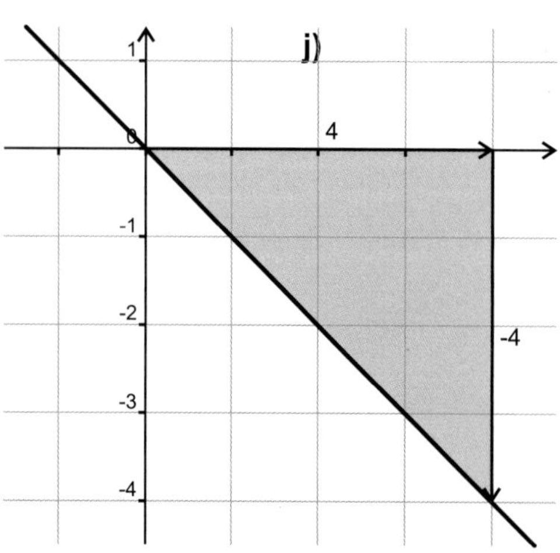
1
0
-1
-2
-3
-4
4
-4

j)

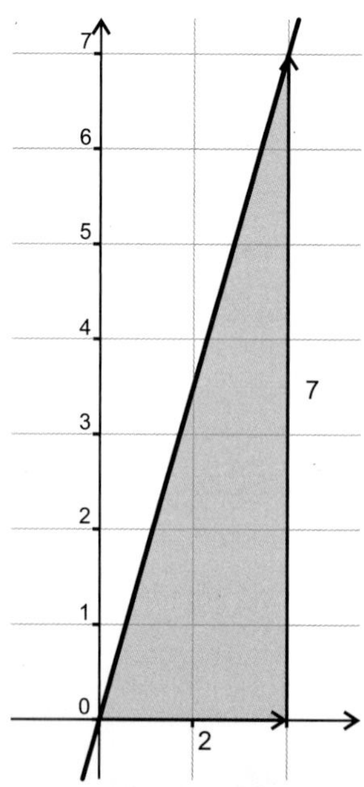
7
6
5
4
3
2
1
0
2
7

(2) Der Funktionswert bei a), b), c), f), j) erhöht sich um das 4 · k-Fache [5 · k-Fache; verringert sich um das 5 · k-Fache]
d), e), g), h), i) verringert sich um das 4 · k-Fache [5 · k-Fache; erhöht sich um das 5 · k-Fache].

466 **a)** $k = \frac{3}{4}$, $d = -2$

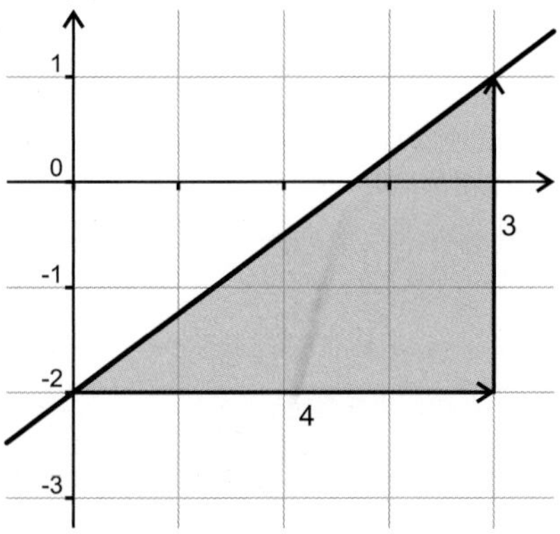

b) $k = -\frac{1}{3}$, $d = 1$

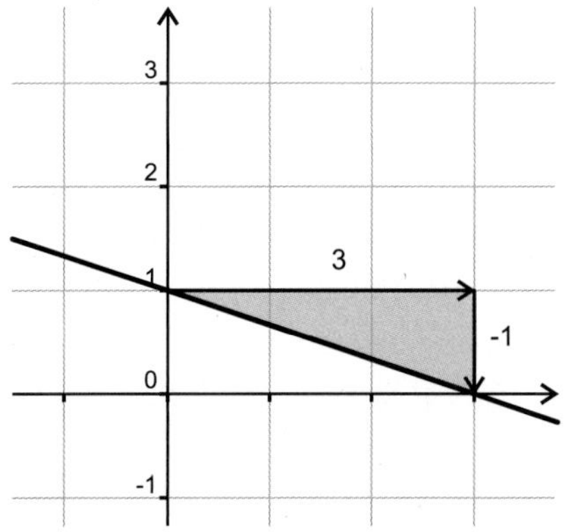

c) $k = -1$, $d = 4{,}5$

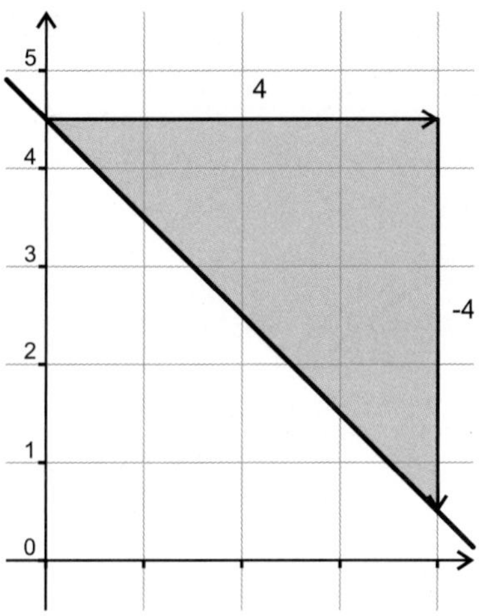

d) $k = 1$, $d = 0$

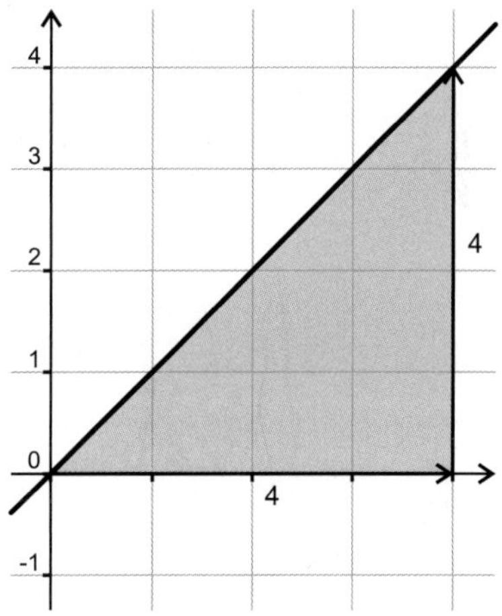

e) $k = 0$, $d = -3$

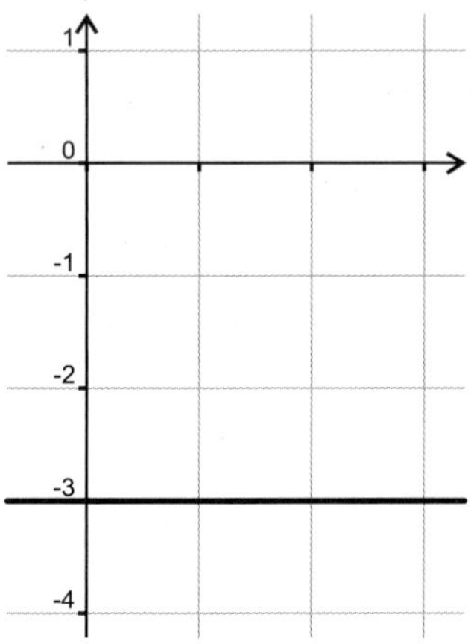

f) $k = 0$, $d = 0$

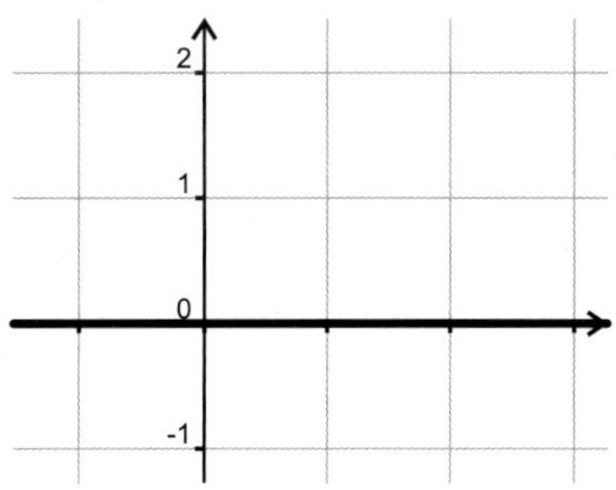

467 **a)** $(0|1)$; $f_1(x) = 0{,}4x$

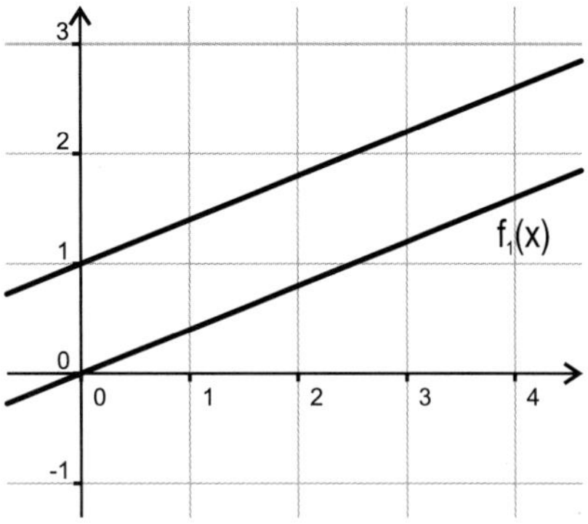

b) $(0|3{,}5)$; $f_1(x) = -\frac{1}{2}x$

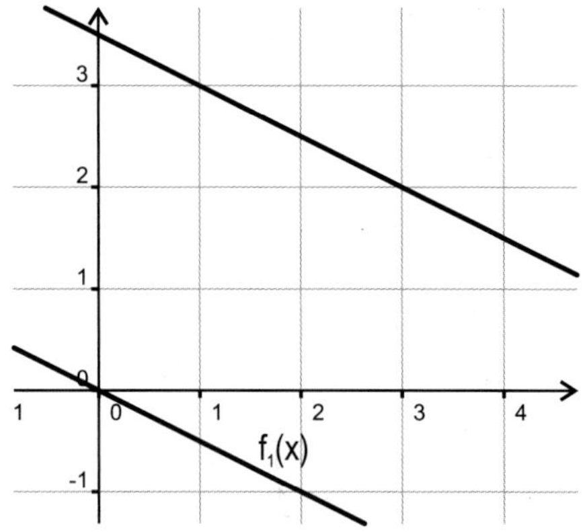

c) $\left(0\middle|-\frac{4}{5}\right)$; $f_1(x) = x$

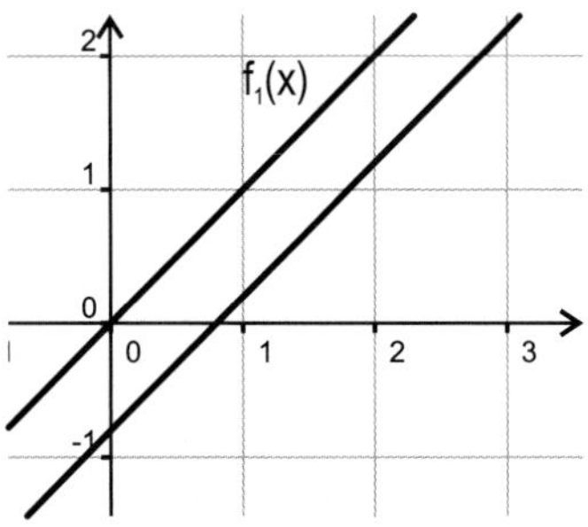

d) $\left(0\middle|-\frac{5}{2}\right)$; $f_1(x) = -\frac{3}{4}x$

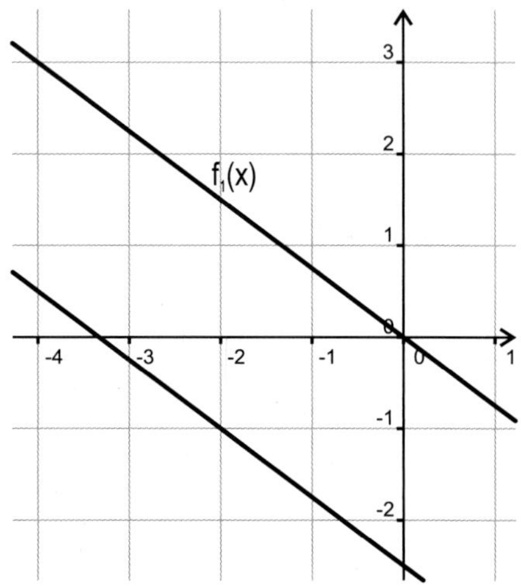

468 **a)** (1) $f(x) = 3x - 1$ (2) $f(x) = 3x + 3$
b) (1) $f(x) = 2x$ (2) $f(x) = 2x$

469 **a)** g_1: $y = -x + 2$ g_2: $y = -2x + 1$ g_3: $y = -\frac{1}{4}x - \frac{1}{2}$
b) g_1: $y = x - 3$ g_2: $y = -\frac{1}{5}x + 4$ g_3: $y = 3x + 3$
c) g_1: $y = -2x$ g_2: $y = 2x$ g_3: $y = 15$

470 **a)** g_1: $y = 2x - 1$, g_2: $y = x - 1$, g_3: $y = 0{,}5x - 1$, g_4 $y = -1$, g_5: $y = -x - 1$
Sie haben den y-Abschnitt gemeinsam und damit gehen sie durch den gemeinsamen Punkt $(0|-1)$.
b) g_1: $y = -\frac{1}{2}x - 2$, g_2: $y = -\frac{1}{2}x - 1{,}5$, g_3: $y = -\frac{1}{2}x$, g_4: $y = -\frac{1}{2}x + 1$, g_5: $y = -\frac{1}{2}x + 2$
Sie haben alle dasselbe k. Damit liegen sie parallel zueinander.
c) g_1: $y = -x - 2$, g_2: $y = -\frac{x}{4} - 1$, g_3: $y = -\frac{x}{2} + 1$, g_4: $y = 2$.
Die Geraden haben miteinander nichts gemeinsam.

471

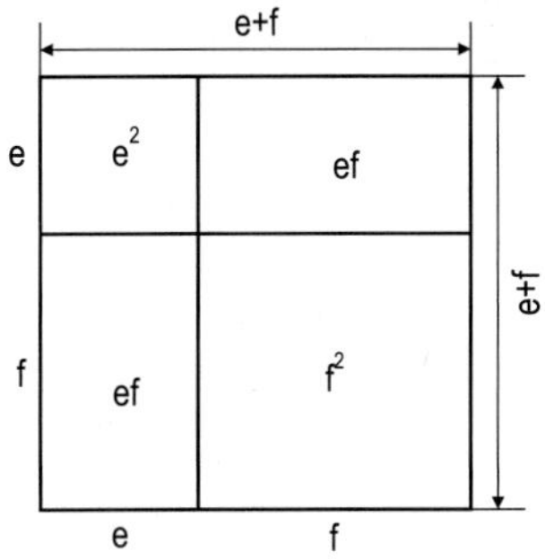

472 **a)** $g_1: y = \frac{4}{3}x$, $g_5: y = -\frac{5}{3}x$

b) $g_1: y = \frac{1}{2}x$, $g_2: y = -\frac{1}{2}x + 2$, $g_3: y = -3x - \frac{3}{2}$, $g_4: y = 5x$, $g_5: y = 2x + 3$

473 **a)**

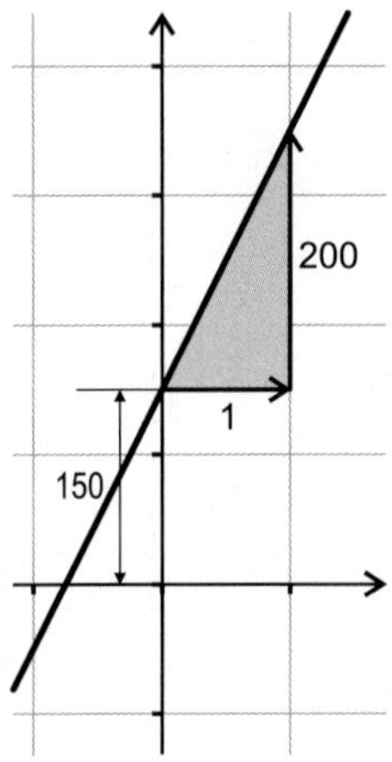

b)

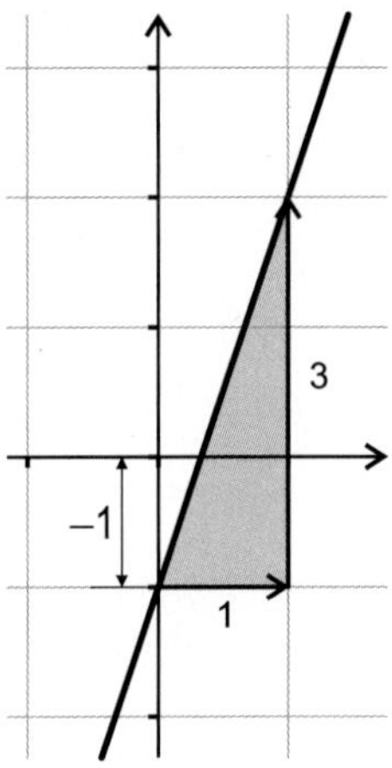

c)

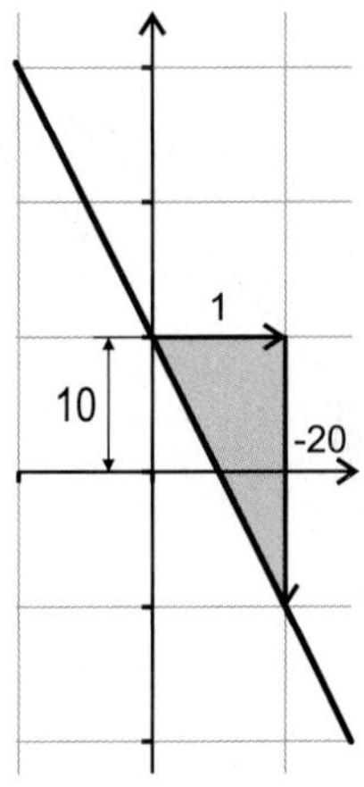

d)

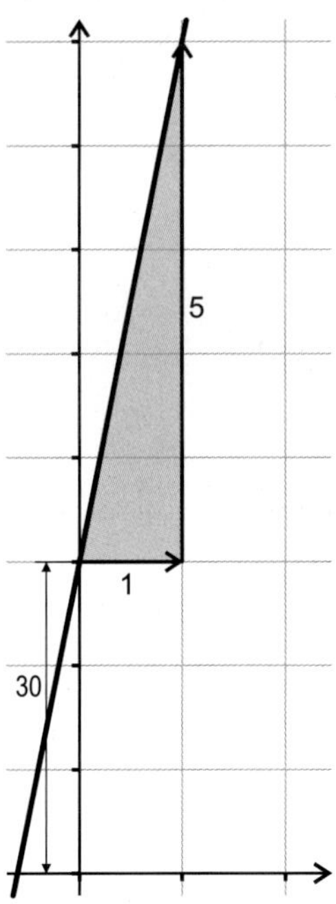

e)

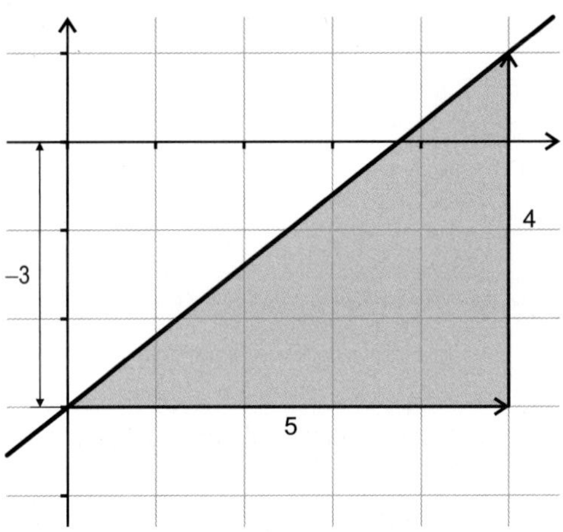

f)

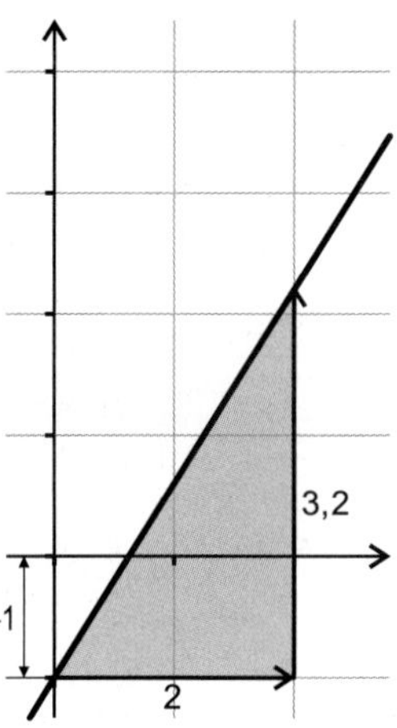

g)

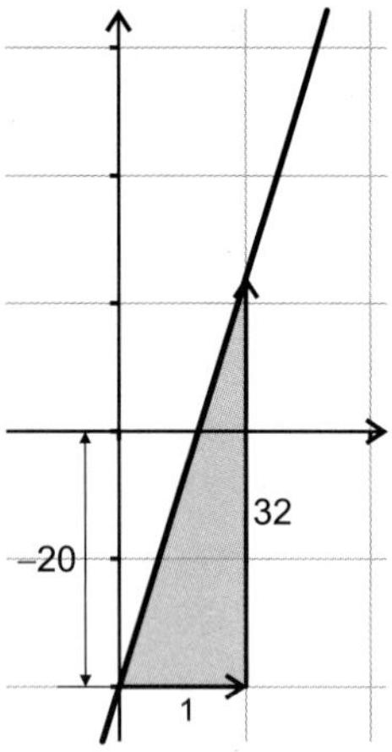

h)

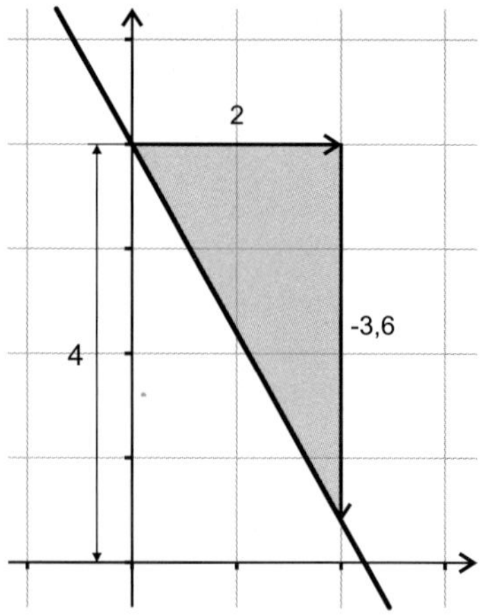

i)

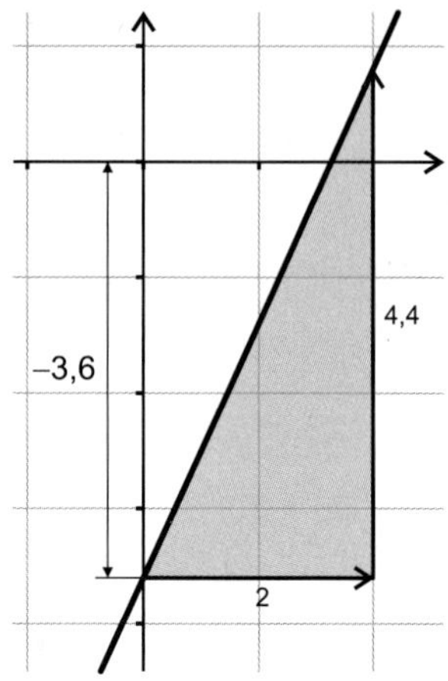

j)

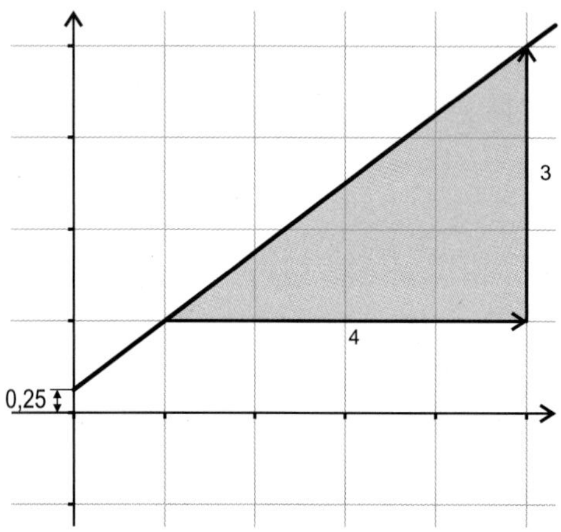

k)

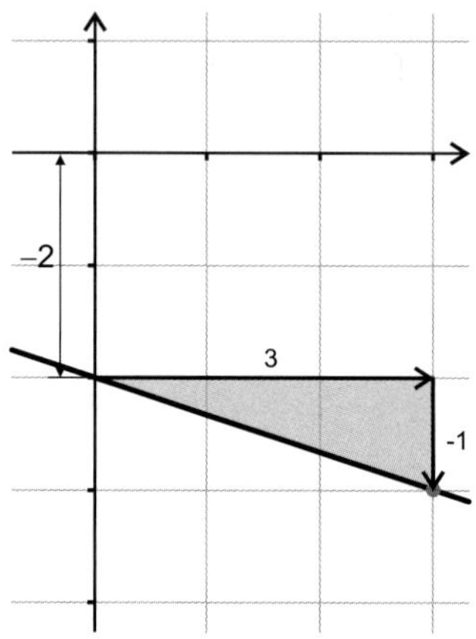

l)

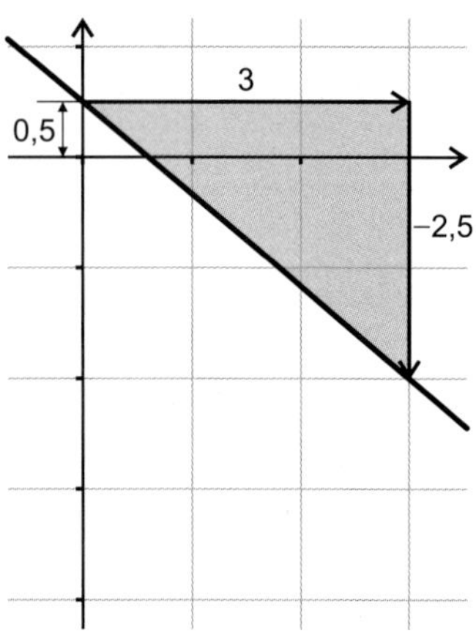

474 **a)** $y = 4x$ **b)** $y = 4x + 3$ **c)** $y = -4x + 18$ **d)** $y = 3x - 50$

475 **a)** Von $x = 0$ auf $x = 1$ wächst der Funktionswert um 3, von $x = 1$ auf $x = 2$ nur um 2. somit handelt es sich um keine lineare Funktion.

b) Von $x = 1$ auf $x = 2$ und $x = 2$ auf $x = 3$ verringern sich die Funktionswerte jeweils um denselben Wert -4. Die Punktepaare könnten zu einer linearen Funktion gehören.

c) Wächst das Argument um 2, verringert sich der Funktionswert um -6, d. h. der Funktionswert müsste sich daher beim Anwachsen des Argumentes um 1 um -3 verringern. Dies gilt aber von $x = 4$ auf $x = 5$ nicht. Keine lineare Funktion.

d) Die Punktepaare könnten auf der waagrechten Geraden $y = 2$ liegen.

476 **a)** Die Skizze begründet die Formel.

b) Ja. Ein Quadrat ist ein besonderes Deltoid.

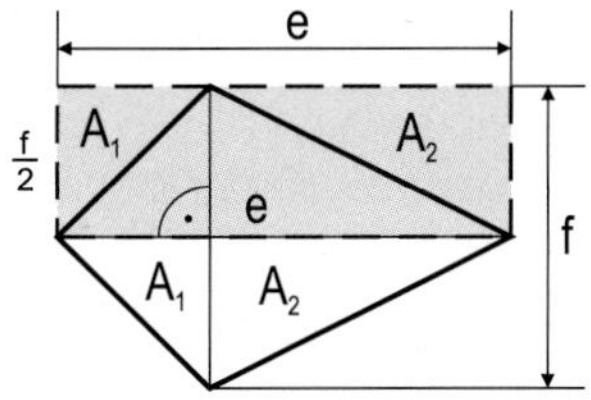

477 Die Funktionswerte (1) verdoppeln, (2) verdreifachen, (3) vervierfachen sich.

478 Durch f wird eine direkte Proportionalität beschrieben. Dem doppelten, dreifachen … x-Wert wird der doppelte, dreifache … y-Wert zugeordnet. Gerade g beschreibt keine Proportionalität.

479 offene Aufgabenstellung

480 **a)** Der Quotient liefert den Preis pro kg.

b) Der Quotient gibt die Geschwindigkeit in $\frac{km}{h}$ an.

c) Der Quotient gibt die Dichte des betrachteten Materials in $\frac{g}{cm^3}$ an.

481 **a)** Das Argument wächst um 3, der Funktionswert sinkt um -4. Damit beträgt $k = -\frac{4}{3}$. Für $x = 0$ muss daher gelten $f(0) = 4 - 2 \cdot \left(-\frac{4}{3}\right) = \frac{20}{3} = d$. $y = -\frac{4}{3}x + 6\frac{2}{3}$.

b) Das Argument wächst um 3, der Funktionswert um 6 $\Rightarrow k = \frac{6}{3} = 2$.
$d = -2 - 1 \cdot 2 = -4$. $y = 2x - 4$.

c) Das Argument wächst um 2, der Funktionswert um 4 $\Rightarrow k = 2$.
$d = 3 + 1 \cdot 2 = 5$. $y = 2x + 5$.

482 (1) 1 kg Ware kostet 17 €. Der Gesamtpreis p setzt sich zusammen aus dem Warenpreis für m kg der Ware und zusätzlich 23 € (vielleicht Versandkosten).

(2) Pro km sind 1,05 € zu bezahlen. Der Gesamtpreis ergibt sich aus einer fixen Grundgebühr von 4,20 € zuzüglich dem Preis für die gefahrenen Kilometer.

(3) Man entfernt sich mit einer Geschwindigkeit von 4 km/h vom Urlaubsort. Der Ausgangspunkt der Wanderung ist 10 km vom Urlaubsort entfernt. Damit ergibt sich eine Gesamtentfernung vom Urlaubsort von 10 km plus der in t Stunden gewanderten km.

(4) Die Haare wachsen pro Monat um 0,5 cm. Am Jahresbeginn sind sie 5 cm lang. Nach t Monaten ergibt sich somit eine Länge von 5 cm plus $0{,}5 \cdot t$ cm.

483 **a)** $y = kx$ mit $k > 0$. **b)** $y = kx + d$ mit $k > 0$ und $d > 0$. **c)** $y = d$ mit $d < 0$.

484 Für Geraden, die parallel zur y-Achse liegen, existieren keine linearen Funktionen.

485 **a)** $K_1(x) = 6x + 12$; $K_2(x) = 8x$

b)

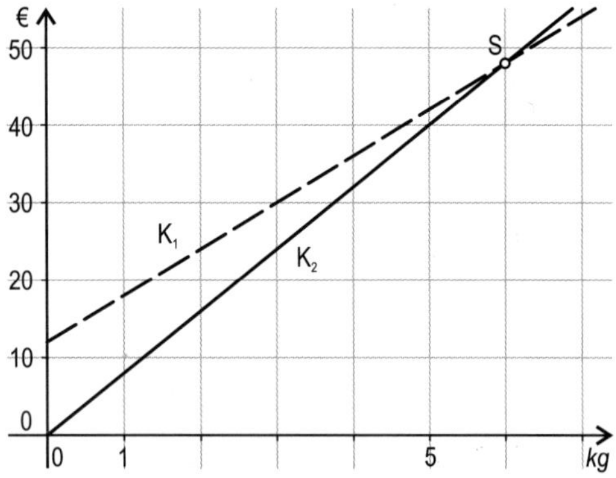

c) Man muss mindestens 6 kg Himbeeren kaufen.

d) Da der Preisunterschied pro kg 2 € beträgt, ist der Preisunterschied zwischen Bauern und Geschäft ab mehr als 18 kg größer als 24 €.

486 **a)** 180 m^3 Erde ist abzutransportieren. Der Ausdruck zeigt an, wie viel Erde noch abzutransportieren ist. x ist dabei die Anzahl der bereits durchgeführten Fuhren.

b)

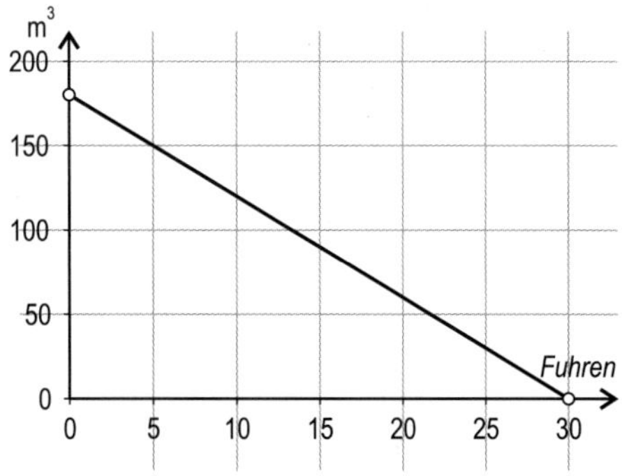

c) Nach wie vielen Fuhren ist die Erde abtransportiert? (30 Fuhren)
Wie viel m^3 Erde sind nach 10 Fuhren noch abzutransportieren? (120 m^3)
Nach wie vielen Fuhren sind noch höchstens 50 m^3 Erde abzutransportieren? (Nach 22 Fuhren)

487 **a)** 15 cm **b)** 0,05 cm **c)** 13,75 cm, 9 cm, 3 cm **d)** Nach 300 min.
e) Es hängt von der Form der Kerze ab. Ist die Form ein Prisma oder Zylinder, dann ist dies möglich.

488 **a)** 12 Uhr: Berti 80 km, Christoph 20 km, Albert 0 km; [14 Uhr: Berti 40 km, Christoph 10 km, Albert 0 km]
b) Berti: $20\frac{km}{h}$; Christoph: $5\frac{km}{h}$; Albert befindet sich bereits am Treffpunkt.
c) 14 Uhr
d) $26\frac{2}{3}\frac{km}{h}$
e) Berti: $y = 20x$; Christoph: $y = 5x + 60$; Albert: $y = 80$

489 135°

490 **a)** Ungefähr 130 km von Klagenfurt entfernt $\left(\text{genau: } 128\frac{4}{7}\text{ km}\right)$ nach 1 h 42 min.
b) Der Lkw fährt mit einer durchschnittlichen Geschwindigkeit von $75\frac{km}{h}$.
c) Der Pkw trifft nach 3 Stunden in Klagenfurt ein.

d) Der Lkw benötigt vier Stunden.
e) Sie sind 50 km voneinander entfernt.
f) Pkw: $s = 300 - 100t$; Lkw: $s = 75t$ (t in Stunden, s in km).
g) Der LKW hat nach einer Stunde Fahrt 75 km Richtung Wien zurückgelegt.

4.2.2 Quadratische Funktionen

491 **a)** –
b) Parabeln werden häufig beim Brückenbau eingesetzt. Auch die Reflektoren alter Autoscheinwerfer und verschiedene Parabolspiegel (z. B. Rasierspiegel) enthalten Parabeln. Wenn ein Ball geworfen wird, wird die Flugbahn häufig annähernd eine Parabel sein („Wurfparabel").

492 offene Aufgabenstellung

493 Siehe nachfolgende Information im Schüler/innenbuch.

494 $P_1(1{,}2\,|\,1{,}44)$, $P_2(2{,}6\,|\,6{,}76)$, $P_3(3\,|\,9)$ oder $P_3(-3\,|\,9)$, $P_4(0\,|\,0)$, $P_5(-1{,}4\,|\,1{,}96)$, $P_6(1\,|\,1)$ oder $P_6(-1\,|\,1)$

495 Lukas hat zwar richtige Punkte der Grundparabel ermittelt, diese Punkte dürfen allerdings nicht durch Strecken verbunden werden.

496 **a)**

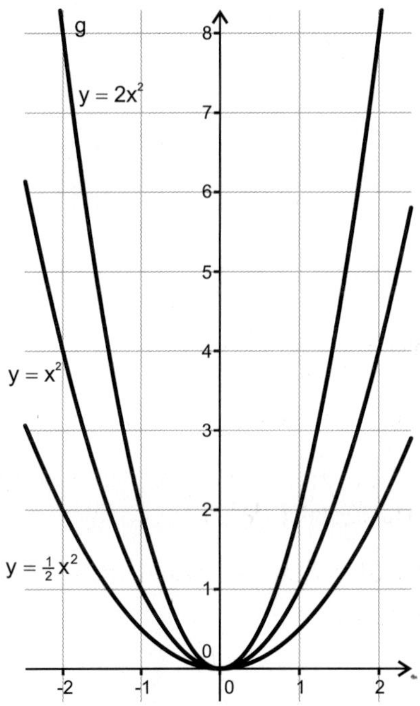

b)

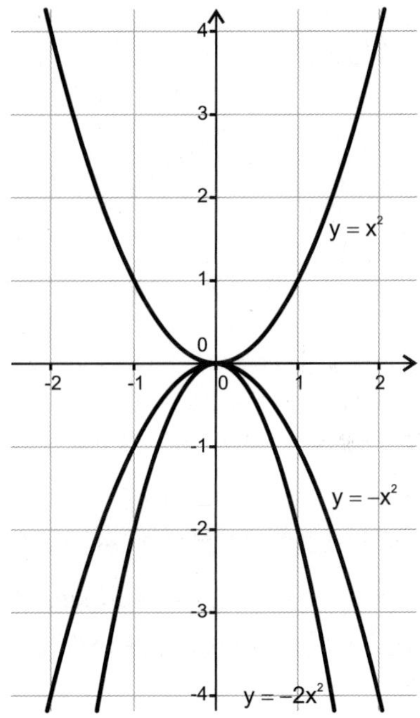

c) Wenn $0 < a < 1$ werden die Funktionswerte im Vergleich zur Grundparabel kleiner und die entstehende Parabel flacher. Ist $a > 1$, vergrößern sich die Funktionswerte und die Parabel wird „schlanker". Negatives a bewirkt eine „Spiegelung" der Parabel an der x-Achse.

497 **a)** Diese Zuordnung ist nicht direkt proportional. Verdoppelt, verdreifacht usw. man den x-Wert, dann verdoppelt, verdreifacht usw. sich der Funktionswert nicht.
b) Verdoppelt, verdreifacht usw. man die Seitenlänge eines Quadrates, dann vervierfacht, verneunfacht usw. sich der Flächeninhalt des Quadrates, d. h. die Zuordnung ist nicht direkt proportional.

498 **a)**

b)

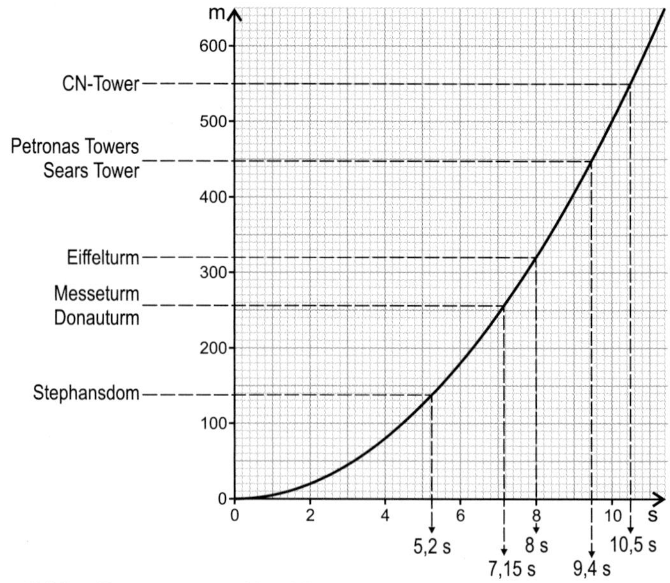

Rechnung: $t = \sqrt{\frac{s}{5}}$; Stephansdom 5,23 s; Donauturm 7,10 s; Messeturm 7,15 s; Eiffelturm 8 s; Sears Tower 9,40 s; Petronas Towers 9,43 s; CN-Tower 10,52 s

499 **a)** (1) $y = x^2 + 2$; (2) $y = x^2 + 4$; (3) $y = x^2 - 3$
b) (1) S(0|2); (2) S(0|4); (3) S(0|−3)

500 **a)** S(0|−36)

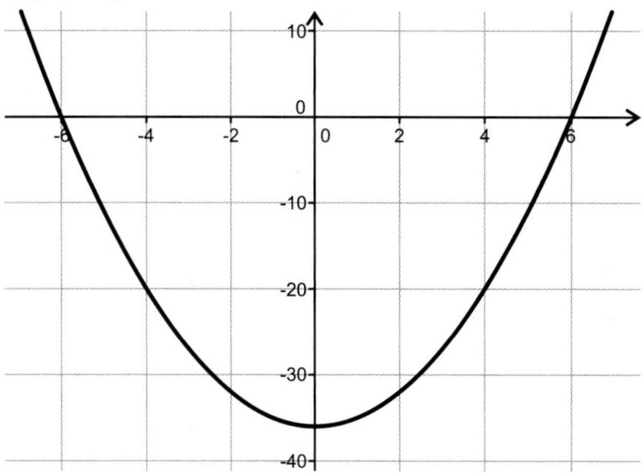

b) S(0|1,2)

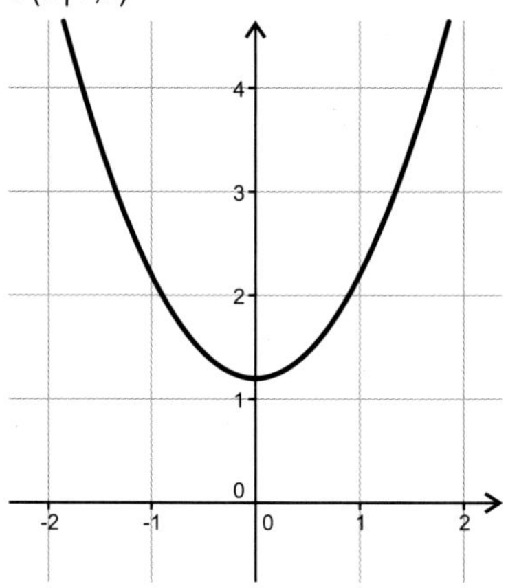

c) S(0 | 3,5)

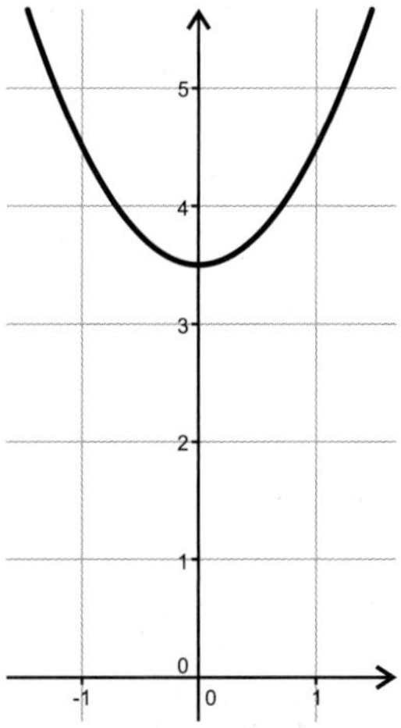

d) $S\left(0 \middle| -\frac{1}{4}\right)$

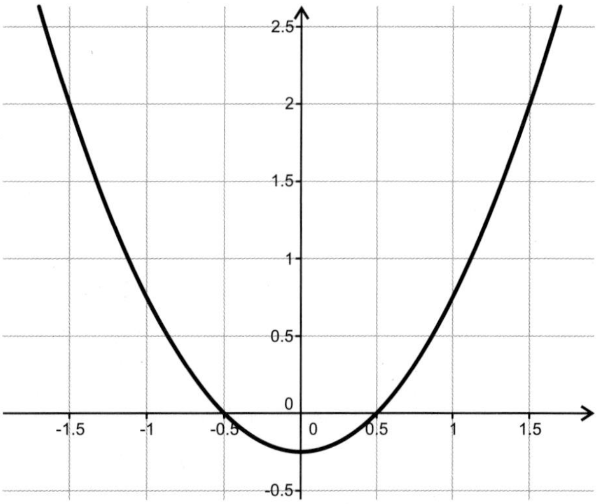

501 **a)** Ja. Konstantes Glied negativ.
b) Nein. Konstantes Glied positiv.
c) Ja. Konstantes Glied negativ.

502 **a)** Frau Sammer hat um 15 % mehr ausgegeben als Frau Huber.
b) Frau Sammer und Frau Huber haben zusammen mehr als 150 € ausgegeben.
c) Frau Huber hat um 43 € weniger ausgegeben als Frau Sammer.
d) Frau Huber hat nur 17 % der Ausgaben von Frau Sammer.

503 **a)** Das Paket landet ca. 540 m von der Abwurfstelle entfernt.

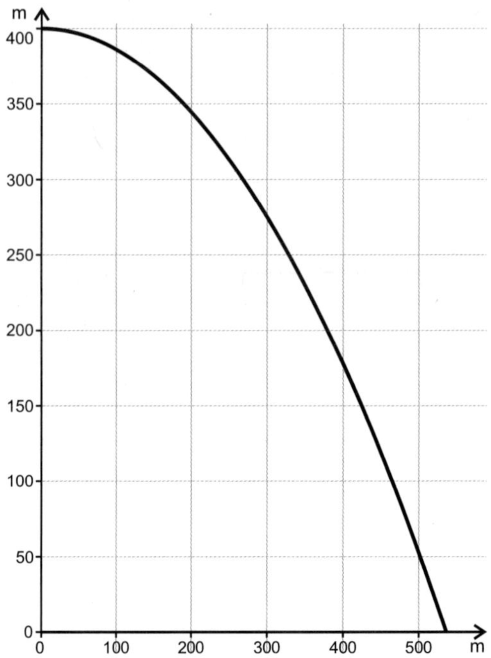

b) (1) Das Paket landet ca. 760 m entfernt.

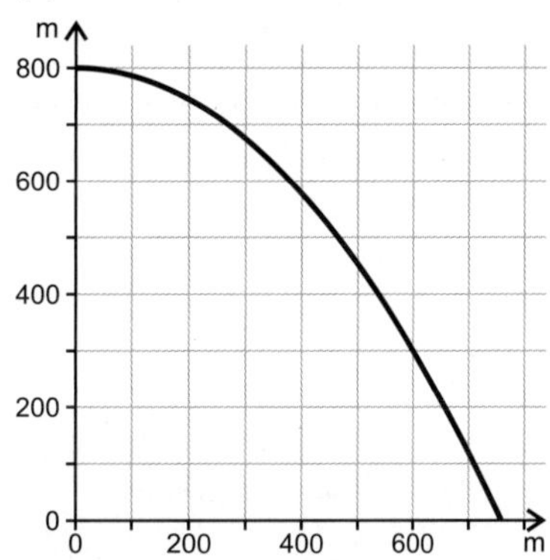

(2) Das Paket landet doppelt so weit (ca. 1070 m) entfernt.

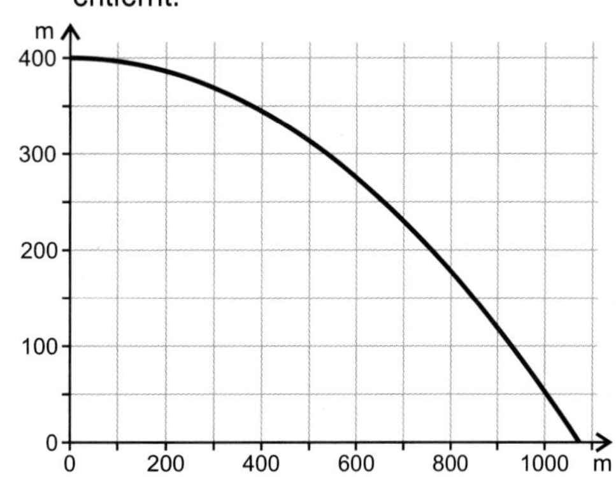

4.2.3 Gebrochen rationale Funktionen

504 a)

x	1	2	3	4	5	$\frac{1}{2}$	0,4	0,2	−1	−2	−3	$-\frac{1}{2}$	−0,2
y	1	$\frac{1}{2}$	$\frac{1}{3}$	$\frac{1}{4}$	$\frac{1}{5}$	2	2,5	5	−1	$-\frac{1}{2}$	$-\frac{1}{3}$	−2	−5

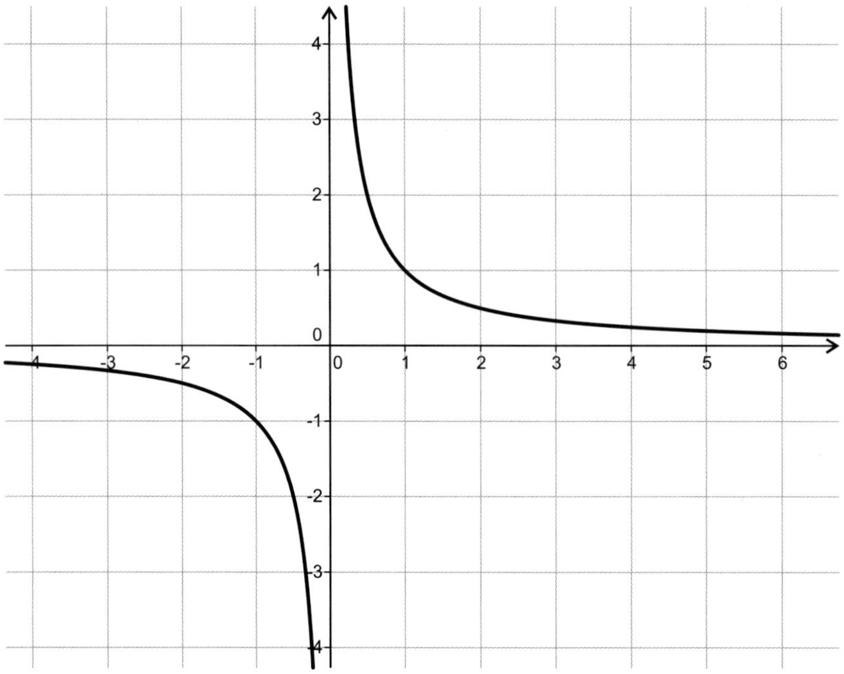

b) Eine Division kann durch jede Zahl (ausgenommen 0) durchgeführt werden.

c) Für große x-Werte nähern sich die y-Werte immer mehr 0. Dasselbe gilt auch für sehr kleine x-Werte.
Für positive x-Werte, die sich nur sehr wenig von 0 unterscheiden, wachsen die y-Werte umso stärker an, je weniger der x-Wert von 0 abweicht.
Für negative x-Werte, die sich nur sehr wenig von 0 unterscheiden, gehen die y-Werte immer stärker ins Negative, je weniger der x-Wert von 0 abweicht.

505 Zunächst sind die y-Werte negativ und weichen nur sehr wenig von 0 ab (für x-Werte die sehr klein sind). Wenn sich die Werte 0 annähern, fallen die y-Werte immer stärker ins Negative ab. An der Stelle 0 existiert kein Funktionswert y. Für sehr kleine positive x-Werte sind die y-Werte sehr groß. Je größer die x-Werte werden, desto langsamer werden die y-Werte kleiner und nähern sich immer stärker dem Wert 0 an.

506 **a), b)** $D = \mathbb{R}\setminus\{0\}$

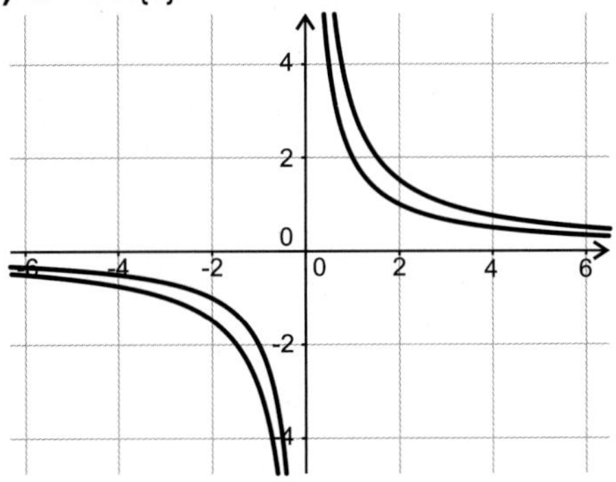

c) $D = \mathbb{R}\setminus\{0\}$

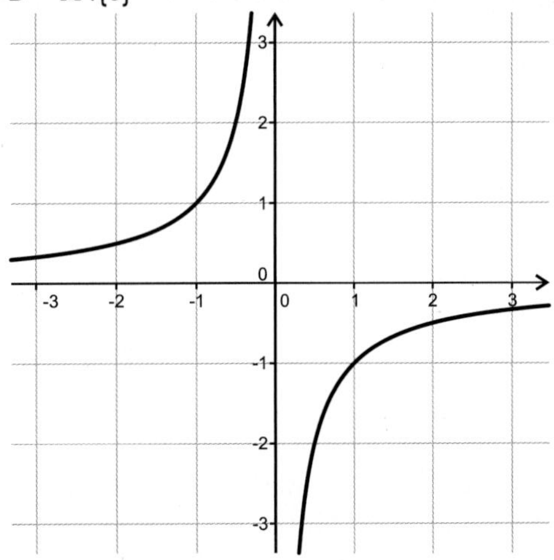

d) $D = \mathbb{R}\setminus\{-2\}$

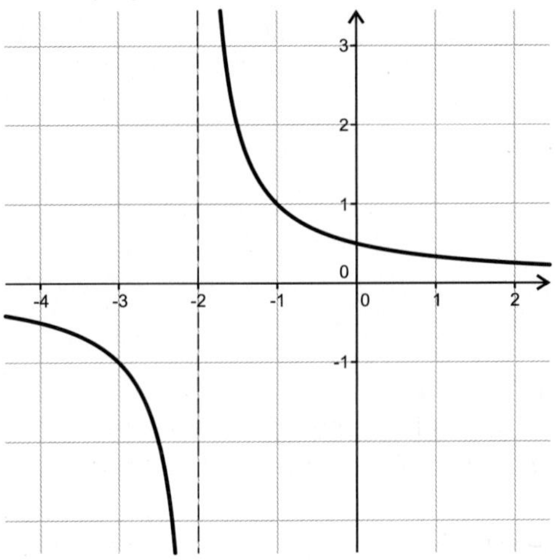

e) $D = \mathbb{R}\setminus\{2\}$

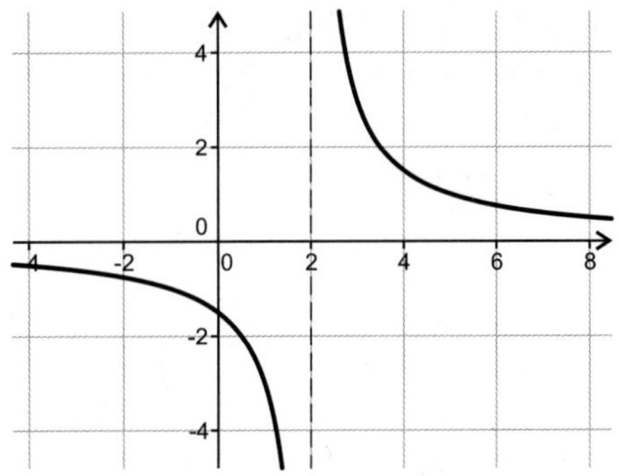

507 **a)** 6 cm

b)

s_1 in cm	1	2	3	4	6	8	9	12	18	24	36	72
s_2 in cm	72	36	24	18	12	9	8	6	4	3	2	1

Verdoppelt, verdreifacht, vervierfacht man die Seite s_1 dann halbiert, drittelt, viertelt sich die Seite s_2.

c) $y = \frac{72}{x}$; $D = \mathbb{R}\setminus\{0\}$

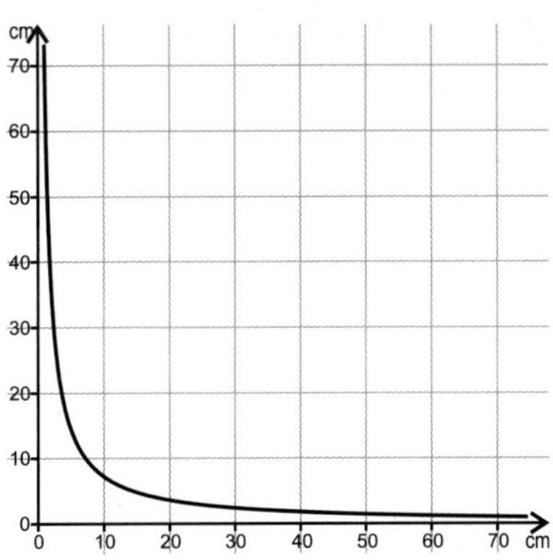

508 Wenn $x = t$ und $y = \frac{A}{t}$ mit $t \in \mathbb{R} \setminus \{0\}$, dann gilt unabhängig von der Wahl von t: $x \cdot y = \cancel{t} \cdot \frac{A}{\cancel{t}} = A$.

509 **a)** $y = \frac{15}{x}$. Das Produkt gibt die Fläche des Rechtecks an.

b) $y = \frac{300}{x}$. Das Produkt gibt die Entfernung an.

510 **a)** Falsch durchgeführte Äquivalenzumformung. Es muss heißen:
$x - \frac{13}{5} = 7 \Rightarrow x = \frac{48}{5}$. Besserer Weg: Zuerst die Äquivalenzumformung „+ 13“ und dann die Äquivalenzumformung „: 5“.

b) $0x = 3 \Rightarrow 0 = 3$ $L = \{\ \}$. *Druckfehler im Schüler/innenbuch (1. Auflage): Richtig ist (− 4) statt (− 3).*

4.3 Nicht immer im gleichen Tempo – Wachstums- und Abnahmeprozesse

511 Lineares Wachstum würde bedeuten, dass jedes Jahr die Bevölkerung um dieselbe Anzahl von Personen wachsen würde. Das kann aber nicht sein, da mehr Personen auch mehr Kinder haben werden. Die Ausgangszahl ist jedes Jahr größer, und damit auch die Anzahl der hinzukommenden Kinder. Dadurch schaukelt sich das Wachstum immer mehr auf.

512 (1) Die Zunahme an Insekten wird von Woche zu Woche stärker, da die „neuen“ 50 % von der zuvor um 50 % erhöhten Anzahl berechnet werden. Man geht jedes Mal von einem neuen höheren Grundwert aus.
Wertetabelle:

Zeit in Wochen	0	1	2	3	4
Anzahl in Mio	1	1,5	2,25	3,375	5,0625

(2) Es kommt jede Woche die gleiche Anzahl an Insekten dazu. Das ist völlig unabhängig von der vorhandenen Insektenpopulation.
Wertetabelle:

Zeit in Wochen	0	1	2	3	4
Anzahl in Mio	1	1,5	2	2,5	3

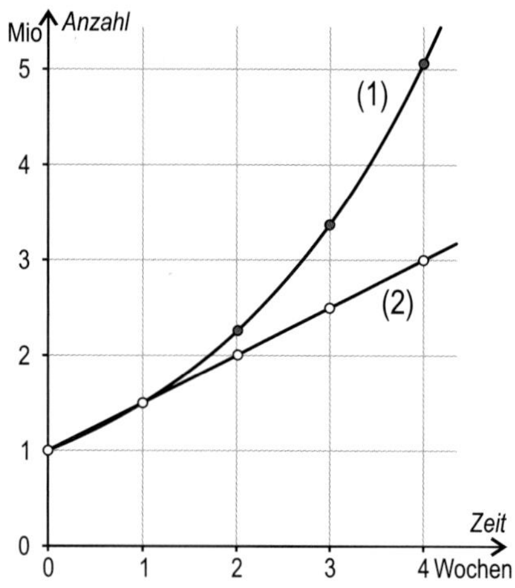

513 $L = \mathbb{R} \setminus \{2\}$

514 $\frac{n_1 + n_2 + n_3}{3} = 50 \Rightarrow n_1 + n_2 + n_3 = 150$. Daher kann keine der Zahlen den Wert 160 haben, sofern alle Zahlen positiv sind.

515 $f(1) = 4 \cdot 1{,}5$; $f(2) = f(1) \cdot 1{,}5 = 4 \cdot 1{,}5 \cdot 1{,}5 = 4 \cdot 1{,}5^2$.
$f(3) = f(2) \cdot 1{,}5 = 4 \cdot 1{,}5^2 \cdot 1{,}5 = 4 \cdot 1{,}5^3$ usw.
Damit gilt $f(x) = y = 4 \cdot 1{,}5^x$.

516 a)

x	0	1	2	3	4	5	6
f(x)	100	98	96	94	92	90	88
g(x)	100	50	25	12,5	6,25	3.125	1,5625

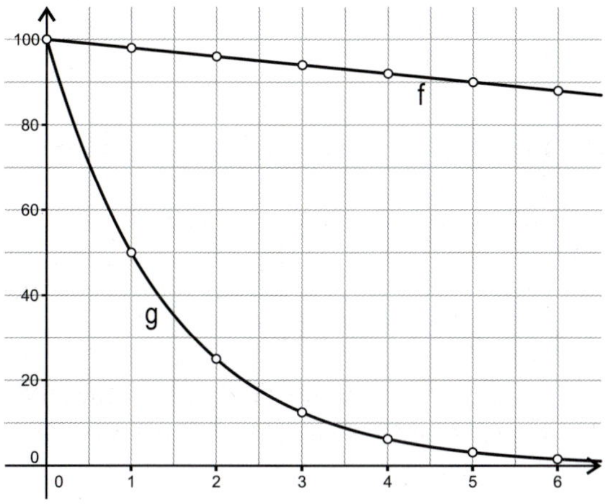

b) f: 2 %, 2,04 %, 2,08 %; g: immer um 50 %
f(x) erreicht nach 50 Stunden 0. g(x) erreicht niemals 0.

517 a)

x	y
0	1
1	2
2	4
3	8
4	16
5	32
8	256
10	1024
20	$1{,}05 \cdot 10^6$
30	$1{,}07 \cdot 10^9$
100	$1{,}27 \cdot 10^{30}$

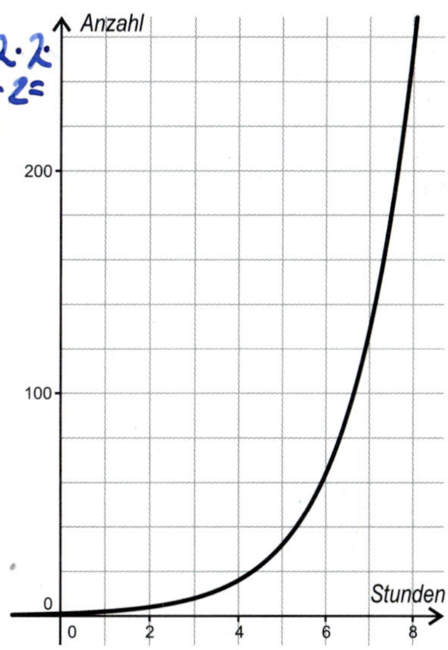

b) $y = 2^x$

518 a)

Stunden	0	1	2	3	4	5
(1) in cm^2	1	3	9	27	81	243
(2) in cm^2	1	2,5	6,25	15,63	39,06	97,66

b) Bei linearem Wachstum würde sich die Fläche immer nur um einen konstanten Wert vermehren.
c) (1) 200 % (2) 150 %

519 **a)**

Zeit in Wochen	0	1	2	3	4	5	6	7	8	9	10
Jod in mg	16 000	8000	4000	2000	1000	500	250	125	62,5	31,25	15,63

b)

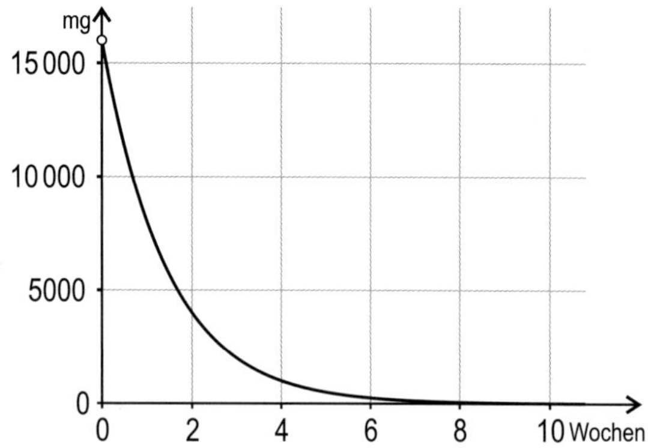

c) Frage 1: Nach zwei Wochen,
Frage 2: Die Fläche wird niemals gänzlich frei von radioaktivem Jod sein.

520 85 %; 72,2 %; 61,4 %; 52,2 %

521 **a)**

Jahre	Kapital
0	€ 5000,00
1	€ 5200,00
2	€ 5408,00
3	€ 5624,32
4	€ 5849,29
5	€ 6083,26
6	€ 6326,60
7	€ 6579,66
8	€ 6842,84
9	€ 7116,56
10	€ 7401,22

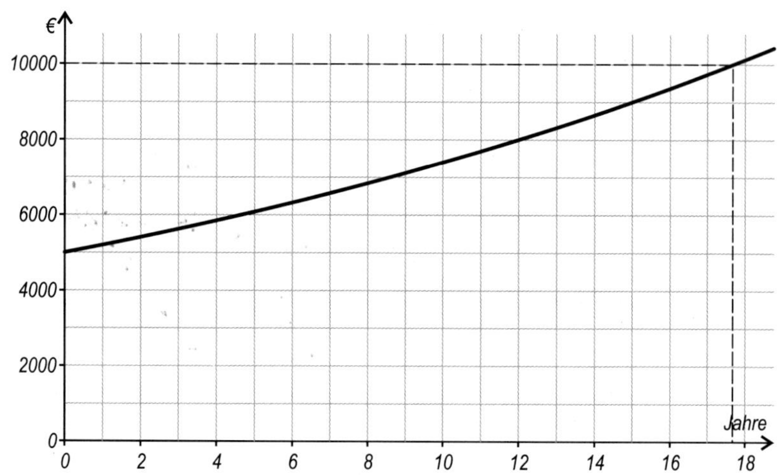

b) Nach 18 Jahren.

4.4 Vermischte Übungen

522 1 km Steigflug bis 150 m Höhe – 0,75 km Höhe gleich bleibend – 1,25 km Steigflug auf 400 m Höhe – 1,5 km Höhe gleich bleibend – 1 km Steigflug auf 450 m Höhe – 0,5 km Höhe gleich bleibend – 1,75 km Sinkflug auf 50 m Höhe – 250 m gleich bleibende Höhe – 250 m Steigflug auf 100 m Höhe – 500 m Höhe gleich bleibend – 250 m Sinkflug auf 50 m Höhe – 250 m Höhe gleich bleibend – 500 m Sinkflug bis zur Landung.

523 **a)** Flugminute 0 bis 40 [Flugminute 55 bis 75]
b) ca. 1750 m bei Flugminute 95
c) Flugminute 0 bis 55: Steigflug ab Flugminute 40 bis 55 stärker werdend.
Flugminute 55 bis 80: Sinkflug
Flugminute 80 bis 95: Starker Steigflug bis zur höchsten Flughöhe.

524 **a)** Keine Funktion (den x-Werten werden teilweise zwei y-Werte zugeordnet.)
b) Funktion (eindeutige Zuordnung zwischen x-Werten und y-Werten.)
c) Keine Funktion (den x-Werten werden teilweise zwei y-Werte zugeordnet.)
d) Keine Funktion (an den Stellen − 3 und 1 keine eindeutige Zuordnung.)

525 **a)** Felix: 3 kg; 3,15 kg; 3,3 kg; 3,5 kg; 3,7 kg; 3,95 kg; 4,2 kg; 4,45 kg; 4,7 kg; 5 kg; 5,3 kg; 5,7 kg; 6 kg
Gitta: 2,5 kg; 2,75 kg; 3 kg; 3,25 kg; 3,5 kg; 3,75 kg; 4 kg; 4,3 kg; 4,7 kg; 5,15 kg; 5,7 kg; 6,3 kg; 7 kg
b) Im Alter von 4 Monaten
c) $x = 4{,}5$
d) offene Aufgabenstellung

526 **a)** kein Punkt **b)** P_2 **c)** P_5, P_7

527 (1) Auf einer Horizontalentfernung von 100 m fällt die Straße um 15 m.
(2) $y = -0{,}15x$

528 **a)** $O = 6a^2$

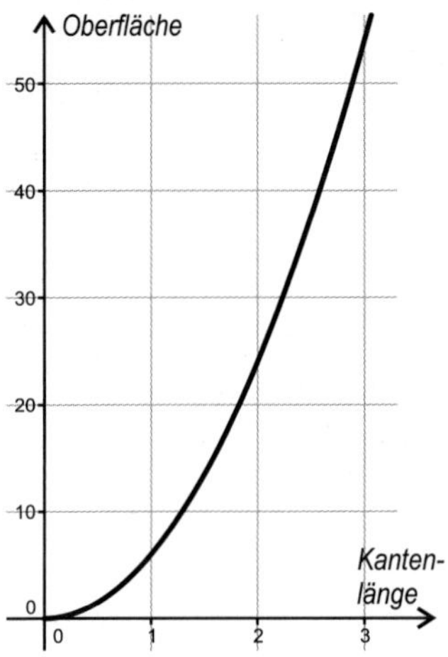

b) $V = a^3$

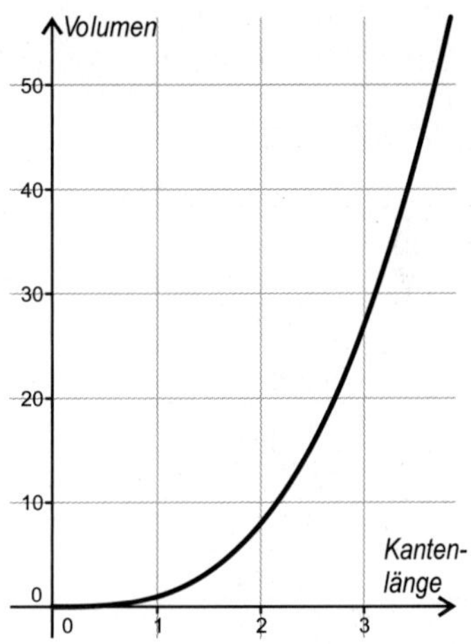

529 **a)**

Seite x in m	0,5	1	1,5	2	2,5
Fläche $x \cdot (6 - 2x)$ in m^2	2,5	4	4,5	4	2,5

Die Abmessungen betragen 1,5 m × 3 m

b)

Seite x in m	2	2,5	3	3,5	4
Fläche $x \cdot (6 - \mathbf{x})$ in m^2	8	8,75	9	8,75	8

Die Abmessungen betragen 3 m × 3 m.

530 **a)** (1) $k = 2$; (2) $d = \frac{2}{3}$
b) (1) nicht möglich; (2) $d = 3$
c) (1) $k = \frac{5}{4}$; (2) $d = 4\frac{1}{3}$
d) (1) $k = 0$; (2) $d = 1\frac{8}{9}$
e) (1) $k = \frac{1}{2}$; (2) $d = 1\frac{2}{3}$

531 a, (4); b, (6); c, (1); d, (5)

532 Je größer [kleiner] $|k|$ ist, desto steiler [flacher] verläuft eine Gerade.

a) g_1: $y = \frac{15}{4}x$; g_2: $y = -\frac{5}{2}x$; g_3: $y = \frac{5}{2}x$

b) g_1: $y = -2$; g_2: $y = \frac{1}{2}x + \frac{1}{2}$; g_3: keine Funktion ; g_4: $y = -x - 2$

c) g_1: $y = -20x - 30$; g_2: $y = 10x + 10$; g_3: $y = -30x + 50$

533 $y = 0{,}09x + 9{,}80$
k gibt an, dass eine Minute Telefonieren € 0,09 kostet.
d gibt die monatliche Grundgebühr an.

534 **a)**

Fahrstrecke in km	0	20	50	100
Tarif 1 in €	51	59,4	72	93
Tarif 2 in €	78	78	78	92

b)

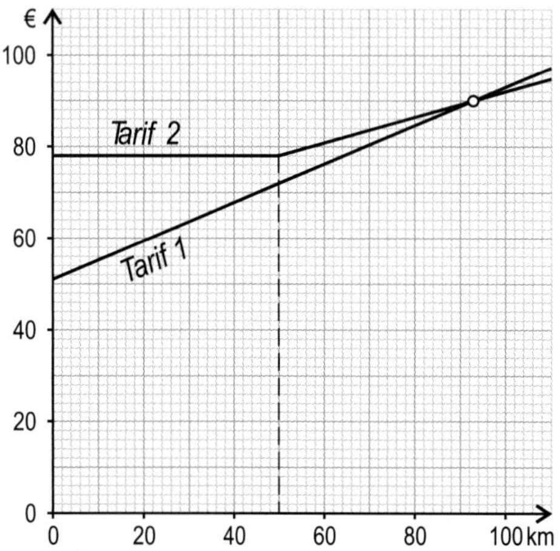

c) Für die ersten 92 km ist Tarif 1 günstiger. Ab 93 km ist Tarif 2 günstiger.

535 **a)** $y = -\frac{20}{25}x + 48$ bzw. $y = -\frac{4}{5}x + 48$.

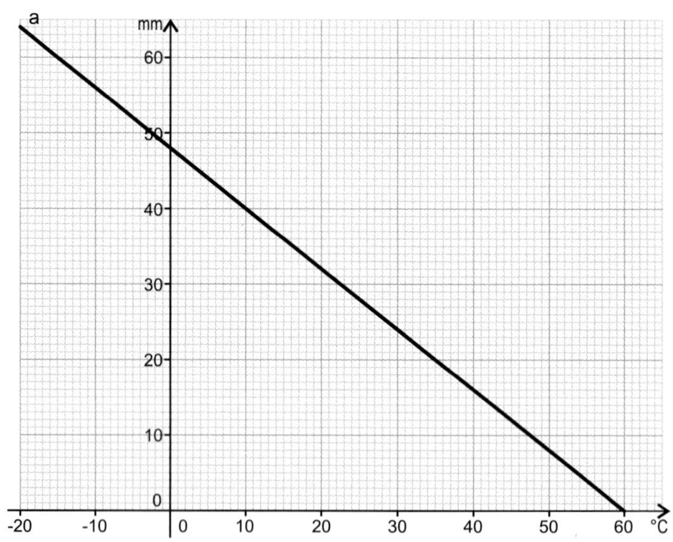

b) 24 mm; 40 mm; 56 mm; 60 mm

c) −7,5 °C

d) 60 °C. Die Brücke würde sich aufbiegen.

536 **a)** $y = -1{,}5s + 200$

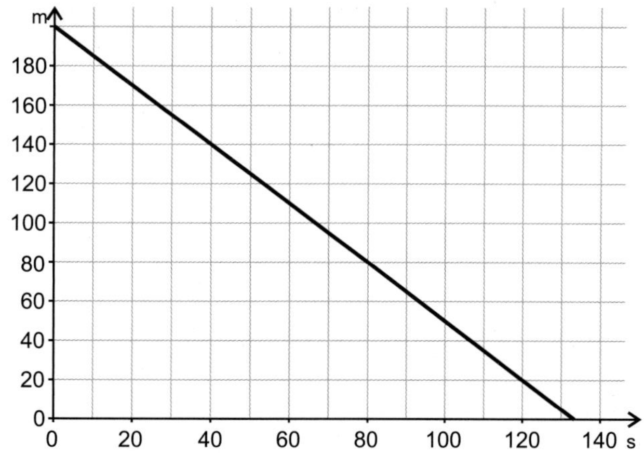

b) Der Ballon landet nach ca. 133 s.
c) Nach ca. 127 s unterschreitet der Ballon eine Höhe von 10 m.
d) Er landet nach 100 s also um 33,3 s früher.

537 **a)**

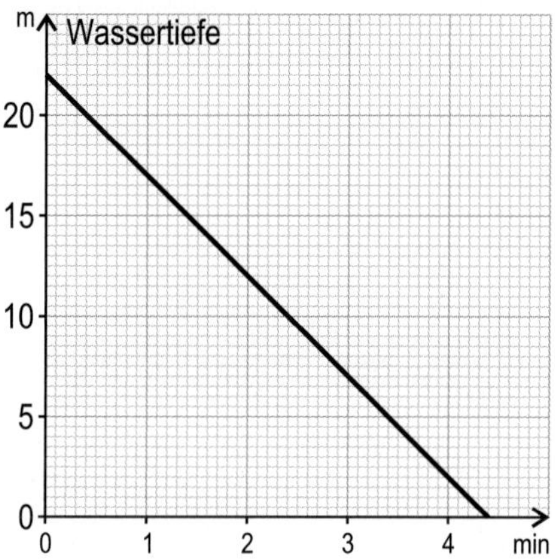

b) $y = -5x + 22$

c) In 9,5 m Tiefe. **d)** Nach 3,8 min **e)** 4,4 min

538 **a)** $y = -0{,}4x + 2{,}5$

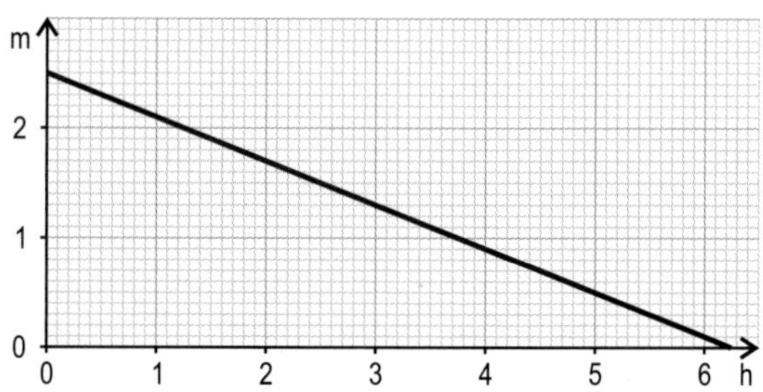

b) Nach 3 h 45 min steht das Wasser 1 m hoch. Nach 6 h 15 min ist das Becken leer gepumpt.
c) Die Grundfläche ist 15 m² groß.

539 **a)** $p = 52000 - 2100t$ **b)** Nach ca. 25 min. **c)** Nach ca. 22 min.

540

Zeit in Monaten	0	1	2	3	4	5	10	12	14
Fläche in m^2	2	6	18	54	162	486	118 098	$1{,}06 \cdot 10^6$	$9{,}57 \cdot 10^6$

Nach etwas mehr als 14 Monaten ist eine Fläche von 10 km^2 bedeckt.

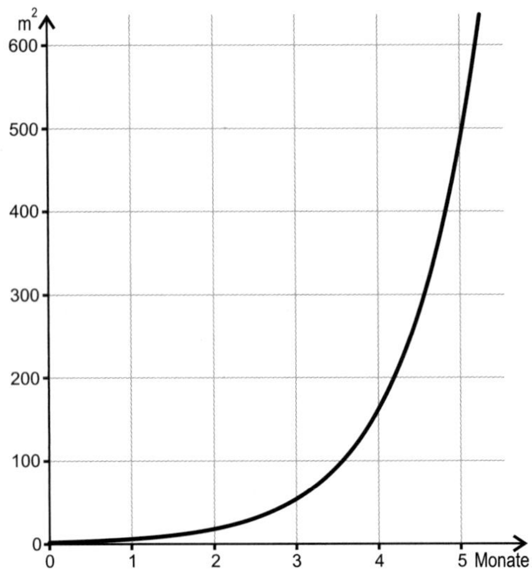

541 (1)

Tag	0	1	2	3	5	10	12	13	14
erhaltener Betrag in €	10	12	14	16	20	30	34	36	38
Gesamtsumme in €	10	22	36	52	90	220	286	322	360

(2)

Tag	0	1	2	3	5	10	12	13	14
erhaltener Betrag in €	0,03	0,06	0,12	0,24	0,96	30,72	122,88	245,76	491,52
Gesamtsumme in €	0,03	0,09	0,21	0,45	1,89	61,41	245,73	491,49	983,01

Jessica sollte sich für Angebot (2) entscheiden. Am Anfang ist der Zuwachs gering, aber am Ende „explodiert" er förmlich. Ab dem 13. Tag hat sie deutlich mehr Geld erhalten.

Thema: Kredite und Schulden

542 a)

Jahr	Restschuld zu Beginn des Jahres	Zinsen	Tilgung	Restschuld am Ende des Jahres
1	€ 10.000,00	€ 980,00	€ 1.020,00	€ 8.980,00
2	€ 8.980,00	€ 880,04	€ 1.119,96	€ 7.860,04
3	€ 7.860,04	€ 770,28	€ 1.229,72	€ 6.630,32
4	€ 6.630,32	€ 649,77	€ 1.350,23	€ 5.280,10
5	€ 5.280,10	€ 517,45	€ 1.482,55	€ 3.797,55
6	€ 3.797,55	€ 372,16	€ 1.627,84	€ 2.169,70
7	€ 2.169,70	€ 212,63	€ 1.787,37	€ 382,34

b) Nach 7 Jahren.

c) € 14.382,34 wenn am Ende des siebenten Jahres die gesamte Schuld getilgt wird.

d) Nein. Die Tilgung wächst immer stärker an.

e) Siehe Abbildung rechts.

f) Die Zinsen werden von einer immer kleiner werdenden Restschuld berechnet.

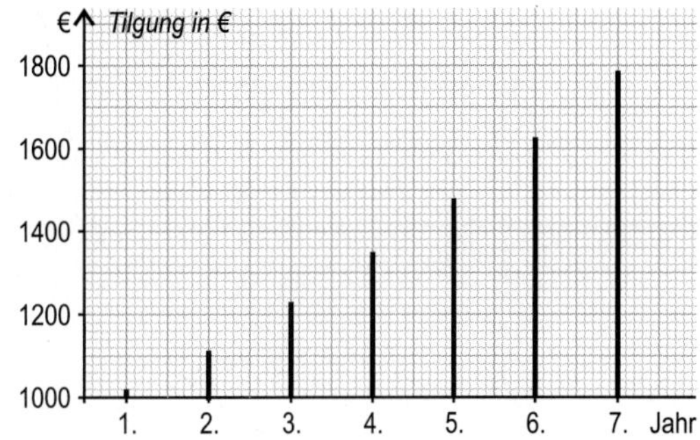

543 a) B6: „=B1“: Eintragen der Kreditsumme, die in B1 steht.
C6: Die Restschuld (Kreditsumme) wird mit dem Zinssatz in B2 multipliziert (Beachte den absoluten Bezug B2. Der Zinssatz muss unverändert bleiben). Damit errechnet man die Zinsen.
D6: Die Zinsen aus C6 werden von der Rate in B3 abgezogen. (Beachte den absoluten Bezug. Die Jahresraten müssen unverändert bleiben). Damit errechnet man die Tilgung.
E6: Die Tilgung D6 wird von der Restschuld in B6 abgezogen. Das ergibt die neue Restschuld.
C7: Die neue Restschuld aus E6 wird eingetragen.
Nun werden die Formeln in den Zellen soweit als notwendig kopiert.

b) Die Schulden können nie zurückgezahlt werden, da die Zinsen höher sind, als die Rückzahlungsrate. (z = € 3680, r = € 3000)

c) € 16.673,47. Nach 26 Jahren. Insgesamt werden € 51.785,93 zurückgezahlt.

d) € 7963,31

544 a) € 420,00

b) Erstelle das Datenblatt wie im Schüler/innenbuch vorgeschlagen. Der im Buch angegebene Zinssatz von 0,085 ist nur eine mögliche Zahl, die man zum Probieren verwendet. Kopiere die Formeln in 25 Zeilen. Nun probiere so lange, bis als Restschuld am Ende möglichst € 0,00 über bleibt. Dies ist der Fall, wenn du den Zinssatz 21,55 % probierst. Da bleibt noch € 0,01 über.

Monate	Restschuld zu Beginn des Jahres	Zinsen	Tilgung	Restschuld am Ende des Jahres
1	€ 280,00	€ 5,03	€ 8,97	€ 271,03
2	€ 271,03	€ 4,87	€ 9,13	€ 261,90
3	€ 261,90	€ 4,70	€ 9,30	€ 252,60
…	…	…	…	…
23	€ 40,54	€ 0,73	€ 13,27	€ 27,27
24	€ 27,27	€ 0,49	€ 13,51	€ 13,76
25	€ 13,76	€ 0,25	€ 13,75	€ 0,01

545 **a)** € 11.245,32 **b)** € 173,60

c)

	Restschuld zu Monatsbeginn	Restschuld nach Zahlung der Rate	Tilgung	Monatszinsen	Restschuld am Monatsende
0	€ 10.000,00			€ 95,58	€ 10.095,58
1	€ 10.095,58	€ 9.629,58	€ 370,42	€ 92,04	€ 9.721,63
2	€ 9.721,63	€ 9.255,63	€ 373,96	€ 88,47	€ 9.344,09
3	€ 9.344,09	€ 8.878,09	€ 377,53	€ 84,86	€ 8.962,95
4	€ 8.962,95	€ 8.496,95	€ 381,14	€ 81,22	€ 8.578,17
5	€ 8.578,17	€ 8.112,17	€ 384,78	€ 77,54	€ 8.189,71
6	€ 8.189,71	€ 7.723,71	€ 388,46	€ 73,83	€ 7.797,54
7	€ 7.797,54	€ 7.331,54	€ 392,17	€ 70,08	€ 7.401,61
8	€ 7.401,61	€ 6.935,61	€ 395,92	€ 66,29	€ 7.001,91
9	€ 7.001,91	€ 6.535,91	€ 399,71	€ 62,47	€ 6.598,38
10	€ 6.598,38	€ 6.132,38	€ 403,53	€ 58,62	€ 6.190,99
11	€ 6.190,99	€ 5.724,99	€ 407,38	€ 54,72	€ 5.779,71
12	€ 5.779,71	€ 5.313,71	€ 411,28	€ 50,79	€ 5.364,51
13	€ 5.364,51	€ 4.898,51	€ 415,21	€ 46,82	€ 4.945,33
14	€ 4.945,33	€ 4.479,33	€ 419,18	€ 42,81	€ 4.522,14
15	€ 4.522,14	€ 4.056,14	€ 423,19	€ 38,77	€ 4.094,91
16	€ 4.094,91	€ 3.628,91	€ 427,23	€ 34,69	€ 3.663,60
17	€ 3.663,60	€ 3.197,60	€ 431,31	€ 30,56	€ 3.228,16
18	€ 3.228,16	€ 2.762,16	€ 435,44	€ 26,40	€ 2.788,56
19	€ 2.788,56	€ 2.322,56	€ 439,60	€ 22,20	€ 2.344,76
20	€ 2.344,76	€ 1.878,76	€ 443,80	€ 17,96	€ 1.896,72
21	€ 1.896,72	€ 1.430,72	€ 448,04	€ 13,68	€ 1.444,40
22	€ 1.444,40	€ 978,40	€ 452,32	€ 9,35	€ 987,75
23	€ 987,75	€ 521,75	€ 456,65	€ 4,99	€ 526,74
24	€ 526,74	€ 60,74	€ 461,01	€ 0,58	€ 61,32

a) (1) € 60,74; (2) 466 · 24 + 60,74 + 173,60 + 3,90 · 24 = € 11511,94 (3) z_{ges} = € 1244,74; ca. 2,7 Monatsraten

546 **a)** Ansatz: € 12.000 sind 96,2 %. Sie muss € 12.474,01 aufnehmen.

b) Wähle dasselbe Arbeitsblatt wie in Aufgabe 544.
Die Kreditsumme ist € 12.474,01, der Zinssatz beträgt 0,085, die Monatsrate € 150.

Monate	Restschuld am Beginn des Monats	Monatszinsen	Tilgung	Restschuld am Monatsende
1	€ 12.474,01	€ 88,36	€ 61,64	€ 12.412,37
2	€ 12.412,37	€ 87,92	€ 62,08	€ 12.350,29
3	€ 12.350,29	€ 87,48	€ 62,52	€ 12.287,77
…	…	…	…	…
119	€ 1.161,25	€ 8,23	€ 141,77	€ 1.019,48
120	€ 1.019,48	€ 7,22	€ 142,78	€ 876,70
…	…	…	…	…
124	€ 442,27	€ 3,13	€ 146,87	€ 295,40
125	€ 295,40	€ 2,09	€ 147,91	€ 147,49
126	€ 147,49	€ 1,04	€ 148,96	-€ 1,46

Nach 10 Jahren (120 Monaten) beträgt die Restschuld € 876,70.

c) 10 Jahre 6 Monate d) € 154,66

5 Lineare Gleichungssysteme

5.1 Lineare Gleichungen mit zwei Unbekannten

5.1.1 Zahlenpaare als Lösungen linearer Gleichungen

547 Siehe Lösungsvorschlag im Schüler/innenbuch

548 **a)** B, C, F **b)** B, E **c)** A, C, E **d)** F, A

549 **a)** $(0|5)$, $(-2|7)$, $(5|0)$; allgemein: $(t|5-t)$ für $t \in \mathbb{R}$

b) $\left(0\left|\frac{3}{5}\right.\right)$, $(-1{,}5|0)$, $(1|1)$; allgemein: $\left(t\left|\frac{3+2t}{5}\right.\right)$ für $t \in \mathbb{R}$

c) $(0|-3)$, $(15|0)$, $(5|-2)$; allgemein: $\left(t\left|\frac{t-15}{5}\right.\right)$ für $t \in \mathbb{R}$

d) $(1|2)$, $(153|2)$, $(-0{,}037|2)$;
allgemein: Für x können beliebige reelle Zahlen eingesetzt werden und für y gilt immer $y = 2$.

550 **a)** 1; 1; 0; −5; 1,2; 1,6 **b)** 0; 0; 0,4; 15; −0,08; −1,5
c) 6; 4; 4,5; 0; 6,3; 4,4 **d)** 12; −4; 15; −2; 11,4; −4,2

551 **a)** $x + y = -1$; $3x + 2y = 0$; $-2x + y = -7$ **b)** offene Aufgabenstellung

552 **a)** $y = -2x + 5$; $k = -2$ **b)** $y = \frac{3}{5}x - 4$; $k = \frac{3}{5}$

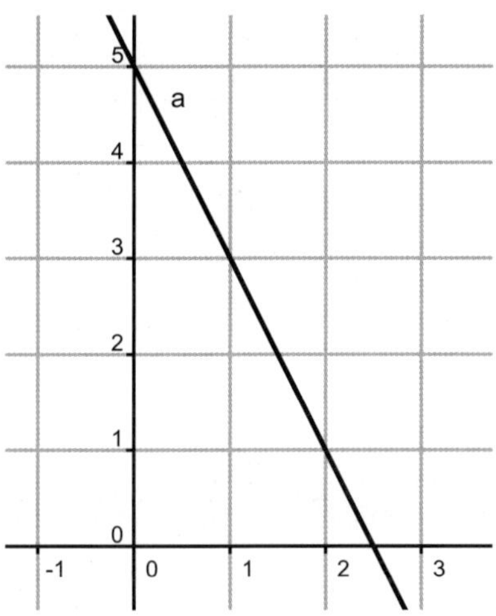

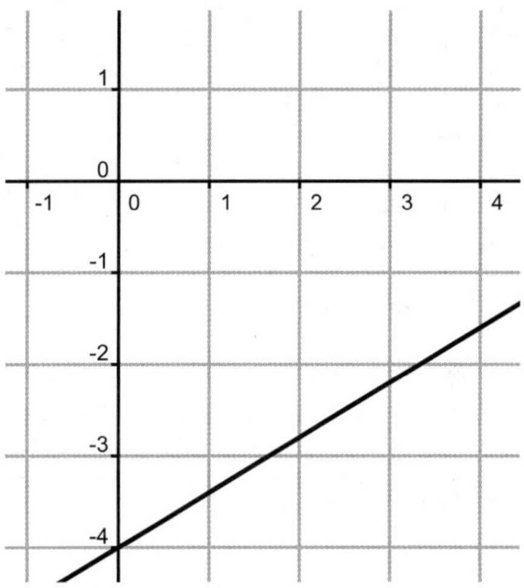

c) $y = -\frac{1}{2}x - 3{,}5;\ k = -\frac{1}{2}$

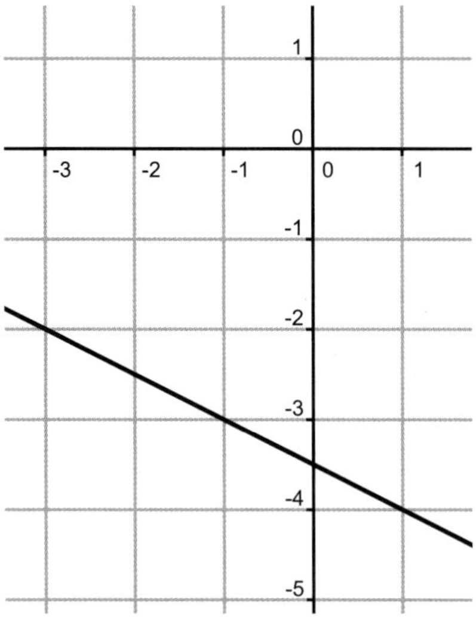

d) $y = -x + 4;\ k = -1$

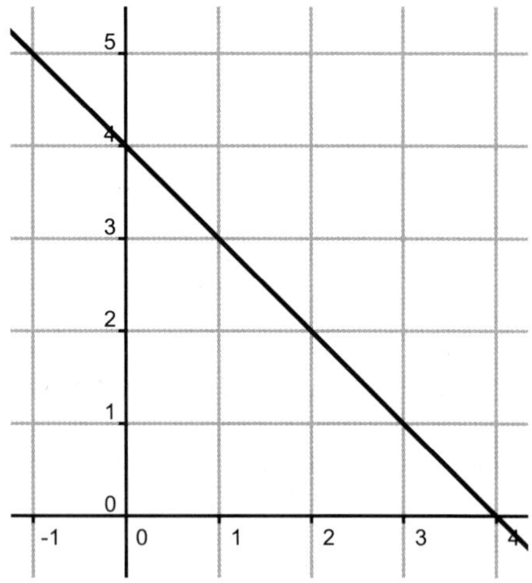

553 3 m × 4 m; 2 m × 6 m; 1 m × 8 m; 2,5 m × 5 m; 4 m × 2 m; 4,5 m × 1 m; t m × (10 − 2t) m.
(Es gilt für alle Lösungen: Länge × Breite).

554 **a)** 20 €, 40 €, 50 €, 60 €, 70 €
b) $20x + 50y = 430$; (19; 1), (14; 3), (9; 5), (4; 7)
c) x und y müssen natürliche Zahlen sein. Z. B. ist die Lösung (1,5; 8) nicht möglich. Es gibt keinen halben 20-Euro-Schein.

555 $2x + 5 = 3y + 3$ d. h. $2x - 3y = -2$
z. B.: (5; 4), (8; 6), (2; 2), (11; 8)

556 keine Lösungen: (− 6; − 3), (5; 3,5), (4,3; 2). Die anderen Zahlenpaare könnten Lösungen sein, wenn man davon ausgeht, dass nicht jeder Wert genau abgelesen werden kann. Sicher richtig ist (0; 5) und (3; 4).

5.1.2 Sonderfälle

557 Siehe Lösungsvorschlag im Schüler/innenbuch

558 Person 1: $2 \cdot 261 = 522$ €; Person 2: $3 \cdot 261 = 783$ €; Person 3: $4 \cdot 261 = 1044$ €

559 **a)** Parallele zur x-Achse durch (0 | 2). Funktion, weil jedem x-Wert genau ein y-Wert zugeordnet wird.
b) Parallele zur y-Achse durch (1,5 | 0). Keine Funktion, weil dem x-Wert 1,5 mehr als ein Wert zugeordnet wird.
c) Parallele zur x-Achse durch (0 | − 2,4). Funktion (siehe a)).
d) Parallel zur y-Achse durch (0,9 | 0) Keine Funktion (siehe b)).
e) Der Graph ist identisch mit x-Achse. Funktion (siehe a)).
f) Der Graph ist identisch mit der y-Achse. Keine Funktion (siehe b)).

560 **a)** (1) **b)** (4) **c)** (5)

561 **a)** (1) $0 \cdot x + 1 \cdot y = 1{,}5$ (2) $0 \cdot x + 1 \cdot y = -0{,}5$ (3) $1 \cdot x + 0 \cdot y = 1{,}5$
(4) $1 \cdot x + 0 \cdot y = -2$
b) (1) und (2) sind Graphen von linearen Funktionen, da jedem x-Wert genau ein y-Wert zugeordnet wird. Dies ist bei (3) und (4) nicht der Fall und somit gehören diese Graphen nicht zu linearen Funktionen.

562 A, (3); B, (1); C, (5); D, (4)

563 **a)** $0 \cdot x + 1 \cdot y = 0$ **b)** $1 \cdot x + 0 \cdot y = 0$

564 **a)** $y = 4{,}2$; $y = -4{,}2$ **b)** $x = 4{,}2$; $x = -4{,}2$

565 Ist der Koeffizient von x Null, dann liegt der Sonderfall vor, dass die Gerade die Steigung 0 hat, d. h. parallel zur x-Achse liegt.

566 wahr; falsch; wahr; wahr; wahr; falsch; wahr

5.2 Die beiden Unbekannten – Systeme linearer Gleichungen

5.2.1 Grafisches Lösungsverfahren

567 **a)** Siehe Lösungsvorschlag im Schüler/innenbuch

b) $3 = 2 \cdot 1 + 1$; $3 = 5 \cdot 1 - 2$

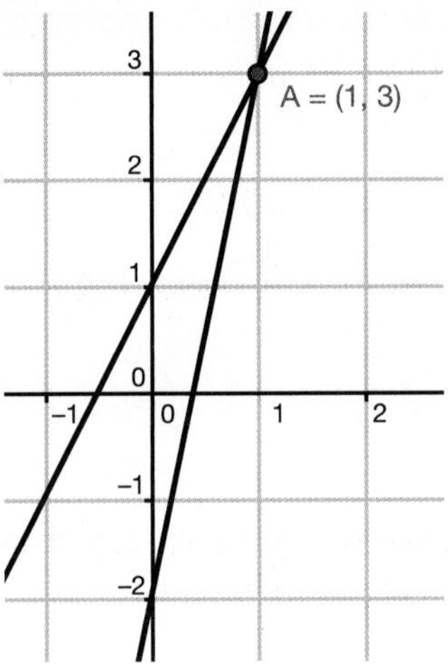

c) $5 \cdot 1 - 6 = -1$; $2 \cdot 1 - 6 = -4$

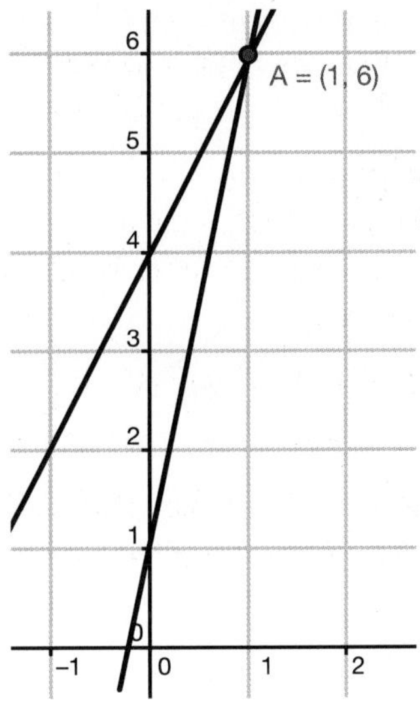

568 **a)** $2 \cdot 1 - 0 = 2$; $0 = -3 \cdot 1 + 3$

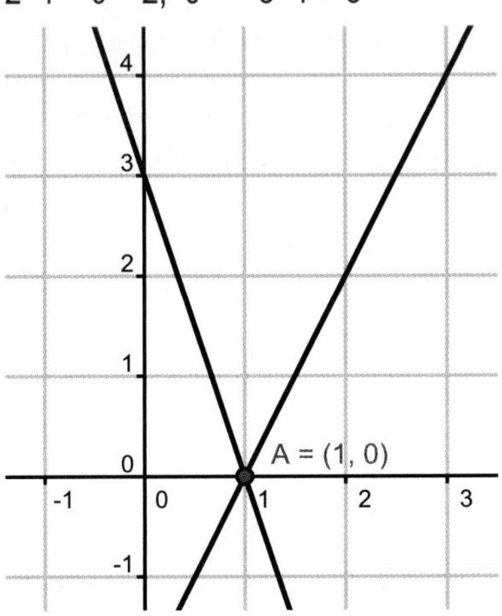

b) $2 = 3 \cdot 1 - 1$; $2 = 4 \cdot 1 - 2$

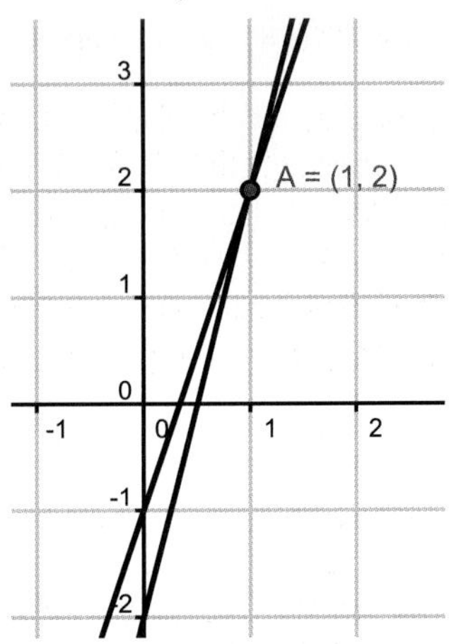

c) $3 \cdot (-1) - 1 = -4$; $2 \cdot 1 - (-1) = 3$

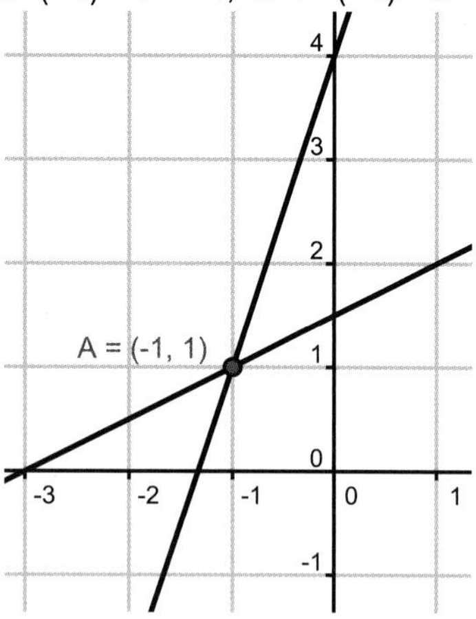

d) $4 \cdot 1 - 2 - 2 = 0$; $5 \cdot 1 + 2 \cdot 2 = 9$

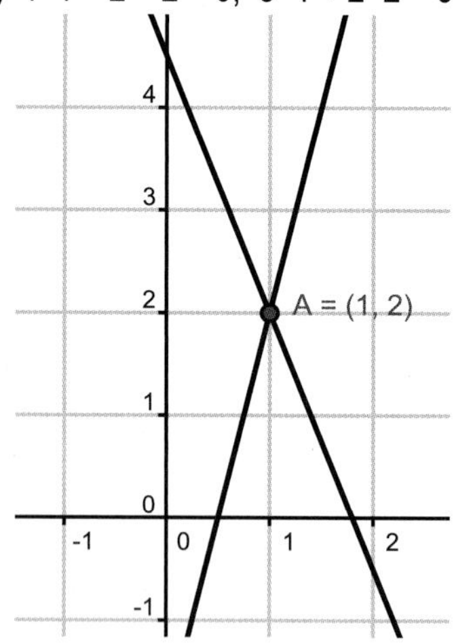

569 Jede Gleichung lässt sich durch eine Gerade abbilden. Die Schnittpunkte entsprechen den Lösungsmengen.

a)

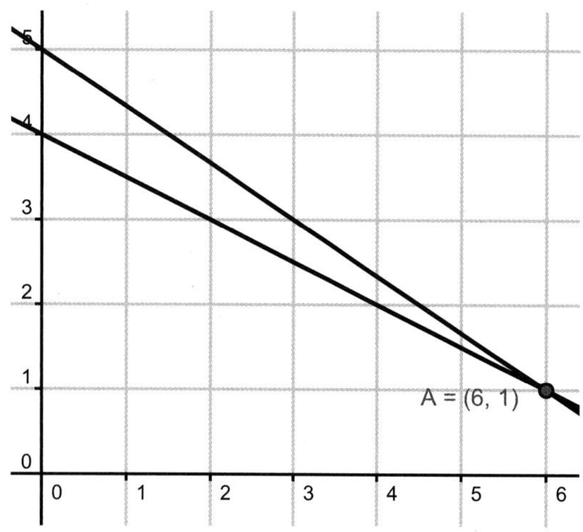

b)

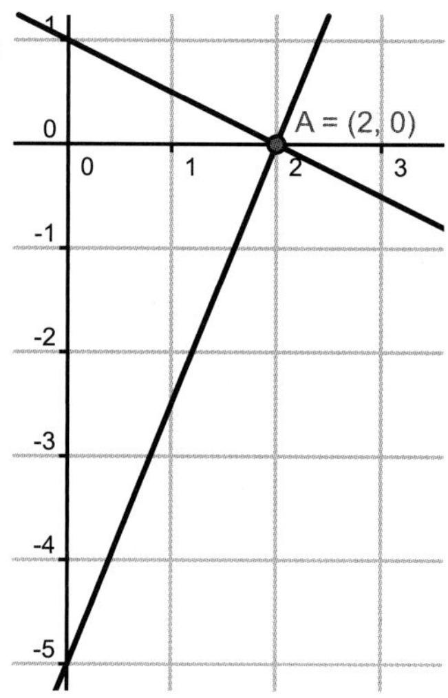

c)

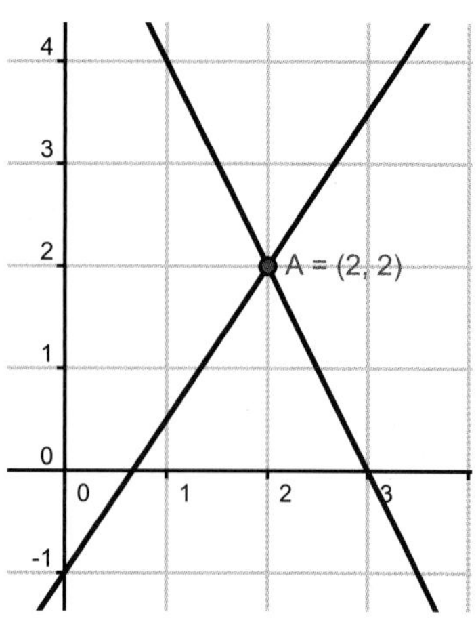

d)

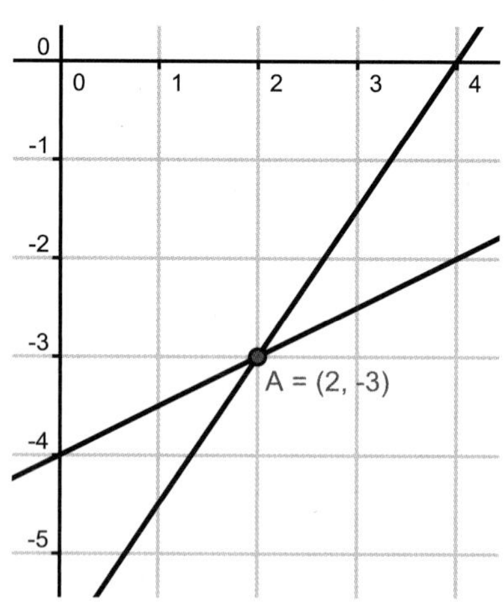

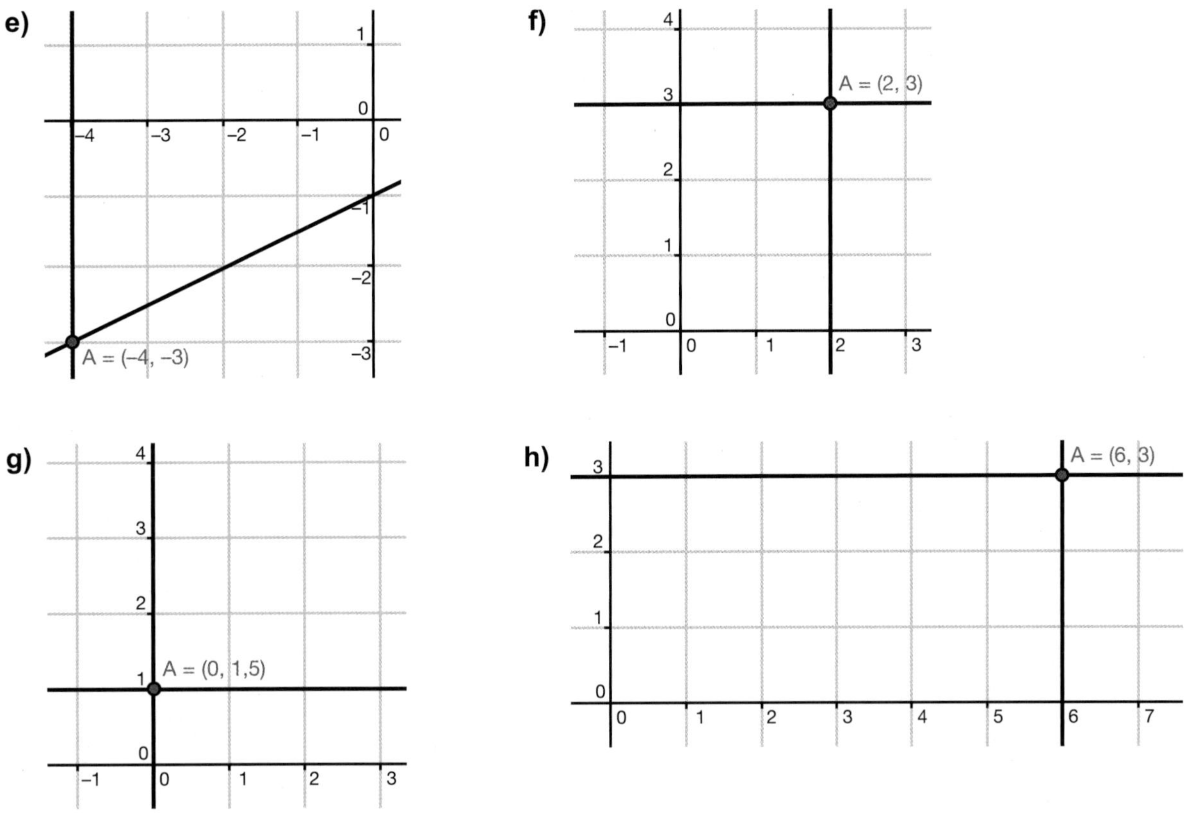

Bei den neuen Gleichungssystemen müssen die Geraden sich wieder im selben Punkt schneiden, der Punkt ist also Lösung beider Gleichungen. Kein anderer Punkt löst beide Gleichungen.
Z. B. bei a) der Schnittpunkt (6; 1): I: $x - y = 5$, II: $2x + y = 13$.

570 **a)** Alle Dreiecke haben dieselbe Höhe (Abstand der parallelen Geraden). Das blaue Dreieck hat aber die zu dieser Höhe zugehörige längste Seite und hat somit den größten Flächeninhalt.

b) Konstruiere zunächst das gleichseitige Dreieck ABC. Lege z. B. durch C eine Parallele zu AB. Für das rechtwinklige Dreieck verwende als eine Seite AB und zeichne durch A (oder B) eine Normale und schneide sie mit der durch C gelegten Parallelen. Es ergibt sich als Schnittpunkt der dritte Eckpunkt des gesuchten flächengleichen rechtwinkligen Dreiecks.

571 **a)** In Kapitel 9.2 ist die Vorgangsweise in Beispiel 991 genau beschrieben.

b) Aktiviert zunächst zweimal den Schieberegler. In der nebenstehenden Grafik wird euch das notwendige Icon gezeigt. Nennt den einen Schieberegler k und den anderen d (Folgt den Anweisungen des Programms!). Nun gebt in die Eingabezeile die Gleichung y = k*x + d ein und bestätigt die Eingabe. Unter „abhängige Objekte“ findet ihr jetzt eine Gleichung. Wenn ihr die Schieberegler bedient, wird sich die Gleichung entsprechend anpassen.

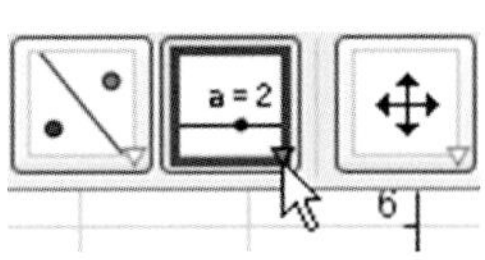

572 (1)

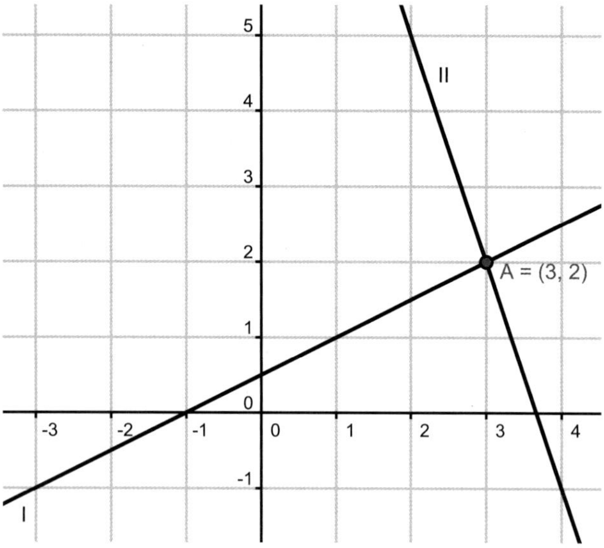

$k_1 = \frac{1}{2}$; $k_2 = -3$; genau 1 Lösung

(2)

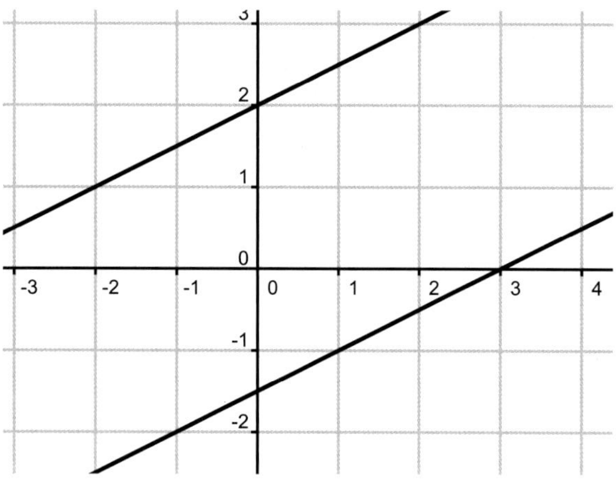

$k_1 = k_2 = \frac{1}{2}$; keine Lösung

(3)

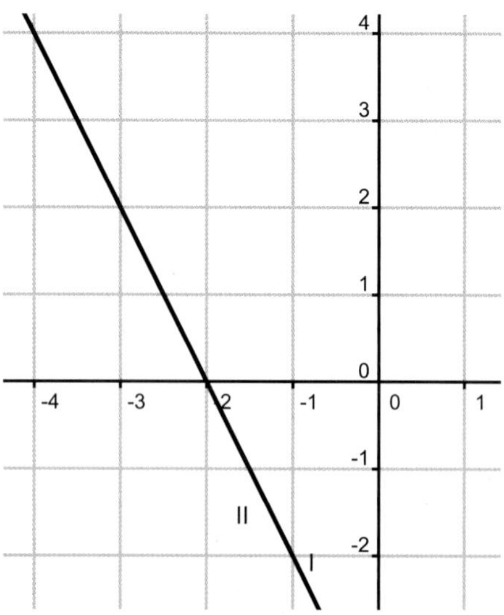

$k_1 = k_2 = -2$; unendlich viele Lösungen

573 **a)** In 350 m Höhe.
b) $y = 350 - 5x$. Das Absinken dauert 70 Sekunden.

574 **a)** (0;5), (1;2), (2;− 1)

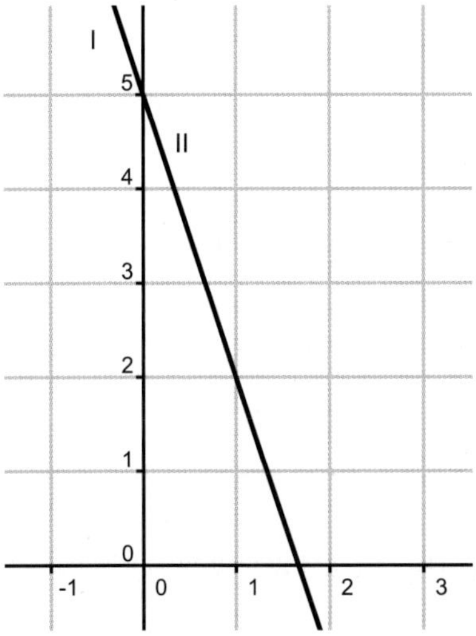

b) (− 1;4,5), (0;2,5), (1;0,5)

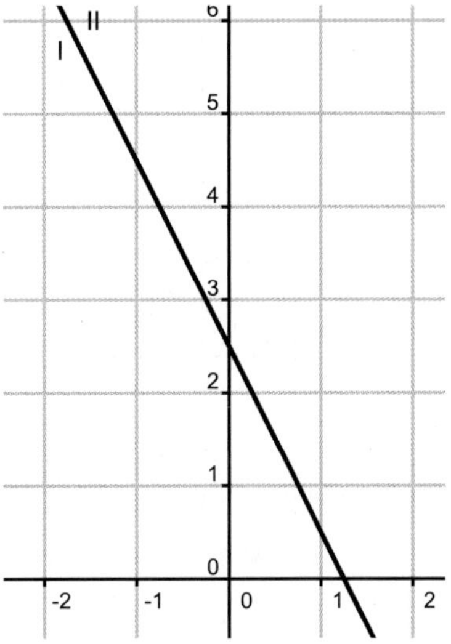

c) $\left(0; -\frac{1}{3}\right), \left(\frac{2}{3}; 0\right), \left(2; \frac{2}{3}\right)$

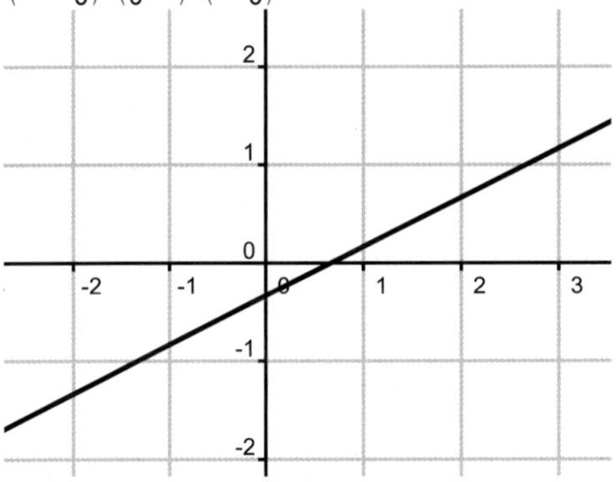

575 **a)** Schneidend. L = {(3; 0)}

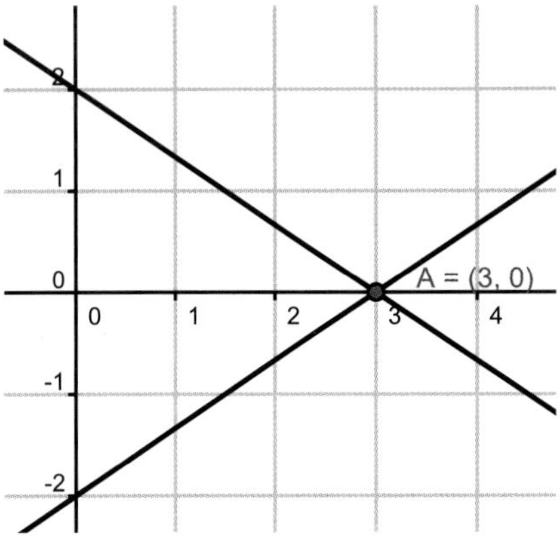

b) Parallel. L = { }

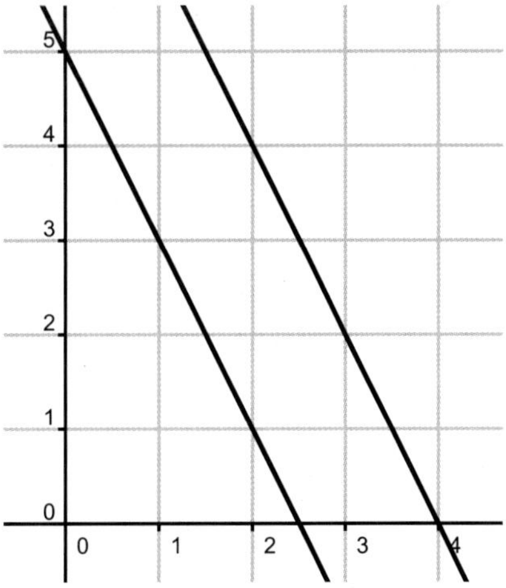

c) Parallel. L = { }

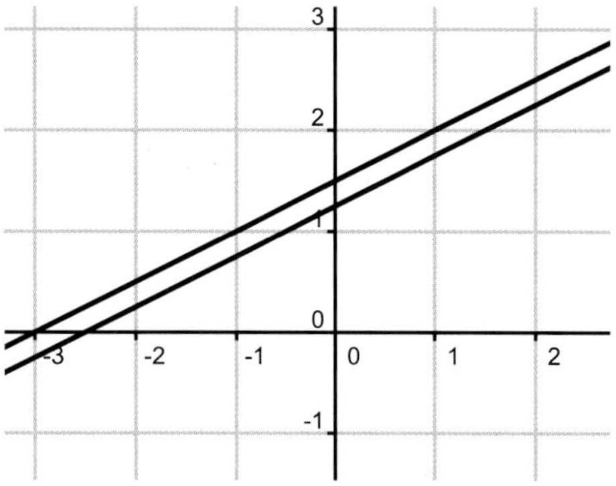

d) Identisch; $L = \{(x;y) \mid x = t,\ y = 1{,}5t + 5,\ t \in \mathbb{R}\}$

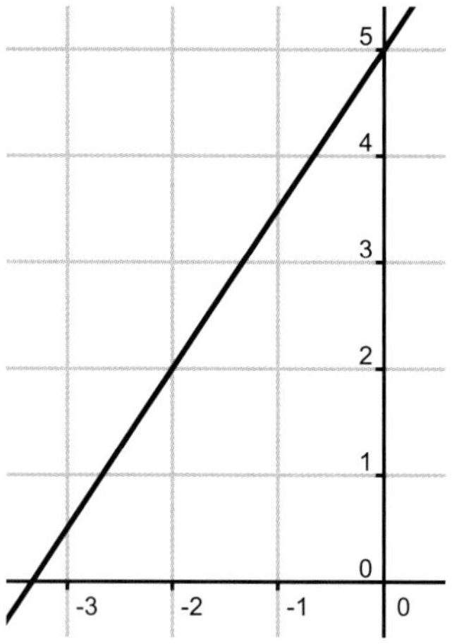

576 24 cm

577 **a)** Schneidend **b)** Parallel **c)** Identisch **d)** Parallel **e)** Schneidend **f)** Identisch

578 (1) I: $y = \frac{1}{2}x - 1$
II: $y = -2x + 1{,}5$

(2) I: $y = 3x + 4$
II: $y = 3x - 2$

(3) I: $y = -5x + 15$
II: $5x + y = 15$

579 **a)** (1) Es genügt, den konstanten Wert zu ändern. Z. B.: $x + y = 4$
(2) Jede Gleichung, bei der die rechte Seite der ersten Gleichung kein Vielfaches der rechten Seite der zweiten Gleichung ist. Z. B.: $2x + y = 4$
(3) Die zweite Gleichung ist ein Vielfaches der ersten. Z. B. $-2x - 2y = -8$

b) (1) Z. B.: $2x - y = 3$; (2) Z. B.: $x - y = 4$; (3) Z. B.: $4x - 2y = 0$

c) (1) Z. B.: $2x - 5y = 4$ (2) Z. B.: $2x + 5y = 3$ (3) Z. B.: $4x - 10y = 6$

d) (1) Z. B.: $0 \cdot x + y = 2$ (2) Z. B.: $-x + y = -1$ (3) Z. B.: $0 \cdot x + 3y = -3$

580 A → (2); B → (1); C → (4); D → (5)

5.2.2 Rechnerische Lösungsverfahren – Gleichsetzungsverfahren und Substitutionsverfahren

581 Siehe Lösungsvorschlag im Schüler/innenbuch

582 **a)** (3; 3) **b)** (0; 0) **c)** (−1; 0) **d)** (3; 3) **e)** (0; 7)

583 **a)** L = {(3; −5)} **b)** L = {(2; −4)} **c)** L = {(5; 1)} **d)** L = {(3; −1)}

584 **a)** L = {(−3; −2)} **b)** L = {(4; 2,5)} **c)** L = {(7,5; 13)} **d)** L = {(4; 2)}

585 **a)** $x = 4,\ y = \frac{5}{b}$ für $b \neq 0$ **b)** $x = c,\ y = 0$ **c)** $x = \frac{2}{a},\ y = \frac{3}{b}$ für $a, b \neq 0$

586 **a)** Gleichung II ist nach y aufgelöst gegeben. Damit kann sie in Gleichung I y durch diesen Ausdruck ersetzen. Sie berechnet in Gleichung I den Wert für x. Durch Zurückeinsetzen in Gleichung II erhält sie auch den Wert für y.
b) Man müsste bei der Gleichsetzungsmethode Gleichung I ebenfalls nach y auflösen. Diese Mehrarbeit erspart man sich durch das Einsetzen.
c) L = {(2; −1)}

587 $\frac{a}{4}$; $\frac{1}{4} \cdot a$; $a - \frac{3a}{4}$; $a:4$; $0{,}25 \cdot a$;

588 **a)** L = {(5; 4)} **b)** L = {(1,5; 1)} **c)** L= {(5; − 1)} **d)** L = {(4; 3)}

589 **a)** L = {(0;2)} **b)** L = {(3; − 2)} **c)** L = {(2; 2)}

590 **a)** L = {(2; 2)} **b)** L = {(2; − 1)} **c)** $L = \left\{\left(2; \frac{3}{4}\right)\right\}$ **d)** L = {(− 1,5; 2)}

591 (1) $\frac{1}{10}$; 0,1 (2) 5%; 0,05 (3) 60 %; $\frac{3}{5}$ (4) $\frac{1}{25}$; 0,04
(5) 12,4%; $\frac{31}{250}$ (6) 60%; 0,6 (7) $\frac{1}{5}$; 0,2 (8) 0,3%; 0,003
(9) 105%; $1\frac{1}{20}$

5.2.3 Rechnerisches Lösungsverfahren – Additionsverfahren

592 **a)** ohne Lösung
b) (1) L = {(9; 15)} (2) L = {(21; 5)} (3) L = {(1; 0,4)}
c) Da sich beide Gleichungen im „Gleichgewicht" befinden, kommt bei der Addition dieser beiden Gleichungen auf jeder Seite „gleich viel" dazu, und damit befindet sich auch die neue Gleichung, die sich durch diese Addition ergeben hat, im „Gleichgewicht".

593 **a)** L = {(1; 1)} **b)** L = {(8; 1)} **c)** L = {(0,5; 4)} **d)** L = {(1; 2)}

594 **a)** L = {(− 1; − 5)} **b)** L = {(5; 5)} **c)** $L = \left\{\left(-\frac{2}{3}; -\frac{1}{2}\right)\right\}$

5.2.4 Rechnen mit Methode – Günstige Wahl des passenden Lösungsverfahren

595 Individuelle Lösungen, mögliche Lösungen:
a) I: $2x - 3y = 7$
II: $5x + 4y = 6$
b) I: $x = 3y - 4$
II: $2y + 7 = x$
c) I: $x = 3y + 4$
II: $5y + 2x = -12$

596 **a)** Einsetzverfahren (EV); L = {(1; 7)} **b)** Additionsverfahren (AV); L = {(− 3;4)}
c) Gleichsetzungsverfahren (GV); L = {(5; 3)} **d)** EV, AV; (2; 4)
e) GV; $L = \left\{\left(\frac{1}{2}; \frac{1}{4}\right)\right\}$ **f)** EV; L = {(4; 0)}
g) EV; L = {(0; 0)} **h)** AV; L = {(1,6; 0,4)}

597 **a)** L = {(0,8; − 2,6)} **b)** $L = \left\{\left(\frac{5}{8}; \frac{3}{4}\right)\right\}$ **c)** L = {(3; − 6)} **d)** L = {(6; 8)}
e) (0; 13) **f)** (0; 0)

598 **a)** Susi

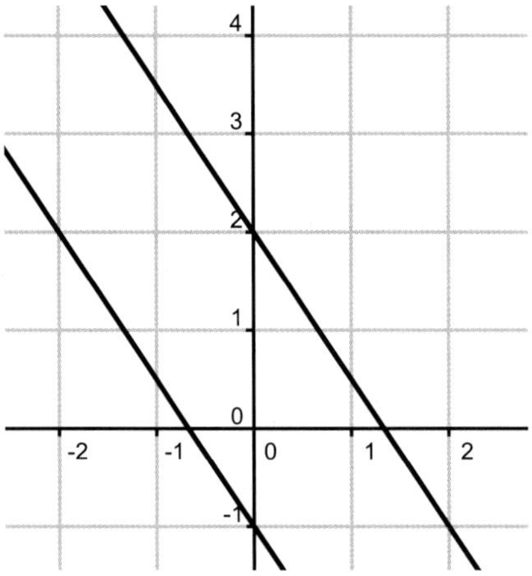

Helmut

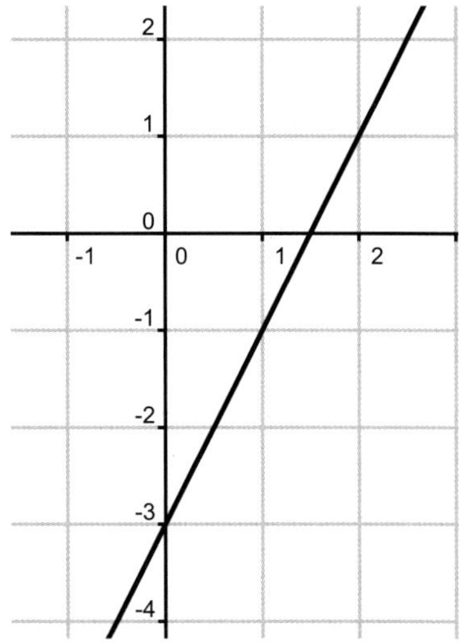

b) Gleichungssysteme, die unendlich viele Lösungspaare besitzen: Die eine Gleichung ist ein Vielfaches der anderen. Gleichungssysteme ohne Lösung: Die Koeffizienten der Variablen der einen Gleichung sind ein Vielfaches der Koeffizienten der entsprechenden Variablen der anderen Gleichung. Für die konstanten Glieder gilt nicht dasselbe Vielfache.

c) (1) Besitzt keine Lösung. Die linke Seite der zweiten Gleichung ist das Doppelte der ersten Gleichung. 15 ist aber nicht das Doppelte von 10.

(2) Unendlich viele Lösungspaare. Gleichung II ist ein Vielfaches von Gleichung I.

599 **a)** eine Lösung (eL); (0; 2) **b)** eL; (2; 1) **c)** eL; (0; 0)
d) keine Lösung (kL) **e)** unendlich viele Lösungen (uvL) **f)** eL; (5; 2)
g) uvL **h)** eL (5; − 1) **i)** kL
j) eL (− 1; − 2) **k)** kL **l)** uvL

600 **a)** $y = 4x - 5$ **b)** jede beliebige Zahl **c)** $y = \frac{7}{12}x - 11$ **d)** $8x = \frac{48}{5}y + 4$

601 **a)** $a = 6,\ b = 12$ **b)** $a = 9, b = 1$ **c)** $a = 2,\ b = 2$

d) An den Koeffizienten von y siehst du, dass die erste Gleichung, das 3-fache der zweiten Gleichung sein muss.

Deshalb: $a = 3 \cdot (a + 1)$ und daher $a = -\frac{3}{2}$.

$2b = 12 : 3 \Rightarrow b = 2$

602 Nein, x und y hängen zuammen. Es gilt $y = -\frac{1}{2}x + 2$. D.h.: Ist $x = 2$, dann muss $y = -\frac{1}{2} \cdot 2 + 2 = 1$ sein usw.

Alle Lösungen liegen auf der Geraden $y = -\frac{1}{2}x \cdot 2$.

5.3 Lösen von Textaufgaben mithilfe linearer Gleichungssysteme

5.3.1 Zahlen- und Altersrätsel

603 Siehe Lösungsvorschlag im Schüler/innenbuch

604 $c^2 + d^2 = (a + b)^2$; $a^2 + f^2 = d^2$; $b^2 + f^2 = c^2$

605 **a)** I: $2x - 3y = 24$; II: $10y - x = 22$. Erste Zahl ist 18, zweite Zahl 4.
b) I: $x = y + 7$; II: $3x - 5y = 28$. Größere Zahl ist 3,5, kleinere Zahl −3,5.

606 Die gesuchten Zahlen sind 1,5 und 4,5.
Der Bursche hat in seinem Lösungsweg gleich von Anfang weg unbewusst eine Substitution vorgenommen. Er drückt die beiden Bedingungen für die zweite Zahl mithilfe der ersten Zahl aus. Damit hat er als Ansatz nur eine Gleichung in einer Variablen x.
Das Mädchen setzt zwei Gleichungen an und löst das Gleichungssystem mithilfe der Gleichsetzmethode.

607 **a)** I: $x + y = 12$; II: $10x + y + 36 = 10y + x$. Die Zahl lautet 48.
b) I: $10x + y = 7 \cdot (x + y)$; II: $10x + y - 27 = 10y + x$. Die Zahlen lauten 63 und 36.

608 I: $x + y = 10$; II.: $x - y = 2$. Die gesuchte Zahl ist entweder 64 oder 46, da nicht festgelegt ist, ob die größere oder die kleinere Ziffevdie Zehnerziffer ist.

609

	$2a$	$-\frac{a}{2}$	$-100a$	$\frac{a}{100}$	$a : \frac{9}{10}$	$a \cdot \frac{10}{9}$
$a > 0$	X				X	X
$a < 0$		X	X	X		

610 Siehe Nusslösungen im Schüler/innenbuch

611 I: $y - 3 = 3 \cdot (x - 3)$; II: $y + 2 = 2 \cdot (x + 2)$. Ines ist 18 Jahre alt, Fritz 8.

612 **a)** I: $m = 3 \cdot t$; II: $m - 5 = 4 \cdot (t - 5)$. Tina ist 15, Mutter 45 Jahre alt.
b) I: $\ell = s + 4$; II: $\ell - 6 = (s - 6) \cdot 2$. Lorenz ist 14, seine Schwester 10 Jahre alt.
c) I: $s + 30 = v$; II: $v + 4 = (s + 4) \cdot 3$. Der Sohn ist 11 Jahre alt.

613 I: $2x + 3y = 103$; II: $5x - 4y = 16$. In 10 Jahren wird Sally 30 Jahre alt sein.

614 Siehe Nusslösungen im Schüler/innenbuch

615 I: $a + \frac{2}{3}g = 100$; II: $g + \frac{1}{2}a = 100$. Alexander besitzt 50 €, Gerda 75 €.

616 **a)** $u = 24\,cm$ **b)** $u = 84\,cm$

5.3.2 Aufgaben aus der Geometrie

617 Siehe Lösungsvorschlag im Schüler/innenbuch

618 **a)** I: $2a + 2b = 60$; II: $a = b + 5$. $a = 17{,}5\,cm$, $b = 12{,}5\,cm$
b) II: $a = b - 4$. $a = 13\,cm$, $b = 17\,cm$

619 I: $2\ell + 2w = 140$; II: $2 \cdot \left(3\ell + \frac{1}{2}w\right) = 370$. $\ell = 60\,m$, $w = 10\,m$

620 I: $2a + 2b = 300$; **a)** II: $a = 2b$. Der Rahmen ist 100 cm lang und 50 cm breit.
b) II: $a = 3b$. Der Rahmen ist 112,5 cm lang und 37,5 cm breit.
c) II: $a = 4b$. Der Rahmen ist 120 cm lang und 30 cm breit.

621 I: $2a + 2b = 28{,}8$; II: $a \cdot b = (a + 4{,}5).\ (b - 3{,}5) + 17{,}35$. $a = 8{,}3\,cm$, $b = 6{,}1\,cm$

622 I: $8a + 4h = 88$; II: $8 \cdot (2a) + 4 \cdot \left(\frac{1}{2}h\right) = 8a + 4h + 28$. $a = 6\,cm$, $h = 10\,cm$.

623 **a)** I: $2a + 2b = b + 10$; II: $2a + 2b = a + 5$. $a = 5$, $b = 0$. Daher gibt es ein solches Rechteck nicht.
b) I: $2a + 2b = 20$; II: $2(a - 5) + 2b = 10$. Die beiden Bedingungen sind äquivalent, es gilt $a + b = 10$. Alle Rechtecke mit $5\,\text{cm} < a < 10\,\text{cm}$ und $b = 10 - a$ erfüllen die Vorgaben.

624 I: $2\ell + 2w = 60$; II: $\frac{\ell}{2} = w + 3$. Das Rechteck ist 22 m lang und 8 m breit.

625 I: $\frac{(a+2)(b+2)}{2} = \frac{a \cdot b}{2} + 14$; II: $\frac{(a-2)(b-2)}{2} = \frac{a \cdot b}{2} - 10$. Man erhält daraus die Bedingung $a + b = 12$. Alle rechtwinkligen Dreiecke mit $0\,\text{cm} < a < 12\,\text{cm}$ und $b = 12 - a$ erfüllen die gegebenen Vorgaben.

626 I: $a - 1 = b + 1$; II: $(b - 1) \cdot 2 = a + 1$. Das Zimmer ist 7 m lang und 5 m breit.

5.3.3 Bewegungsaufgaben

627 Siehe Lösungsvorschlag im Schüler/innenbuch

628 Um wie viel Uhr holt Familie Schreiber Familie Becker ein? Um 11 Uhr.
Wie viel km sind dann beide noch vom Ziel entfernt? 120 km
Wie viele km ist Familie Becker noch vom Ziel entfernt, wenn Familie Schreiber gerade ankommt? 45 km
Wann müsste Familie Schreiber abfahren, sodass beide Familien gleichzeitig am Wohnort eintreffen? Um 9.24 Uhr

629 I: $40 \cdot t_J = 50 \cdot t_M$; II: $t_J = t_M + 2$. $t_J = 10\,\text{h}$. Mary wird John nach 400 km Fahrt einholen.

630 **a)** Jörg legt in in 60 Minuten 4 km zurück, d. h. in 40 Minuten $2\frac{2}{3}$ km.
b) Die beiden sind beim Start 8 km voneinander entfernt.
c) Michael rudert in 100 Minuten 8 km d. h. er rudert mit einer Geschwindigkeit von 4,8 km/h, Jörg rudert mit einer Geschwindigkeit von 4 km/h.
d) I: $s = 4{,}8t$; II: $s = 8 - 4t$ (s ist die Entfernung von Michaels Startpunkt in Kilometer, t die vergangene Zeit vom Ablegen der Boote in Stunden.)
e) Sie begegnen einander nach ca. 54 min 33 s $\left(\text{genau } \frac{10}{11}\,\text{h}\right)$.

631 $v_{Erich} = \frac{26}{2}\,\text{km/h} = 13\,\text{km/h}$, $v_{Gerti} = \frac{8}{\frac{2}{3}}\,\text{km/h} = 12\,\text{km/h}$; Erichs Zeit bis Treffpunkt t_E, Gertis Zeit t_G.
Ansatz: I: $13 \cdot t_E + 12 \cdot t_G = 26$ und II: $t_E = t_G + \frac{1}{3}$.
Sie begegnen einander um 16.12 Uhr $\left(t_E = 1\frac{1}{5}\,\text{h}\right)$ 15,6 km von Stainz entfernt.

632 **a)** I: $s = 60 \cdot t$; II: $(s - 20) = 45 \cdot \left(t - \frac{1}{6}\right)$. Der PKW holt den LKW um 8.50 $\left(t = \frac{5}{6}\,\text{h}\right)$ 50 km ($s = 50$ km) von Krems entfernt ein.
b) I: $s = 60 \cdot t$; II: $(s - 20) = 45 \cdot \left(t + \frac{1}{12}\right)$. Da $s = 95$ km und die Entfernung Krems–Persenbeug 53 km beträgt, holt der PKW den LKW nicht mehr vor Persenbeug ein.

633 I: $40 \cdot v_1 = 30 \cdot v_2$; II: $190 \cdot v_1 + 400 = 180 \cdot v_2$ (Radfahrer 2 hat eine Runde, also 400 m mehr zurückgelegt).
$v_1 = 8\,\text{m/s} = 28{,}8\,\text{km/h}$, $v_2 = 10\frac{2}{3}\,\text{m/s} = 38{,}4\,\text{km/h}$.

634 I: $v_R \cdot 60 + 8 = v_B \cdot 60$; II: $v_R \cdot 5 + v_B \cdot 5 = 8$. $v_R = \frac{11}{15}\,\text{m/s}$, $v_B = \frac{13}{15}\,\text{m/s}$

635 I: $(v_e + v_s) \cdot \frac{20}{60} = 10$; II: $(v_e - v_s) \cdot \frac{50}{60} = 10$. Die Eigengeschwindigkeit v_e des Schiffes beträgt 21 km/h, die Fließgeschwindigkeit v_s 9 km/h.

636 I: $(v_e - v_s) \cdot 8 = 40$; II: $(v_e + v_s) \cdot 5 = 40$. Die Fließgeschwindigkeit beträgt 1,5 km/h.

5.3.4 Aufgaben aus der Wirtschaft

637 Siehe Lösungsvorschlag im Schüler/innenbuch

638 I: $\frac{t}{100} \cdot 40 + \frac{m}{100} \cdot 0{,}5 = 500 \cdot \frac{8{,}4}{100}$; II: $t + m = 500$. 100 g Topfen müssen mit 400 g Magertopfen vermengt werden.

639 I: $11 \cdot \frac{x}{100} + 8 \cdot \frac{y}{100} = 19 \cdot \frac{22}{100}$; II: $15 \cdot \frac{x}{100} + 4 \cdot \frac{y}{100} = 19 \cdot \frac{18}{100}$. Sorte 1 ist 14 %ig, Sorte 2 33%ig.

640 I: $\frac{x}{100} \cdot 30 + \frac{y}{100} \cdot 40 = 100 \cdot \frac{34}{100}$; II: $x + y = 100$. Es müssen 60 kg der 30 %igen Salzsäure mit 40 kg der 40 %igen Salzsäure vermischt werden.

641 25 %

642 I: $6x + 2y = 3{,}60$; II: $4x + 4y = 4{,}00$. Eine Semmel kostet 0,40 € , das Kornweckerl 0,60 €.

643 I: $3x + 5y = 145$; II: $x + y = 35$. Es gibt 15 Dreibettzimmer und 20 Fünfbettzimmer.

644 I: $x + y = 4000$; II: $\frac{x}{100} \cdot 5 + \frac{y}{100} \cdot 4 = 175$. Sie hat bei der ersten Bank 1500 € und bei der zweiten 2500 € angelegt.

645 I: $0{,}55x + 0{,}70y = 14$; II: $x + y = 23$. Lena kaufte 14 Stück 55-Cent-Marken und 9 Stück 70-Cent-Marken.

646 I: $x \cdot 10{,}50 + y \cdot 13{,}50 = 12{,}60$; II: $x + y = 1$. 0,3 Packungen der Sorte 1, das sind 75 g, werden mit 0,7 Packungen der Sorte 2, das sind 175 g, vermischt.

647 I: $1{,}50 \cdot x + 1{,}90 \cdot y = 1{,}67 \cdot 200$; II: $x + y = 200$. 115 kg der Sorte 1 müssen mit 85 kg der Sorte 2 vermischt werden.

648 **a)** $A = a \cdot b = 18\,\text{cm}^2$

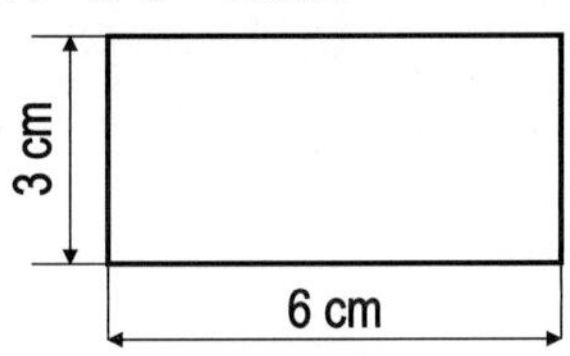

b) $A = a \cdot h_a = 18\,\text{cm}^2$

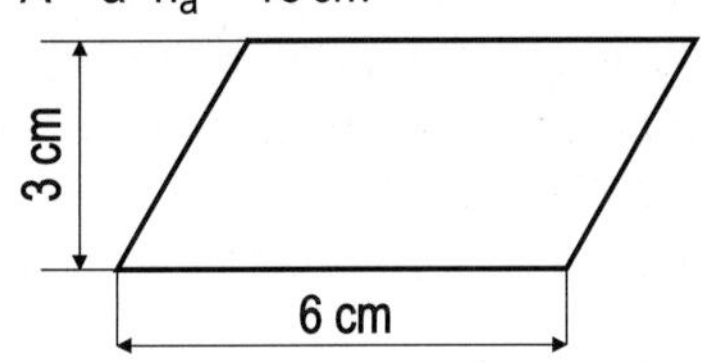

c) $A = \frac{e \cdot f}{2} = 18\,\text{cm}^2$

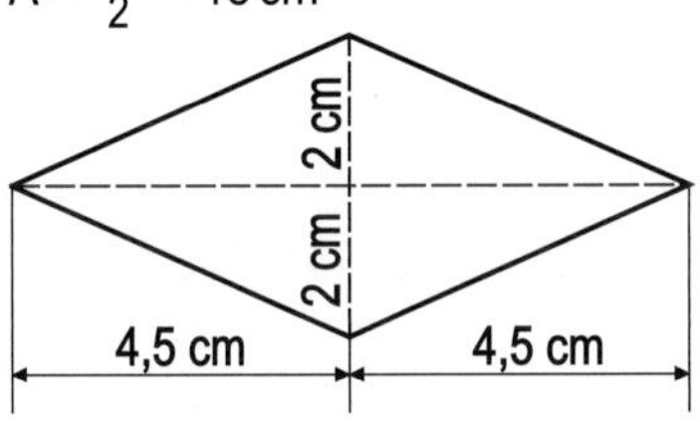

d) $A = \frac{e \cdot f}{2} = 18\,\text{cm}^2$

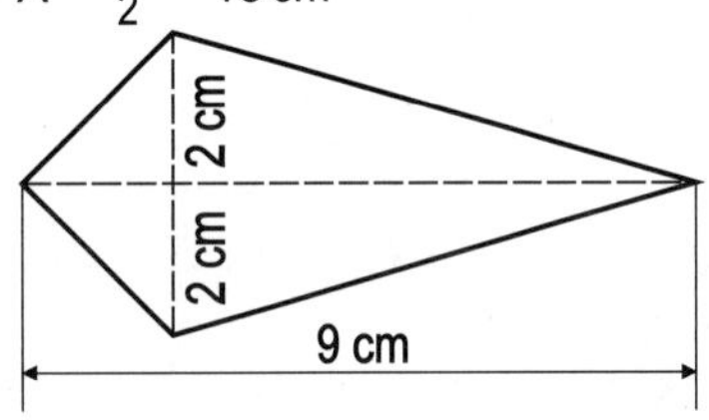

e) $A = \frac{1}{2}(a + c) \cdot h$; (1) $a = 75\,\text{cm}$, $c = 1\,\text{cm}$, $h = 1\,\text{cm}$ (2) $a = 14\,\text{cm}$, $c = 5\,\text{cm}$, $h = 4\,\text{cm}$
(3) $a = 3\,\text{cm}$, $c = 1\,\text{cm}$, $h = 19\,\text{cm}$

THEMA: Aufgaben aus alter Zeit

649 **a)** I: $\ell + \frac{b}{4} = 7$; II: $\ell + b = 10$. Die Länge beträgt 6 Längeneinheiten und die Breite 4 Längeneinheiten.
b) Das Vierfache bedeutet $4 \cdot l + b = 28$. Wenn man nun $l + b = 10$ abzieht, dann bleibt $3 \cdot l = 18$ über. Damit ist die Länge 6 und die Breite $10 - 6 = 4$.

650 I: $5r + 2s = 10$; II: $2r + 5s = 8$. Der Preis für ein Rind beträgt $1\frac{13}{21}$ Unzen Gold, der Preis für ein Schaf $\frac{20}{21}$ Unzen Gold.

651 I: $(m - 1) \cdot 2 = e + 1$; II: $m + 1 = e - 1$. Die Eselsmutter trägt 5 Pfund, das Eselein 7 Pfund.

652 I: $a + \frac{b}{2} = 400$; II: $b + \frac{a}{3} = 400$. A besitzt 240 Thaler, B 320 Thaler.

653 I: $e + 1 = a - 1$; II: $(a + 1) : 2 = e - 1$. Der eine hat 5, der andere hat 7 Pfennige.

654 **a)** Der eine besaß $19\frac{1}{3}$ Rubel, der andere $14\frac{1}{2}$ Rubel.
b) I: $w + m = 20$; II: $7w + 8m = 6 \cdot 24$; 4 Männer und 16 Frauen.

5.4 Vermischte Übungen

655 Alle Graphen sind in ein Koordinatensystem gezeichnet.
a), **c)**, **e)**, **g)** sind Funktionsgraphen. **h)** $x = 18$

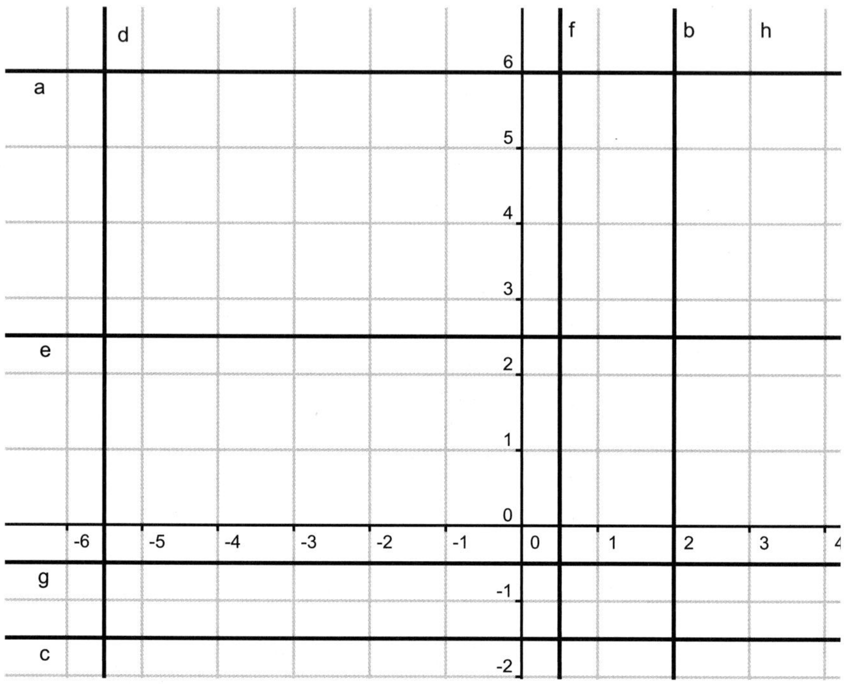

656 Die Zahlenpaare sind in der gegebenen Reihenfolge mit I, II, III, IV durchnummeriert.
a) II, IV **b)** IV
c) II **d)** I
e) I, III

657 **a)** (1) $y = -7$; (2) $x = 4$
b) (1) $y = 5{,}3$; (2) $x = -1{,}9$

658 **a)** 1; 3 **b)** 3; 10
c) $-4{,}5$; 4 **d)** $\frac{25}{12} = 2\frac{1}{12}$; 4

659 **a)**

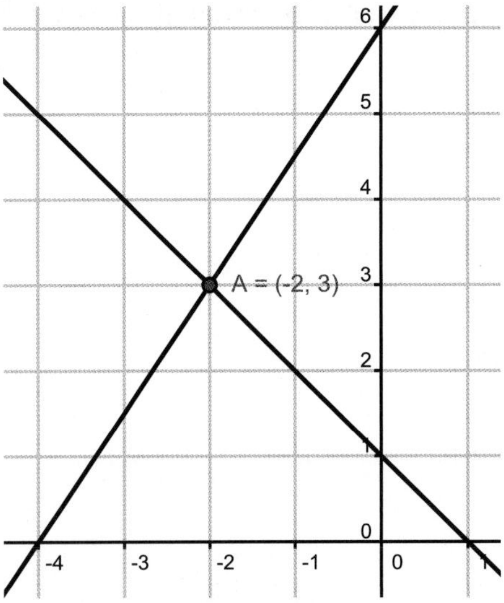

b)

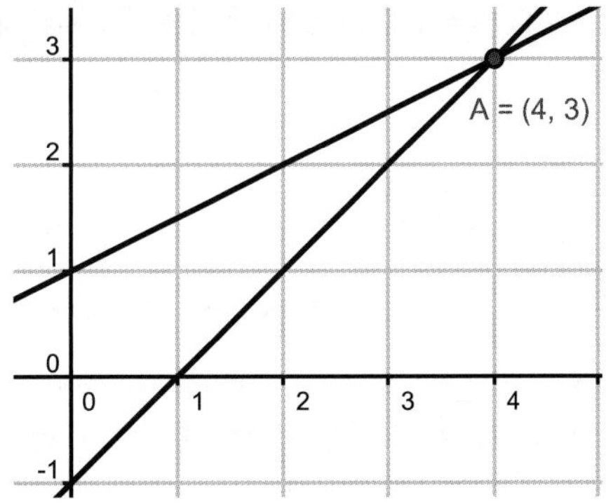

c)

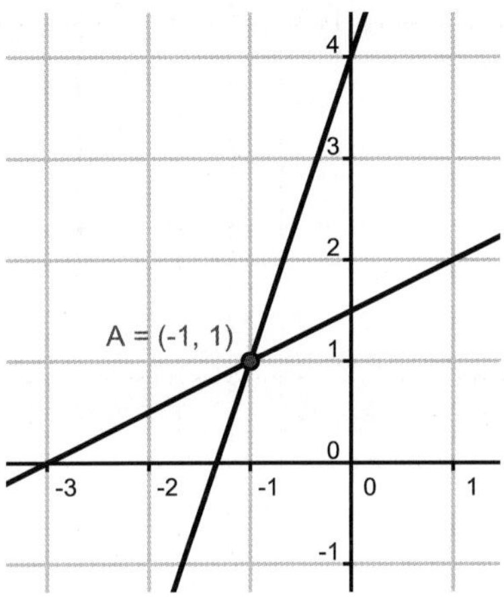

d)

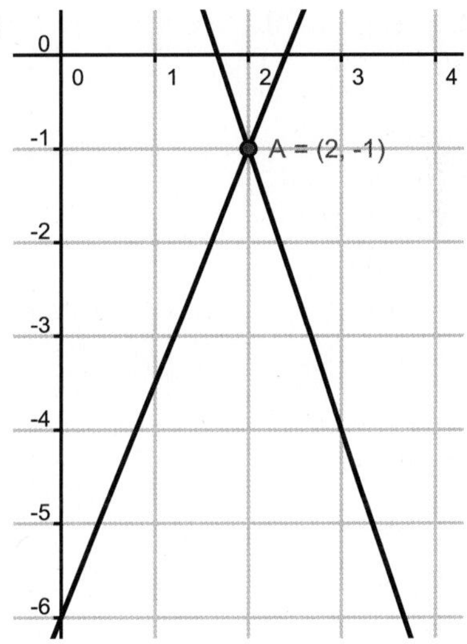

660 **a)** L = {(5;4)} **b)** L = {(3,5;2)} **c)** L = {(4;3)} **d)** L = {(− 6;0)}

661 I: 2 b + k = 7 · 0,5 II: b + k = 5 · 0,5. Marmeladetiger wiegt 1,5 kg.

662 **a)** g_1: $y = -x + 3$; g_2: $y = \frac{1}{3}x + 1$; S (1,5 | 1,5) **b)** g_3: $y = \frac{1}{2}x + 2$; g_2: $y = -\frac{3}{2}x + 3$; S (0,5 | 2,25)

c) g_5: $y = -3x - 3$; g_6: $y = 3$; S (− 2 | 3) **d)** g_7: $y = \frac{4}{3}x - 2$; g_8: $x = 2$; $S\left(2 \,\middle|\, \frac{2}{3}\right)$

663 B, C, D, E

664 Die folgenden Lösungen sind nur jeweils zwei von vielen Möglichkeiten.

a) $x + y = 15$, L = {(3; 12)} oder $x = 3$ **b)** $2x + y = 3$, $L = \left\{\left(\frac{1}{2}; 2\right)\right\}$ oder $y = 2$

c) $x + y = 9$; L = {(5;4)} oder $x = 5$ **d)** $6x - 3y = c$ mit $c \neq 10$

665 **a)** (1) nicht möglich; (2) $c = 2$ **b)** (1) $a \neq 7$, c beliebig; (2) $a = 7$, $c = 1$

c) (1) $a \neq -16$, c beliebig; (2) $a = 16$, $c = 4$ **d)** (1) $b \neq \frac{4}{5}$, c beliebig; (2) $b = \frac{4}{5}$, $c = -\frac{25}{2}$

666 **a)** $a = 19,\ b = -4$ **b)** $a = 4,\ b = -5$ **c)** $a = -1,\ b = -11$ **d)** $a = 4,\ b = 11$

667 **a)** $L = \{(5;\ 2)\}$ **b)** $L = \{(3;\ 4{,}5)\}$ **c)** $L = \{(0;\ 4)\}$ **d)** $L = \{(-3;\ -1)\}$

668 $3 \cdot 7 = 21;\ a \cdot a = a^2;\ \sqrt{16} = 4;\ 0{,}12 : 12 = 0{,}01;\ 0{,}1 \cdot 10 = 1;\ \sqrt{36} = 6$

669 **a)** **(1)** $L = \{(3;2)\}$ **(2)** $L = \{(4;\ 0)\}$ **(3)** $L = \{(1;\ 2{,}5)\}$ **(4)** $L = \{(1;-5)\}$

b) Es gibt jeweils unendlich viele Lösungen, mögliche Lösungen:

(1) I: $x = 1$; II: $y = -4$ **(2)** I: $x = \frac{1}{2}$; II: $x - y = 0$ **(3)** I: $x + y = 3$; II: $3x - y = -3$ **(4)** I: $x + y = 3$; II: $x + y = -3$

670 **a)** I: $2y + x = 8$; II: $y + x = 6$. $L = \{(4;\ 2)\}$

b) Gerhards Bruder sieht, dass $x + y = 6$ Kugeln ist. Damit bleiben für das „zweite“ y von Waage 1 zwei Kugeln übrig. Das bedeutet, dass x 4 Kugeln entspricht.

671 Siehe Nusslösungen im Schüler/innenbuch

672 **a)** I: $y = x + 2$; II: $y = -2x$; $S\left(-\frac{2}{3} \middle| \frac{4}{3}\right)$ **b)** I: $y = 2x$, II: $y = 2x + 1$;

c) I: $y = -x + 1$; II: $y = 1$; $S(0|1)$ **d)** I: $y = -\frac{1}{2}x + \frac{1}{2}$; II: $y = 2x + 2$; $S\left(-\frac{3}{5} \middle| \frac{4}{5}\right)$

673 **a)** Die Punkte A und B müssen die Gleichung $y = kx + d$ erfüllen und können daher in diese Gleichung eingesetzt werden.

b) **(1)** $y = \frac{2}{3}x - \frac{2}{3}$ **(2)** $y = -x + 5$ **(3)** $y = \frac{1}{3}x + \frac{4}{3}$ **(4)** $y = \frac{1}{4}x - \frac{7}{4}$

674 I: $(x + y) \cdot 3 = 3$; II: $(x - y) \cdot 2 = 2$. Die erste Zahl ist 1, die zweite 0.

675 I: $3 \cdot (y - x) = 36$; II: $36 - x = y$ (y Alter von Lisa). Lisa ist jetzt 24 Jahre alt. Birgit war vor 12 Jahren so alt wie Lisa jetzt ist.

676 I: $\frac{k + g}{2} = 163$; II: $3 \cdot k + 10 = g$. Der kleinste Mensch war 79 cm groß, der größte 247 cm groß.

677 I: $b = m - 1$; II: $b - 1 = \frac{m}{2}$. Es gibt 7 Geschwister. (3 Buben, 4 Mädchen).

678 Siehe Nusslösungen im Schüler/innenbuch

679 **a)** I: $a : b = 3 : 2$; II: $2a + 2b = 60$. Der Flächeninhalt beträgt $216\ cm^2$.

b) I: $2a + 2b = 100$; II: $(a - 5) \cdot (b + 5) = a \cdot b + 75$. Die Seiten sind 35 cm und 15 cm lang.

680 Ansatz: I: $s = 18t$; $s = 61 - 24 \cdot \left(t - \frac{5}{6}\right)$. $s \approx 34{,}7$ km, $t \approx 1{,}93$ h = 1 h 55 min 48 s.

a) Die beiden begegnen einander um ca. 11.26 Uhr, 34,7 km von A-Dorf entfernt.

b) Ansatz: I: s = 18t + 12. t = 1,64 h. Sie sind um ca 11.08 noch 12 km voneinander entfernt.

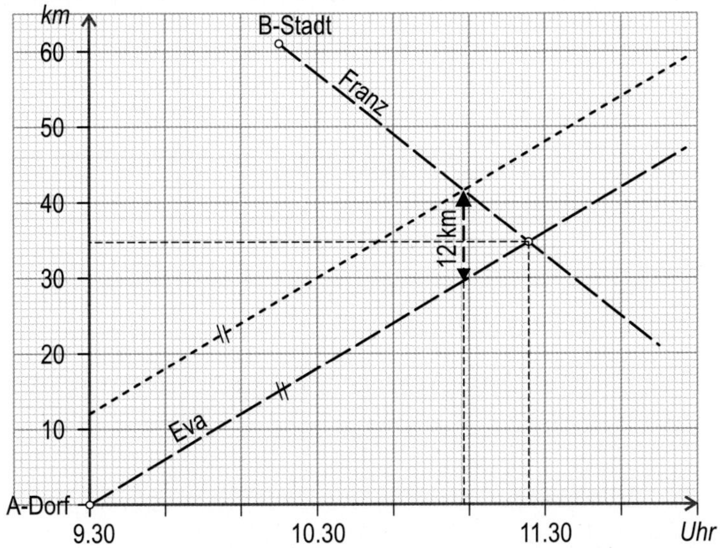

681 I: $(4{,}5 + 1{,}5) \cdot t_H = (4{,}5 - 1{,}5) \cdot t_R$; II: $t_H + t_R = 4$. Der Kajakfahrer braucht für die Hinfahrt 1 h 20 min, für die Rückfahrt 2 h 40 min. Die Trainingsstrecke ist 8 km lang d. h. er legt insgesamt eine Strecke von 16 km zurück.

682 (1) 5^5 (2) 1 (3) 7^9 (4) 5^6 (5) 2^5

683 Ansatz: I: $s = (200 - v) \cdot \frac{3{,}5}{60}$; II: $s = (200 + v) \cdot \frac{2{,}5}{60}$

Die Autoschlange bewegt sich mit ca. 33,3 km/h.
Die Autoschlange ist ca. 9,7 km lang.

684 I: $\frac{x}{100} \cdot 7 + \frac{y}{100} \cdot 12 = 4 \cdot \frac{10}{100}$; II: $x + y = 4$. Es müssen 1,6 ℓ 7 %iger Essig mit 2,4 ℓ 12 %igem Essig mit einander gemischt werden.

685 I: $15x + 20y = 10000$; II: $x + y = 600$. Er verkaufte 400 Eier der billigen und 200 Eier der teuren Sorte.

686

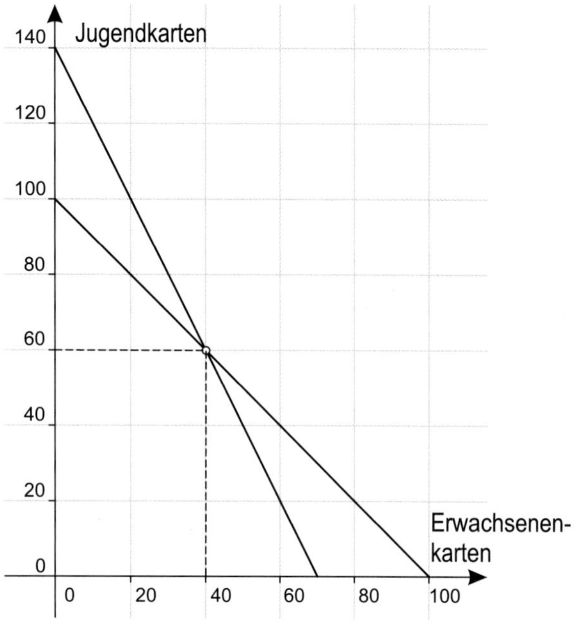

I: $10e + 5j = 700$; II: $e + j = 100$.
Wähle als Skalierung: 1 mm entspricht 2 verkauften Karten.
Es wurden 60 Jugendkarten und 40 Erwachsenenkarten verkauft.

687 $a + b = 17$; $a = 17 - b$; $a + 2b = 28$

688 I: $5x + 80y = 3820$; II: $7x + 90y = 4490$. Die Stundengebühr beträgt 1,40 €, die Kosten pro Kilometer 0,39 €.

689 I: $3x + 13y = 270$; II: $x + 6y = 115$. Die Transportkosten betragen 25 €, die Tageskosten 15 € pro Container.

690 Siehe Nusslösungen im Schüler/innenbuch.

691 I: $x \cdot 0{,}25 + y \cdot 0{,}30 = 155$; $x \cdot 0{,}35 + y \cdot 0{,}40 = 155 + 55$. Sie verkauften 200 Dosen Softdrinks.

692 I: $x + y = 35$; II: $4 \cdot x + 2 \cdot y = 94$. Es befinden sich 12 Kaninchen und 23 Hühner in dem Käfig.

693 Siehe Nusslösungen im Schüler/innenbuch.

694 Mithilfe des Satzes von Pythagoras lässt sich die Höhe berechnen: $h_a^2 + 3^2 = 5^2$. Daher $h_a = 4$ cm. $A = 28\,cm^2$.

6 Hier geht's rund – Berechnungen am Kreis

6.1 Umfang des Kreises

695 Station 1:
Der Zentriwinkel beträgt 7,2°, ist also der 50. Teil von 360°. Damit sind die 5000 Stadien der 50. Teil des Erdumfangs. Der Erdumfang beträgt daher 250 000 Stadien, das sind 45 000 km.
Station 2:
Ihr werdet entdecken, dass der Kreisumfang etwas mehr als das Dreifache des Kreisdurchmessers ist. Ihr erhaltet eine homogene lineare Funktion. Die Verhältniszahl ist die Steigung dieser Funktion.
Station 3:
(1) Außenquadrat mit Seitenlänge $a_a = 2r = d \Rightarrow u_a = 4d$
Innenquadrat mit Seitenlänge $a_i = r \cdot \sqrt{2} = \frac{d}{2}\sqrt{2} \Rightarrow u_i \approx 2{,}8\,d$
(2) Außensechseck: Es gilt $r = \frac{a_a}{2}\sqrt{3}$ (gleichseitiges Dreieck). Man erhält: $a_a = \frac{2r}{\sqrt{3}} = \frac{d}{\sqrt{3}} \Rightarrow u_a = \frac{6d}{\sqrt{3}} \approx 3{,}46\,d$.
Innensechseck mit Seitenlänge r: $u_i = 6r = 3d$. Daher gilt: $3d < u_k < 3{,}5d$
Station 4:
a) Man stellt fest, dass ungefähr gilt: $\frac{1596}{20} = \frac{1756}{22} = \frac{1915}{24} \ldots \approx 79{,}8$.
Daher muss für den Umfang des 27"-Rades gelten: $u = 27 \cdot 79{,}8 = 2155$ mm.
b) $79{,}8 : 25{,}4 = 3{,}1417\ldots$ Das entspricht ungefähr der Kreiszahl π.

696 **a)** 37,7 cm **b)** 106,8 cm **c)** 141,4 cm **d)** 226,2 mm

697 **a)** $r = \frac{u}{2\pi}$ bzw. $d = \frac{u}{\pi}$
b) (1) 12,2 cm (2) 0,119 m (3) 0,25 m (4) 159,2 m

698 **a)** ca. 16 cm **b)** ca. 4 cm

699 **a)** 41 331 km **b)** 27 554 km **c)** 27 554 km/h

700 **a)** (1) ca. 942 Mio. km
(2) ca. 2,58 Mio. km (Jahr hat 365,25 Tage)
(3) ca. 30 km
b) ca. 108 000 km/h

701 **a)** 15,9 cm
b) $r_{alt} = \frac{u_{alt}}{2\pi}$; $r_{neu} = \frac{u_{alt}+1}{2\pi} = \frac{u_{alt}}{2\pi} + \frac{1}{2\pi}$. $\Rightarrow r_{alt} - r_{neu} = \frac{1}{2\pi} \approx 0{,}159$ m. Der Radius wächst jeweils um 0,159 m.

702 **a)** 54,1 cm **b)** Die Buche ist ca. 135 Jahre alt.

703 **a)** ca. 286 m **b)** 182 m **c)** 17 Bögen

6.2 Flächeninhalt des Kreises

704 Station 1
a) 66 : 88 = 3 : 4. Der Viertelkreis hat eine Fläche von ungefähr $1 \cdot \frac{3}{4} = 0{,}75\,m^2$
b) Der ganze Kreis hat das Vierfache der Viertelkreisfläche als Flächeninhalt.
Die Formel könnte sein: $A_k = 3 \cdot r^2$.
c) offene Aufgabenstellung.

Station 2:

a) Die Platten müssen mindestens eine Länge von 3,5 r und eine Breite von r haben.

b) offene Aufgabenstellung

c) $A = r \cdot \frac{u}{2} = r \cdot r\pi = r^2\pi$

Station 3:

(1) $A_a = (2r)^2 = 4r^2$. $A_i = (r \cdot \sqrt{2})^2 = 2r^2$

(2) Fläche des Außensechsecks: Es gilt $r = \frac{a_a}{2}\sqrt{3}$ und daher $a_a = \frac{2r}{\sqrt{3}}$.

Mithilfe der Flächenformel $A = \frac{1}{4}a^2\sqrt{3}$ für gleichseitige Dreiecke erhält man für die Sechseckfläche:

$$A_a = 6 \cdot \frac{1}{4} \cdot \left(\frac{2r}{\sqrt{3}}\right)^2 \cdot \sqrt{3} = {}^2\not{6} \cdot \frac{1}{\not{4}} \cdot \frac{\not{4}r^2}{\not{3}} \cdot \sqrt{3} = 2r^2 \cdot \sqrt{3} \approx 3{,}46\,r^2.$$

Fläche des Innensechsecks: $A = 6 \cdot \frac{1}{4}r^2 \cdot \sqrt{3} = 1{,}5 \cdot \sqrt{3} \cdot r^2 \approx 2{,}6\,r^2$.

Es gilt also: $2{,}6\,r^2 < A_K < 3{,}5\,r^2$

Station 4:

Offene Aufgabenstellung

705 **a)** 78,54 cm^2 **b)** 5,31 cm^2 **c)** 44,18 km^2 **d)** 4,15 dm^2 **e)** 2,01 cm^2

706 **a)** 0,79 m^2 **b)** 1,54 m^2 **c)** 2,54 m^2

707 **a)** (1) $r = \sqrt{\frac{A}{\pi}}$ (2) $d = \sqrt{\frac{4A}{\pi}}$

b) (1) 4,25 cm; 8,50 cm (2) 1,14 km; 2,27 km (3) 1,11 cm; 2,22 cm
(4) 3 cm; 6 cm

708 (1) $A = r^2\pi \Rightarrow \frac{A}{\pi} = r^2 \Rightarrow \sqrt{\frac{A}{\pi}} = r$ (2) $A = r^2\pi = \frac{d^2}{4}\pi = 0{,}25\pi d^2$

(3) $A = \pi\frac{d^2}{4} \Rightarrow \frac{A}{\pi} = \frac{d^2}{4} \Rightarrow \sqrt{\frac{A}{\pi}} = \frac{d}{2} \Rightarrow d = \frac{2\sqrt{A}}{\sqrt{\pi}}$

709 15 394 km^2

710 31,3 % Verschnitt

711 **a)** −6 **b)** −35 **c)** 0

712 3,58 m^2

713 (1) 2,257 km (2) 2,764 km

714 **a)** 3,22 cm **b)** 1,95 cm **c)** 1,86 cm

715 **a)** 21,46 % für (1), (2), (3), (4)

b) (1) 24π cm; (2) 48π cm; (3) 72π cm; (4) 96π cm

c) Fläche pro Scheibe: (1) $A = \left(\frac{a}{2}\right)^2 \cdot \pi$; (2) $A = \left(\frac{a}{4}\right)^2 \cdot \pi$; (3) $A = \left(\frac{a}{6}\right)^2 \cdot \pi$; (4) $A = \left(\frac{a}{8}\right)^2 \cdot \pi$

Summe der Flächeninhalte aller Scheiben ist immer: $A = \left(\frac{a}{2}\right)^2 \cdot \pi$

716 Für die Diagonale d des Quadrats gilt: $d = 2r$. Daher gilt $a = \frac{2r}{\sqrt{2}} = \sqrt{2} \cdot r$.

$A_K = r^2\pi$, $A_Q = 2r^2$. $\frac{p}{100} = \frac{A_Q}{A_K} = \frac{2}{\pi} \approx 0{,}637$. Der Abfall beträgt 36,3 %. $A_Q : A_K = 2 : \pi$

717 Siehe Nusslösungen im Schüler/innenbuch

718 **a)** Eine andere Zusammensetzung der vier Teile der Figur ergibt die nebenstehende Figur.
Daraus ersieht man sofort die geforderten Formeln.

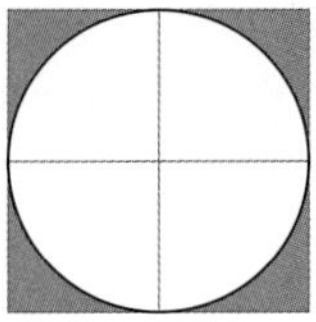

b) Der Umfang der Figur besteht aus einem ganzen Kreis und zwei Strecken der Länge 2 r. Die untere Halbkreisfläche eingefügt in die obere Einbuchtung ergibt ein Quadrat mit der Seitenlänge 2 r.

719 **a)** (1) $A = \frac{1}{2}d^2$; $u = d\pi + d = d\cdot(\pi + 1)$ (2) $A = 12{,}5\,cm^2$; $u \approx 20{,}7\,cm$

b) (1) $A = \frac{1}{8}d^2\pi$; $u = d\pi$ (2) $A \approx 9{,}8\,cm^2$; $u \approx 15{,}7\,cm$

c) (1) $A = 2r^2$; $u = 2r\pi$ (2) $A = 18\,cm^2$; $u \approx 18{,}8\,cm$

d) (1) $A = \frac{4}{9}r^2\pi - \frac{1}{9}r^2\pi = \frac{1}{3}r^2\pi$; $u = 2r\pi$ (2) $A \approx 9{,}4\,cm^2$; $u \approx 18{,}8\,cm$

720 **a)** (1) $A = \frac{a^2}{2}$; $u = a\cdot\pi$ (2) $A = 12{,}5\,cm^2$; $u = 5\pi \approx 15{,}7\,cm$

b) (1) $A = \frac{1}{2}a^2\pi - a^2 = a^2\cdot\left(\frac{\pi}{2} - 1\right)$; $u = a\cdot\pi$ (2) $A \approx 14{,}27\,cm^2$; $u = 5\pi \approx 15{,}7\,cm$

c) (1) $A = 4\cdot a^2\cdot\left(\frac{\pi}{2} - 1\right)$; $u = 4\cdot a\cdot\pi$ (2) $A \approx 57{,}08\,cm^2$; $u = 20\pi \approx 62{,}8\,cm$

d) (1) $A = \frac{1}{4}(2a)^2\pi - 2a^2 = a^2\cdot(\pi - 2)$; $u = 3\cdot a\cdot\pi$ (2) $A \approx 28{,}54\,cm^2$; $u = 15\pi \approx 47{,}1\,cm$

e) (1) $A = 6r^2$; $u = 4\cdot r\cdot\pi$ (2) $A = 3456\,mm^2$; $u = 301{,}6\,mm$

f) (1) $A = 4r^2 + \frac{1}{2}r^2\pi = r^2\cdot\left(4 + \frac{\pi}{2}\right)$; $u = 3\cdot r\cdot\pi + 2r$ (2) $A \approx 9826{,}88\,cm^2$; $u \approx 479{,}8\,cm$

g) (1) $A = 10a^2 - \frac{1}{2}a^2\pi = a^2\cdot\left(10 - \frac{\pi}{2}\right)$; $u = 3a\pi + 4a = a\cdot(3\pi + 4)$

(2) $A \approx 4855{,}22\,cm^2$; $u \approx 130{,}2\,cm$

721 7, 8, 9, 10, 11, 12

722 **a)** $A = 31\cdot\pi\,cm^2 \approx 97{,}39\,cm^2$

b) Die Summe der Flächeninhalte der Halbkreise, die über den Katheten eines rechtwinkligen Dreiecks gezeichnet werden können, ist gleich dem Flächeninhalt des Halbkreises, der über der Hypotenuse dieses Dreiecks gezeichnet werden kann.

Zu zeigen: $\frac{1}{2}\left(\frac{a}{2}\right)^2\pi + \frac{1}{2}\left(\frac{b}{2}\right)^2\pi = \frac{1}{2}\left(\frac{c}{2}\right)^2\pi$

Herausheben: $\frac{1}{2}\cdot\pi\cdot\left(\frac{a^2}{4} + \frac{b^2}{4}\right) = \frac{1}{2}\cdot\pi\cdot\frac{c^2}{4} \quad |:\left(\frac{1}{2}\cdot\pi\right) \Leftrightarrow \frac{a^2}{4} + \frac{b^2}{4} = \frac{c^2}{4} \Leftrightarrow a^2 + b^2 = c^2.$

Dies gilt nach dem Satz von Pythagoras in dem rechtwinkligen Dreieck.

723 Siehe Nusslösungen im Schüler/innenbuch

724 **a)** Die Flächeninhalt der Monde berechnet sich nun wie folgt: $A = \left(\frac{1}{2}\cdot ab + \frac{1}{2}\cdot a^2\pi + \frac{1}{2}\cdot b^2\pi\right) - \frac{1}{2}\cdot c^2\pi.$

Wegen des Satzes von Pythagoras gilt: $c^2 = a^2 + b^2$. Daher $A = \frac{1}{2}\cdot ab + \frac{1}{2}\cdot a^2\pi + \frac{1}{2}\cdot b^2\pi - \frac{1}{2}\cdot(a^2 + b^2)\cdot\pi$

$A = \frac{1}{2}\cdot ab + \frac{1}{2}\cdot(a^2 + b^2)\pi - \frac{1}{2}\cdot(a^2 + b^2)\cdot\pi = \frac{1}{2}\cdot ab$

b) offene Aufgabenstellung

725 Markus erhielt insgesamt 67,03 % der abgegebenen Stimmen.

6.3 Kreisteile

726 **a)**

Größe des Zentriwinkels	Länge b_α des Kreisbogens
360°	$2 \cdot r \cdot \pi$
1°	$\frac{2 \cdot r \cdot \pi}{360}$
65°	$\frac{2 \cdot r \cdot \pi}{360} \cdot 65$
α°	$\frac{2 \cdot r \cdot \pi}{360} \cdot \alpha$

b)

Größe des Zentriwinkels	Flächeninhalt des Kreissektors
360°	$r^2 \cdot \pi$
1°	$\frac{r^2 \cdot \pi}{360}$
65°	$\frac{r^2 \cdot \pi}{360} \cdot 65$
α°	$\frac{r^2 \cdot \pi}{360} \cdot \alpha$

727 **a)** $21ab + 3ac$; $72xy - 96xz$; $2x^3 + 2x$; $-2r^2 + rs$
b) $-5x + 9$; $6a^2 - 5a$; $27a + 2b + 9ab + 6$; $14p^2 + 5pq - q^2$
c) $3u^2 - 14uv + 8v^2$; $4x^2 + 12x + 9$; $16a^2 - 16ab + 4b^2$; $p^2 - 4q^2$

728 Computer: 9,90 cm², 126°; Disco: 2,83 cm², 36°; Sport: 7,07 cm², 90°; Fernsehen: 6,22 cm², 79,2°; Sonstiges: 2,26 cm², 28,8°

729

	a)	b)	c)	d)	e)	f)	g)
A_α	2,35 cm²	6,28 cm²	6,70 m²	1767,14 cm²	1,31 km²	27,93 dm²	61,81 m²
b_α	1,57 cm	3,14 cm	1,68 m	78,54 mm	2,62 km	13,96 dm	25,23 m

730

	a)	b)	c)	d)	e)	f)	g)
r	5 cm	86 mm	6 cm	9 m	12 cm	20,00 cm	6 cm
α	35°	249°	203,7°	79,6°	119,4°	149°	143,2°
A_α	7,64 cm²	16 071,03 mm²	64 cm²	56,27 m²	150,04 cm²	520,11 cm²	45 cm²
b_α	3,05 cm	373,74 mm	21,33 cm	12,5 m	25 cm	52 cm	15 cm

731 **a)** Die Fläche des Wurfsektors berechnet man so: $A = \frac{(r_a + 1{,}07)^2 \cdot \pi}{360} \cdot 34{,}92 - \frac{(r_i + 1{,}07)^2 \cdot \pi}{360} \cdot 34{,}92$

$A = \frac{27{,}07^2 \cdot \pi}{360} \cdot 34{,}92 - \frac{9{,}07^2 \cdot \pi}{360} \cdot 34{,}92 \approx 198{,}24\,m^2$.

Der Flächeninhalt des Wurfssektors, die den Spezialbelag erhalten soll, beträgt 198,24 m².

Der zur Weitenlinie 26 m gehörige Kreissektor hat einen Flächeninhalt von $\frac{27{,}07^2 \cdot \pi}{360} \cdot 34{,}92 \approx 223{,}30\,m^2$.

b) $b = \frac{2 \cdot (1{,}07 + 25) \cdot \pi}{360} \cdot 34{,}92 \approx 15{,}89\,m$

732 **a)** 360° **b)** 180° **c)** 90° **d)** 45° **e)** 135° **f)** 60°

733 **a)** $A = \frac{r^2\pi}{360} \cdot \alpha = r \cdot \frac{r \cdot \pi}{360} \cdot \alpha = \frac{r}{2} \cdot \frac{2 \cdot r \cdot \pi}{360} \cdot \alpha = \frac{r}{2} \cdot \left(\frac{2 \cdot r \cdot \pi}{360}\right) = \frac{r}{2} \cdot b = \frac{1}{2} \cdot r \cdot b$

b) Da für die Fläche von Dreiecken gilt: $A = \frac{1}{2} \cdot a \cdot h_a = \frac{1}{2} \cdot b \cdot h_b = \frac{1}{2} \cdot c \cdot h_c$ genügt es, eine der beiden Längen r oder b als Seite, die andere als zugehörige Höhe zu betrachten.

734 **a)** $u = 40 + \frac{2 \cdot 40 \cdot \pi}{6} \approx 81{,}89\,mm$; $A = \frac{40^2\pi}{6} - \frac{40^2}{4} \cdot \sqrt{3} \approx 144{,}94\,mm^2$

b) $u = 56 \cdot \sqrt{2} + \frac{2 \cdot 56\pi}{4} \approx 167{,}16\,cm$; $A \approx 895{,}01\,cm^2$

c) $s = r$ (gleichseitiges Dreieck); $u \approx 102{,}36\,mm$; $A \approx 226{,}47\,mm^2$

d) $\alpha = 60°$ (gleichseitiges Dreieck); $u \approx 163{,}78\,mm$; $A \approx 579{,}75\,mm^2$

e) $64 = r \cdot \sqrt{2}$; $u \approx 135{,}09\,mm$; $A \approx 584{,}50\,mm^2$

f) Beachte: Das gleichschenklige Dreieck mit $\alpha = 120°$ setzt sich aus zwei halben gleichseitigen Dreiecken zusammen. Seine Fläche beträgt daher $\frac{60^2}{4} \cdot \sqrt{3}\,mm^2$.

Fläche des Segments: $A = \frac{60^2\pi}{3} + \frac{60^2}{4} \cdot \sqrt{3} \approx 2211{,}07\,mm^2$.

Die Länge der Sehne entspricht der doppelten Höhe des gleichseitigen Dreiecks, d.h. $s = \frac{60}{2} \cdot \sqrt{3}\,mm$.

$u \approx 177{,}63\,mm$.

735 $\alpha = 60°$; $b \approx 46{,}08\,mm$; $A = 1013{,}69\,mm^2$

736 **a)** $A \approx 3{,}09\,m^2$ **b)** $A \approx 2{,}73\,m^2$

737 **a)** $33{,}46\,cm^2$ **b)** $A_{Kreisring} = \left(r_a^2 - r_i^2\right) \cdot \pi$

c) $A = 3 \cdot r_i^2 \cdot \pi$ oder $A = \frac{3}{4} \cdot r_a^2 \cdot \pi$

738 **a)** ca. $1591\,m^2$ **b)** ca. $3046\,m^2$

739 **a)** Der Radius des konzentrischen Kreises: $r_a = 3{,}5 \cdot \sqrt{2} \approx 4{,}9\,cm$.

b) Der Radius des konzentrischen Kreises: $r_a = 5 \cdot \sqrt{2} \approx 7{,}1\,cm$.

740 **a)** $A = 0{,}96\pi \approx 3{,}02\,cm^2$ **b)** $A = 1{,}75\pi \approx 5{,}50\,cm^2$ **c)** $A = 3{,}84\pi \approx 12{,}06\,cm^2$

d) $A = 105\pi \approx 329{,}87\,mm^2$

741 **a)** $r_a = r_i + b$. Daher der Ansatz: $60 = \left((r_i + 1)^2 - r_i^2\right) \cdot \pi$; $r_a \approx 10{,}05\,cm$; $d_a = 20{,}10\,cm$

b) $d_a \approx 39{,}20\,cm$

742 **a)** $y = \frac{4}{3}x + 1$ **b)** Keine lineare Funktion **c)** $y = -\frac{1}{2}x + 11$ **d)** $y = \frac{1}{4}x + 2$

6.4 Vermischte Übungen

743 13 Kartons

744 **a)** (1) das Doppelte; (2) Vierfache **b)** (1) das Fünffache; (2) das 25-Fache

c) (1) das Eineinhalbfache; (2) 2,25–Fache

Begründung: Ursprünglicher („alter") Radius r, neuer Radius $k \cdot r$. $U_{alt} = 2r\pi$, $U_{neu} = 2kr\pi$, d.h. $U_{neu} = \mathbf{k} \cdot U_{alt}$

$A_{alt} = r^2\pi$, $A_{neu} = k^2 \cdot r^2\pi$, d.h. $A_{neu} = \mathbf{k^2} \cdot A_{alt}$.

745 **a)** $r = 28{,}2\,cm$; $A \approx 2498{,}32\,cm^2$; $u \approx 177{,}19\,cm$ **b)** $r \approx 0{,}806\,km$; $d \approx 1{,}612\,km$; $u \approx 5{,}063\,km$

c) $r = 3\,m$; $d = 6\,m$; $A = 9\pi\,m^2$ **d)** $r = 2\,m$; $d = 4\,m$; $u = 4\pi\,m$

746

	a)	b)	c)	d)	e)	f)
radius	37 mm	13.93 cm	21 m	2.4 dm	16 cm	22 m
central angle	75°	25°	54°	36°	108°	207°
area	896.01 mm^2	42.36 cm^2	66.15 $\pi\,m^2$	0.576 $\pi\,dm^2$	76.8 π cm	278.3 $\pi\,m^2$
arc length	48.43 mm	6.08 cm	6.3 π m	0.48 π dm	9.6 π cm	25.3 π m

747 **a)** $\frac{\pi}{6}$ **b)** $\frac{\pi}{4}$ **c)** $\frac{\pi}{2}$ **d)** $\frac{4\pi}{3}$ **e)** $\frac{2\pi}{5}$ **f)** $\frac{6\pi}{5}$

748 **a)** Man benötigt 150 Rosen und 76 Buchsbaumpflanzen. Gesamtkosten: € 1304,10
b) Das Anlegen des Weges kostet € 717,90.

749 **a)** 28,3 m^2 **b)** 56,57 m^2

750 **a)** $A \approx 15\,722\ cm^2$ **b)** ca. 491 cm **c)** Um ca. 25,2 %

751 Der Umfang des neuen Kreises ist um 10 % größer, der Flächeninhalt um 21 % als der des ersten Kreises.

752 Der Durchmesser des Baumstamms beträgt mit Rinde ca. 50,1 cm. Achtung: Die „12 % Abfall" beziehen sich auf das Volumen bzw. die Querschnittsfläche des Baumstammes!

753 Siehe Nusslösungen im Schüler/innenbuch

754 **a)** (1) 358,20 mm (2) 5145,13 mm^2 (3) 35,73 % (4) $u = a\pi + 2a \cdot \sqrt{2} = a \cdot (\pi + 2\sqrt{2})$;
$A = 3a^2 - \frac{1}{2}a^2\pi = a^2 \cdot \left(3 - \frac{\pi}{2}\right)$
b) (1) 188,50 mm (2) 1286,28 mm^2 (3) 35,73 % (4) $u = 2a \cdot \pi$; $A = 3a^2 - \frac{1}{2}a^2\pi = a^2 \cdot \left(3 - \frac{\pi}{2}\right)$
c) (1) 502,65 mm (2) 3653,10 mm^2 (3) 57,08 % (4) $u = 4a\pi$; $A = 2 \cdot a^2\pi - 4a^2 = a^2 \cdot (2\pi - 4)$
d) Die 3 Ecken der Figur bilden ein gleichseitiges Dreieck. Damit setzt sich die Fläche aus einem Sechstelkreis und dem zugehörigen Segment zusammen.
(1) 309,44 mm (2) 6141,85 mm^2 (3) 61,42 %
(4) $u = a + \frac{2}{3}a\pi = a \cdot \left(1 + \frac{2\pi}{3}\right)$; $A = \frac{1}{3}a^2\pi - \frac{1}{4}a^2\sqrt{3} = a^2 \cdot \left(\frac{\pi}{3} - \frac{\sqrt{3}}{4}\right)$

755 A → (4); B → (1); C → (2); D → (3)

756 **a)** $u = 80\pi\ mm \approx 251{,}33\ mm$; $A = 816\pi\ mm^2 \approx 2563{,}54\ mm^2$
b) $u = 180\pi \approx 565{,}49\ mm$; $A = 2700\pi + 43200 \approx 51682{,}30\ mm^2$
c) Unterer Teil der Figur siehe Bemerkungen zu 756 d).
$u = \frac{28}{3} \cdot \pi = 29{,}32\ cm$; $A = 8^2 \cdot \left(\frac{\pi}{3} - \frac{\sqrt{3}}{4}\right) + 2^2 \cdot \pi = 51{,}87\ cm^2$

757 Siehe Nusslösungen im Schüler/innenbuch

758 45 Liter

7 Drehzylinder, Drehkegel, Kugel

7.1 Der Drehzylinder

7.1.1 Das Volumen des Drehzylinders

759 Siehe Lösungsvorschlag im Schüler/innenbuch

760 **a)** 22 119,9 cm^3 **b)** 591,5 cm^3 **c)** 1,4 dm^3 **d)** 173,7 dm^3 **e)** 21 551,3 cm^3

761 **a)** Ein Drehzylinder ist in viele kleinere Stücke zerteilt worden. Wie in der Abbildung neu angeordnet, ergibt sich annähernd ein gerades Prisma mit einem Parallelogramm als Grundfläche. Die eine Seite des Parallelogramms entspricht annähernd dem halben Umfang des Zylinders, die Höhe ist ungefähr der Radius des Zylinders. Somit ergibt sich die Volumensformel $V = \frac{u}{2} \cdot r \cdot h$. Setzt man wieder anstelle von u die Kreisumfangsformel ein, ergibt sich $V = r^2 \cdot \pi \cdot h$.

b) Wegen $r = \frac{d}{2}$ erhält man unmittelbar durch Einsetzen $V = \frac{d^2}{4} \pi h$.

762 Hautcreme: $V = 118{,}8\,cm^3 = 118{,}8\,ml$; 57,91 % Leervolumen
Deo-Roller: $V = 96{,}2\,ml$; 48,03 % Leervolumen
Mascara: $V = 18{,}5\,ml$; 45,87 % Leervolumen
Parfüm: $V = 28{,}7\,ml$; 82,56 % Leervolumen
Beim Parfüm ist das Leervolumen am größten.

763 **a)** $h = \frac{V}{r^2 \pi}$; (1) 21,2 cm; (2) 11,9 cm; (3) 7,6 cm **b)** $r = \sqrt{\frac{V}{h \cdot \pi}}$; (1) 2,8 cm; (2) 2,2 cm; (3) 2,0 cm

764 $V = r^2 \pi h = \left(\frac{d}{2}\right)^2 \pi h = \frac{d^2 \pi h}{4}$; $V = r^2 \pi h; \Rightarrow r^2 = \frac{V}{\pi h} \Rightarrow r = \sqrt{\frac{V}{\pi h}}$; $V = r^2 \pi h \Rightarrow h = V : (r^2 \pi)$

765 **a)** 4 135 341 m^3, das sind ungefähr 59 100 (59 077) Waggonladungen.
b) 160,5 m

766 **a)** 33,4 kg **b)** $V = \left(r_a^2 - r_i^2\right) \cdot \pi \cdot h$

767 **a)** 699 g **b)** 1,24 kg

768 **a)** 73,75 kg **b)** 125,22 kg

769 7,15 kg

770 1,5 cm

771 Offene Aufgabenstellung

772 **a)** 36 mm **b)** 32 mm **c)** 51 mm

7.1.2 Die Oberfläche des Drehzylinders

773 Siehe Lösungsvorschlag im Schüler/innenbuch

774 **a)** $O \approx 4952\,cm^2$ **b)** $O \approx 1319\,mm^2$ **c)** $O \approx 1666\,cm^2$ **d)** $O \approx 36{,}82\,cm^2$
e) $O \approx 11{,}14\,m^2$

775 **a)** $V \approx 546{,}48\,cm^3$, $M \approx 312{,}27\,cm^2$, $O \approx 389{,}24\,cm^2$ **b)** $V \approx 709{,}35\,cm^3$, $M \approx 337{,}78\,cm^2$, $O \approx 448{,}62\,cm^2$

776 **a)** ca. $850\,cm^2$ **b)** ca. 2,25 kg

777 457,5 kg

778 ca. $8\,m^2$

779 **a)** $21a - 2b + 40c$ **b)** $2xy + 2xz + 2yz$ **c)** $cm + cn + dm + dn$ **d)** $x^2 + 8xy + 16y^2$
e) $12x + 6y + 24z - 18xyz$ **f)** $-1{,}5a - 4{,}5b$ **g)** $a^2 - b^2$ **h)** $4x^2 - 2xy + \frac{1}{4}y^2$

780 **a)** $h = \frac{O}{2r\pi} - r$; $h = 7{,}0\,cm$ **b)** $r = \frac{M}{2\pi h}$; $r = 4{,}8\,cm$

781 Formel 1 ist richtig umgeformt.
$O = 2r^2\pi + 2r\pi h \Rightarrow h = \frac{O - 2r^2\pi}{2r\pi} \Rightarrow h = \frac{O}{2r\pi} - r$
Formel 3 ist richtig umgeformt.

782 **a)** Beide Etiketten haben denselben Flächeninhalt $M = 16\pi\,cm^2 \approx 50{,}3\,cm^3$.
b) Dose 1: $24\pi\,cm^2 \approx 75{,}4\,cm^2$ Material
Dose 2: $48\pi\,cm^2 \approx 150{,}8\,cm^2$ Material. Für Dose 2 braucht man doppelt so viel Material.
Volumen Dose 1: $16\pi\,cm^3 \approx 50{,}3\,cm^3$
Volumen Dose 2: $32\pi\,cm^3 \approx 100{,}5\,cm^3$. Das Volumen von Dose 2 ist doppelt so groß, wie das Volumen von Dose 1.
c) 10 cm
Dose 1: $V = 40\pi\,cm^3$. Das Volumen von Dose 1 ist um 25 % größer als das Volumen von Dose 2.

783 **a)** $6{,}0\,dm^3$ **b)** $3{,}6\,dm^3$

784 **a)** $y = kx + d$ mit $k > \frac{3}{4}$ oder $k < -\frac{3}{4}$, $d \in \mathbb{R}$ **b)** $y = kx + d$ mit $-\frac{3}{4} < k < \frac{3}{4}$ oder $d \in \mathbb{R}$
c) $y = \frac{3}{4}x + d$ mit $d \neq 1{,}5$ **d)** $y = kx + 1{,}5$; $k \in \mathbb{R}$

785

	Radius	Höhe	Größe der Grundfläche	Mantelflächen-inhalt	Oberflächen-inhalt	Volumen
a)	4,5 cm	14,3 cm	$63{,}6\,cm^2$	$404{,}3\,cm^2$	$531{,}6\,cm^2$	$909{,}7\,cm^3$
b)	3,5 dm	3,6 dm	$39\,dm^2$	$79{,}7\,dm^2$	$157{,}7\,dm^2$	$140{,}4\,dm^3$
c)	6,2 cm	16 cm	$120{,}6\,cm^2$	$623\,cm^2$	$864{,}3\,cm^2$	$1930{,}4\,cm^3$
d)	3,1 dm	2,4 dm	$30{,}2\,cm^2$	$46{,}9\,dm^2$	$107{,}3\,dm^2$	$72{,}7\,dm^3$
e)	2,6 cm	13,4 cm	$21{,}3\,cm^2$	$219{,}1\,cm^2$	$261{,}6\,cm^2$	$285\,cm^3$
f)	6,2 cm	4,8 cm	$120{,}8\,cm^2$	$188{,}4\,cm^2$	$429{,}9\,cm^2$	$584\,cm^3$

786 **a)** $V = 4h^3\pi$; $O = 4h\pi \cdot 3h = 12h^2\pi$
b) $V = r^2 \cdot (r + 6) \cdot \pi$; $O = 2r\pi\,(2r + 6)$
c) $V = (1{,}2 \cdot h)^2\pi \cdot h = 1{,}44 \cdot h^3\pi$; $O = 2{,}4 \cdot h \cdot \pi\ (1{,}2h + h) = 5{,}28h^2\pi$
d) $h = \frac{4}{3}r$; daher: $V = \frac{4}{3}r^3\pi$; $O = \frac{14}{3}r^2\pi$

787 **a)** Der Behälter ist zu 17,7 % gefüllt.
b) Es werden $0{,}69\pi\,m^2 \approx 2{,}17\,m^2$ Blech benötigt.

788 Die Kosten für die gesamte Werbefläche betragen ungefähr 1350 € (1353,67 €).

789 **a)** $h = 31{,}3\,cm$. **b)** $h = d = 4{,}6\,cm$

790 **a)** (1) Das Volumen wird vervierfacht, der Mantelflächeninhalt verdoppelt.
(2) Des Volumen wird verachtfacht, der Mantelflächeninhalt vervierfacht.
(3) Das Volumen wird verdoppelt, die Oberfläche bleibt gleich.
b) Offene Fragestellung

791 **a)** P_1, P_3, P_4 **b)** P_2, P_3 **c)** P_3

792 Siehe Nusslösungen im Schüler/innenbuch

793 $V = 2r^3\pi$; $O = 6r^2\pi$

794 **a)** $r = 5{,}4\,cm$, $h = 10{,}8\,cm$ **b)** $r = 7\,cm$, $h = 14\,cm$

795 **a)** (1) $V \approx 2608{,}7\,cm^3$; (2) $r \approx 7{,}5\,cm$, $h \approx 14{,}9\,cm$, $O = 1049{,}1\,cm^2$
b) (1) $V \approx 1652{,}2\,cm^3$; (2) $r \approx 6{,}4\,cm$, $h \approx 12{,}8\,cm$, $O = 773{,}7\,cm^2$
c) (1) $V \approx 3043{,}5\,cm^3$; (2) $r \approx 7{,}85\,cm$, $h \approx 15{,}71\,cm$, $O = 1162{,}6\,cm^2$
d) (1) $V \approx 173{,}9\,cm^3$; (2) $r \approx 3{,}0\,cm$, $h \approx 6{,}0\,cm$, $O \approx 172{,}5\,cm^2$

796 $r = \sqrt{\frac{M}{4\pi}}$; $V = 2r^3\pi h$
a) $h = 16\,cm$, $V = 1024\pi\,cm^3 \approx 3217{,}0\,cm^3$ **b)** $h \approx 11{,}2\,dm$, $V \approx 1097{,}6\,dm^3$
c) $h \approx 4{,}1\,m$, $V \approx 55{,}1\,m^3$ **d)** $h \approx 1{,}41\,dm = \sqrt{2}\,dm$, $2{,}22\,dm^3$

797 **a)** $a^2 + ab$ **b)** $2a^2 + 2ab$; $2a \cdot (a + b)$
c) $ab + ac + bc + b^2$ **d)** $(a + b)(a + b) = (a + b)^2$

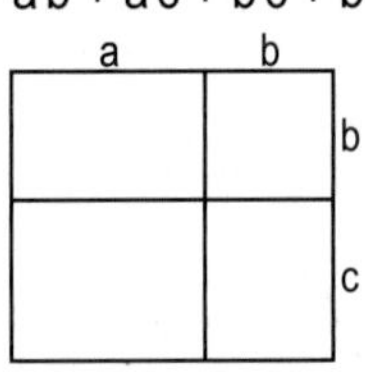

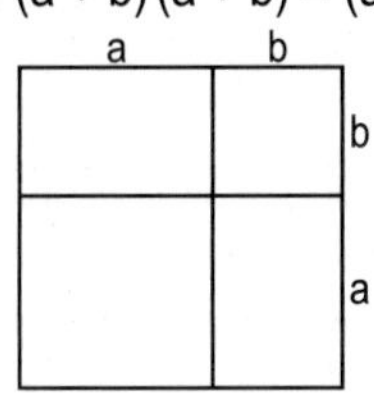

7.2 Der Drehkegel

7.2.1 Das Volumen des Drehkegels

798 Siehe Lösungsvorschlag im Schüler/innenbuch

799 **a)** $235{,}6\,cm^3$ **b)** $140{,}6\,dm^3$ **c)** $24{,}3\,cm^3$ **d)** $1838{,}8\,cm^3$ **e)** $389{,}5\,m^3$

800 Das Werkstück hat eine Masse von ca. 8,6 kg.

801 Da $r = \frac{d}{2}$ gilt: $V = \frac{1}{3} \cdot \left(\frac{d}{2}\right)^2 \pi \cdot h = \frac{1}{3} \cdot \frac{d^2}{4} \pi \cdot h = \frac{1}{12} d^2 \pi h$

802 **a)** $h = \frac{3V}{r^2\pi}$; $h \approx 2{,}2\,cm$ **b)** $r = \sqrt{\frac{3V}{h\pi}}$; $r \approx 7{,}0\,dm$

c) $V = \frac{4}{27}h^3\pi \Rightarrow h = \sqrt[3]{\frac{27V}{4\pi}}$ bzw. $V = \frac{1}{2}r^3\pi \Rightarrow r = \sqrt[3]{\frac{2V}{\pi}}$; $h \approx 11{,}8\,cm$, $r \approx 7{,}9\,cm$

803 **a)** 65,75 % **b)** 8,22 % **c)** 0,30 %

804 **a)** $11{,}3\,g/cm^3$ **b)** $6{,}9\,g/cm^3$

805 **a)** < **b)** > **c)** > **d)** >

806 Das in der Skizze zu sehende Dreieck ist ein gleichschenklig rechtwinkliges Dreieck. Daher
a) $r = h = 12\,cm$. **b)** $e = 12 \cdot \sqrt{2} \approx 17{,}0\,cm$ **c)** $1809{,}6\,cm^3$

7.2.2 Die Oberfläche des Drehkegels

807 Siehe Lösungsvorschlag im Schüler/innenbuch

808 **a)** $M \approx 75{,}40\,cm^2$, $O \approx 125{,}66\,cm^2$ **b)** $M \approx 108{,}38\,m^2$, $O \approx 125{,}00\,m^2$
c) $M \approx 30{,}08\,m^2$, $O \approx 52{,}99\,m^2$ **d)** $M \approx 199{,}69\,m^2$, $O \approx 333{,}20\,m^2$

809 **a)** $V \approx 152{,}053\,cm^3$; $O \approx 221{,}17\,cm^2$
b) $V \approx 115\,811{,}672\,mm^3$, $O \approx 17\,474{,}63\,mm^2$
c) $V \approx 76\,612{,}225\,mm^3$, $O \approx 14\,099{,}47\,mm^2$
d) $V \approx 123{,}150\,cm^3$, $O \approx 316{,}67\,cm^2$

810 $2{,}45\,m^2$ Karton

811 Die Kosten betragen ca. 22 436 €.

812 $461{,}93\,m^2$

813 **a)** $O = 4r^2\pi$ **b)** $O = 3r^2\pi$ **c)** $O = \frac{19r^2\pi}{9}$ **d)** $O = \frac{11r^2\pi}{6}$

814 **a)** Achsenschnitt ist gleichseitiges Dreieck. Daher gilt: $r = \frac{s}{2}$; $O \approx 190{,}85\,cm^2$, $V \approx 165{,}282\,cm^3$
b) Achsenschnitt ist gleichschenklig rechtwinkliges Dreieck. Daher gilt: $r = h$;
$O \approx 121{,}35\,cm$; $V \approx 67{,}021\,cm^3$
c) Achsenschnitt siehe Skizze. Lässt sich in zwei halbe gleichseitige Dreiecke teilen. Daher gilt: $s = 2h$; $O \approx 248{,}77\,cm^2$; $V = 134{,}70\,cm^3$

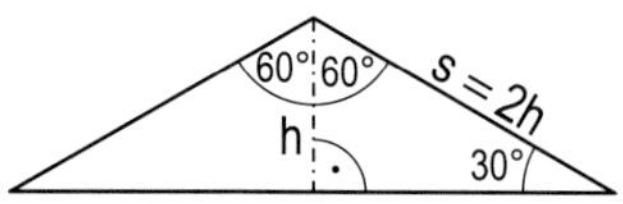

815 **a)** $s = 24\,cm$; Ansatz: $r_k\pi \cdot 24 = \frac{24^2\pi}{360} \cdot 270$; $r_k = 18\,cm$. $h \approx 15{,}87\,cm$. $V \approx 5384{,}6\,cm^3$
b) $r_k = 9\,cm$; $s = 32{,}4\,cm$; $V \approx 2640{,}1\,cm^3$
c) $s = 9\,cm$; $r_k = 3\,cm$; $V \approx 80\,cm^3$
d) $s = 6\,cm$; $r_k = 3\,cm$; $V \approx 49\,cm^3$

816 **a)** < **b)** > **c)** > **d)** < (Leider kam es bei dieser Aufgabe in der Schulbuchausgabe von 2015 zu einem Fehler, die Variable y ist hier zu viel.)

817 **a)** Man benötigt ungefähr $20{,}8\,m^2$ Stahlblech.
b) 124,8 kg

818 **a)** $s = \sqrt{r^2 + h^2}$; $s \approx 15{,}4$ dm; $V \approx 795{,}2$ dm³; $O \approx 540{,}6$ dm²

b) $h = \sqrt{s^2 - r^2}$; $h \approx 778{,}7$ cm; $V \approx 1651293{,}6$ cm³; $O \approx 116\,631{,}6$ cm²

c) $r = \sqrt{s^2 - h^2}$; $r \approx 47{,}7$ cm; $V \approx 149{,}9$ dm³; $O \approx 189{,}7$ dm²

d) $h = \frac{3V}{r^2\pi}$; $s = \sqrt{r^2 + h^2}$; $h \approx 13{,}0$ cm; $s \approx 14{,}2$ cm; $O \approx 347{,}5$ cm²

819 **a)** 261,86 cm²; 23,7 % **b)** 174 ml

820 $V = \frac{1}{3} 2 r^3 \pi$ (alle auftretenden Kegel sind ähnlich zueinander!); $r = \sqrt[3]{\frac{3V}{2\pi}}$

a) 124 mm bzw. 26 mm **b)** 98 mm bzw. 52 mm **c)** 73 mm bzw. 77 mm

d) $h = 2 \cdot \sqrt[3]{\frac{3V}{2\pi}}$ bzw. $d = 150 - 2 \cdot \sqrt[3]{\frac{3V}{2\pi}}$ (Maße in mm)

821 Formel 1: $V = \frac{1}{3} r^2 \pi \cdot \sqrt{s^2 - r^2}$; Formel 2: richtig

Formel 3: $3V = r^2 \pi h \Rightarrow r^2 = \frac{3V}{\pi h} \Rightarrow r = \sqrt{\frac{3V}{\pi h}}$

822 12 Autos und 12 Motorräder

823 **a)** Richtig. Das Produkt aus Grundfläche und Höhe hat sich verdoppelt.

b) Falsch. Das Verdoppeln des Radius vervierfacht die Grundfläche. Damit beträgt auch das neue Volumen das Vierfache des ursprünglichen Volumens.

c) Falsch. Da die Grundfläche unverändert bleibt, muss die Höhe verdoppelt werden.

824 Folgende Überlegungen sind notwendig: $h = h_1 - h_2$ bzw. $h_1 = h + h_2$

Aufgrund des Strahlensatzes gilt außerdem: $h_2 : h = r_2 : (r_1 - r_2)$ oder $r_1 : r_2 = h_1 : h_2$.

Aus der ersten Gleichung oder durch Einsetzen von $h_1 = h + h_2$ in die zweite Gleichung kannst du leicht h_2 und damit auch h_1 berechnen.

Volumen: $V_{Kegelstumpf} = V_1 - V_2$. Oberfläche: $O_{Kegelstumpf} = G_1 + G_2 + (M_1 - M_2)$

a) $h_1 = 8$ cm, $h_2 = 4$ cm, $s_1 = 10$ cm, $s_2 = 5$ cm; $V = 84\pi$ cm³; $O = 90\pi$ cm²

b) $h_1 = 24$ cm, $h_2 = 20$ cm, $s_1 = \sqrt{612}$ cm, $s_2 = \sqrt{425}$ cm; $V \approx 381{,}180$ cm³; $O \approx 334{,}12$ cm²

c) $h_1 = 48$ cm, $h_2 = 40$ cm, $s_1 = \sqrt{2340}$ cm, $s_2 = \sqrt{1625}$ cm; $V \approx 762{,}360$ cm³; $O \approx 470{,}25$ cm²

825 Durch Anwenden des Strahlensatzes erhält man: Maße des kleinen Kegels: $r_2 = \frac{r}{2}$; $h_2 = \frac{h}{2}$; $s_2 = \frac{s}{2}$

$V_1 = V - V_2$; $V_1 : V_2 = 7 : 1$; $O_1 : O_2 \approx 3{,}67 : 1$

826 **a)** $O \approx 15\,079{,}6$ mm² **b)** $V \approx 116\,083{,}2$ mm³ **c)** $V = \frac{\sqrt{3}}{3} r^3 \pi$; $O = 3r^2\pi$

827 **a)** $r = 8$ cm, $s = 16$ cm, $V \approx 928{,}7$ cm³ **b)** $r \approx 4{,}0$ cm, $s \approx 8{,}0$ cm, $V \approx 115{,}2$ cm³

c) $r = 7$ dm, $s = 14$ dm, $V \approx 622{,}1$ dm³ **d)** $r \approx 2{,}4$ m, $s \approx 4{,}8$ m, $V \approx 24{,}9$ m³

828 **a)** 180° **b)** 180° **c)** 180°

829 **a)** $L = \{\ldots, -3, -2, -1\} = \{x \in \mathbb{Z} \mid x \leq -1\}$

b) $L = \mathbb{N}$

c) $L = \{-15, -14, -13, \ldots\} = \{x \in \mathbb{Z} \mid x \geq -15\}$

7.3 Die Kugel

7.3.1 Das Volumen der Kugel

830 $V_{Halbkugel} = \frac{2}{3}V_{Zylinder} = \frac{2}{3}r^2\pi \cdot r$. Damit stellten sie folgende Formel auf: $V_{Kugel} = \frac{4}{3}r^3\pi$

831 offene Aufgabenstellung

832 **a)** $240\,907{,}6\,cm^3$ **b)** $2527{,}3\,dm^3$ **c)** $381{,}7\,cm^3$ **d)** $41\,397{,}8\,m^3$

833 **a)** $r = \frac{d}{2} \Rightarrow r^3 = \frac{d^3}{8}$. Durch Einsetzen erhält man $V = \frac{4}{3} \cdot \frac{d^3}{8}\pi = \frac{1}{6} \cdot d^3\pi$. $V = 268{,}1\,mm^3$

b) $d = \sqrt[3]{\frac{6V}{\pi}}$; $d \approx 2{,}48\,dm^3$

834 2443 kg

835 $r = \sqrt[3]{\frac{3V}{4\pi}}$; **a)** $r \approx 5{,}4\,cm$ **b)** $r \approx 4{,}9\,dm$

836 **a)** 2640 Kugeln **b)** 21 Kugeln

837 $V = \frac{4}{3}\pi \cdot \left(r_a^3 - r_i^3\right)$; 14,922 kg

838 **a)** 17,482 kg

b) r_a beträgt ca. 4,5 cm. Zur Berechnung von r_i muss man zunächst das Volumen der Glashülle berechnen. $V = 6{,}2\,cm^3$. Ansatz: $\frac{4}{3}\pi \cdot \left(4{,}5^3 - r_i^3\right) = 6{,}2$; $r_i \approx 4{,}48\,cm$. Wandstärke $w \approx 0{,}2\,mm$.

839 **a)**

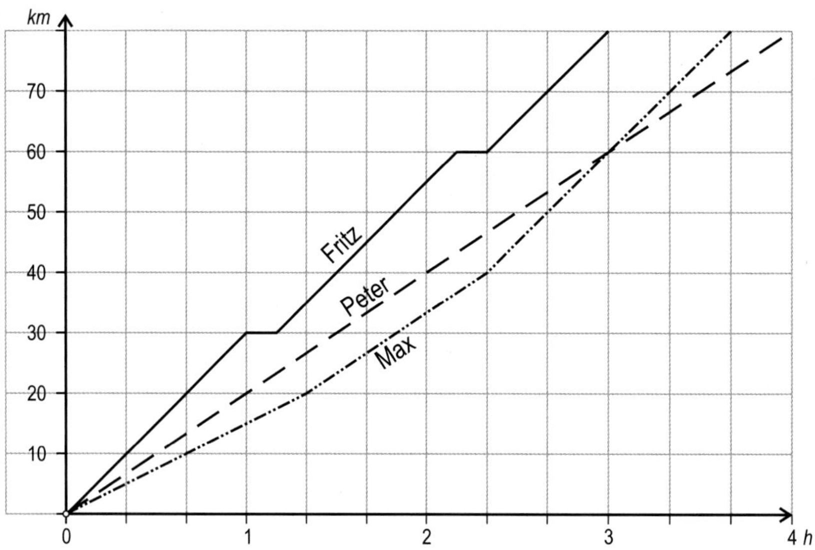

b) Peter braucht 4 Sunden, Max 3 Stunden und Fritz 3 Stunden und 40 Minuten.

7.3.2 Die Oberfläche der Kugel

840 **a)** Wegen $r = \frac{d}{2} \Rightarrow r^2 = \frac{d^2}{4}$. Daher $O = 4r^2\pi = 4 \cdot \frac{d^2}{4} \cdot \pi = d^2\pi$; $O = 16\pi\,cm^2 \approx 50{,}3\,cm^2$
b) $d \approx 1{,}60\,dm$

841 **a)** $O \approx 3631{,}7\,cm^2$ **b)** $O \approx 47{,}8\,dm^2$ **c)** $O \approx 10{,}2\,cm^2$
d) $O \approx 2{,}01\,m^2$ **e)** $O \approx 349{,}7\,mm^2$ **f)** $O \approx 19{,}8\,dm^2$

842 **a)** $r = \sqrt{\frac{O}{4\pi}}$; $r \approx 7{,}8\,dm$ **b)** $r = \sqrt[3]{\frac{3V}{4\pi}}$; $r = 3{,}9\,mm$ **c)** $r = 8{,}3\,dm$

843 **a)** $O \approx 22619{,}5\,m^2$
b) Da die ganze Oberfläche einer ganzen Kugel einen Flächeninhalt von $O = 4r^2\pi$ besitzt, gilt für die Hälfte $2r^2\pi$. Das ist das Doppelte des Flächeninhalts des die Halbkugel begrenzenden Halbkreises.

844 Ganzer Ansatz: $x - \frac{3}{4}x - 1 - \frac{x - \frac{3}{4}x - 1}{2} - 1 - \left(x - \frac{3}{4}x - 1 - \frac{x - \frac{3}{4}x - 1}{2} - 1\right)\frac{2}{3} = 2$. $x = 60\,€$

Oder „Rückwärtsarbeiten“:

$2\,€ \xrightarrow{\cdot 3} 6\,€ + 1\,€ = 7\,€ \xrightarrow{\cdot 2} 14\,€ + 1\,€ = 15\,€ \xrightarrow{\cdot 4} 60\,€$.

Herr Lustig besaß am Anfang 60 €.

845 **a)** 8,3 % **b)** man benötigt um $4{,}39\,m^2$ mehr Leder.

846 **a)** 40 024 km **b)** $1{,}26 \cdot 10^{21}$ Liter Wasser **c)** $6{,}02 \cdot 10^{21}$ Tonnen.

847 **a)** $50{,}3\,m^2$ **b)** 4 m Durchmesser **c)** $6{,}82\,dm^2$

7.4 Vermischte Übungen

848

	a)	b)	c)	d)
volume	$123.4\,mm^3$	$5609.4\,mm^3$	$476.1\,\pi\,cm^3$	$73.27\,cm^3$
radius	8 mm	12.8 mm	13.8 cm	1.3 cm
height	0.61 mm	10.90 mm	2.5 cm	138 mm
diameter	16 mm	25.6 mm	17.6 cm	2.6 cm

849 14,25 ℓ

850 2,36 kg

851 **a)** ca. 12 732,4 m **b)** ca. 1,5 mg

852 **a)** 34,3 g **b)** 330,7 g **c)** 112,5 g

853 **a)** 54,9 kg **b)** 26,0 kg

854 ca. 4,972 g

855 Ansatz: $5^2\pi = 2 \cdot 5 \cdot \pi \cdot h$. $\Rightarrow$ $h = 2{,}5\,cm$

856 Siehe Nusslösungen im Schüler/innenbuch

857 **a)** B, D **b)** B **c)** C, D

858 Der Ring hat eine Höhe von ungefähr 4 mm (genau 3,97… mm)

859 **a)** Wegen $M = 2r\pi h \Rightarrow h = \frac{M}{2r\pi}$… Damit $V = r^{\cancel{2}}\cancel{\pi} \cdot \frac{M}{2\cancel{r}\cancel{\pi}} = \frac{1}{2} \cdot r \cdot M$ also $V = \frac{rM}{2}$

b) Aus $V = r^2\pi h \Rightarrow r^2 = \frac{V}{h\pi} \Rightarrow r = \sqrt{\frac{V}{h\pi}}$. Daher $M = 2 \cdot \sqrt{\frac{V}{h\pi}} \cdot \pi \cdot h = \sqrt{4 \cdot \frac{V}{\cancel{h}\cancel{\pi}} \pi^{\cancel{2}} h^{\cancel{2}}} = \sqrt{4V\pi h}$

c) Aus $O = 2r\pi\ (r + h) \Rightarrow r + h = \frac{O}{2r\pi} \Rightarrow h = \frac{O}{2r\pi} - r$

860 ca. 41,1 dm^2 Karton

861 **a)** (1) $r = 2\,cm,\ h \approx 3{,}46\,cm,\ s = 4\,cm,\ V \approx 14{,}5\,cm^3,\ O \approx 37{,}7\,cm^2$
(2) $r = 1\,cm,\ h \approx 3{,}87\,cm,\ s = 4\,cm,\ V \approx 4{,}1\,cm^3,\ O \approx 15{,}7\,cm^2$
(3) $r = 3\,cm,\ h \approx 2{,}65\,cm,\ s = 4\,cm,\ V \approx 24{,}9\,cm^3,\ O \approx 66{,}0\,cm^2$

b) Es gilt: $\frac{2s\pi}{360°} \cdot \varphi = 2r\pi \Rightarrow \varphi = \cancel{2}r\cancel{\pi} \cdot \frac{360°}{\cancel{2}s\cancel{\pi}} \Rightarrow \varphi = \frac{360° \cdot r}{s}$

862 **a)** $s = 5{,}3\,cm;\ V \approx 36{,}945\,cm^3$ **b)** $s = 37\,mm;\ V \approx 15393{,}8\,mm^3$

863 **a)** $\varphi = 288°$ **b)** $\varphi \approx 105{,}9°$ **c)** $\varphi \approx 169{,}4°$ **d)** $\varphi \approx 300{,}6°$

864 **a)** Das Gefäß ist ca. 142 mm hoch.
b) Der Mess-Strich ist in einer Höhe von ca. 129 mm anzubringen.
c) Es befinden sich ungefähr 0,803 ℓ Flüssigkeit im Gefäß.

865 Man benötigt ca. 88,4 cm^2 Blech. Das Gefäß hat ein Fassungsvermögen von 95,6 cm^3.

866 **a)** 12,5 ml Flüssigkeit.
(Hinweis: Aufgrund des Strahlensatzes ist der Radius des Flüssigkeitskegels halb so groß wie der des Glases.)
b) Ansatz: $h_{Glas} : r_{Glas} = 5 : r_{neu} \cdot r_{neu} \approx 3{,}35\,cm$; es befinden sich ca. 58,8 ml Flüssigkeit im Glas.
c) $h_{Glas} \approx 6\,cm$. Damit gilt $h_{Glas} : r_{Glas} = 6 : 4$. Dieses Verhältnis zwischen Höhe und Radius gilt aufgrund des Strahlensatzes für die Höhen und Radien aller Flüssigkeitskegel. Damit gilt immer: $h = \frac{3}{2}r$.
Daher der Ansatz: $50 = \frac{1}{\cancel{3}} r^2 \pi \frac{\cancel{3}}{2} r = \frac{1}{2} r^3 \pi \cdot r \approx 3{,}17\,cm$ und $h \approx 4{,}75\,cm$.

867 **a)** Die Kugel hat eine Masse von ca. 104,7 kg und kann daher nicht getragen werden.
b) Sie hat einen Radius von 14,6 cm.

868 **a)** $\rho = 7{,}34\,g/cm^3$ **b)** $\rho = 10{,}48\,g/cm^3$ **c)** $\rho = 2{,}72\,g/cm^3$

869 **a)** Der Durchmesser beträgt ungefähr 5,84 cm.
b) Man kann 207 Zylinder formen. Jeder Zylinder hat eine Masse von 48,3 g.

870 352 Liter (365 Tage) bzw. 353 Liter (366 Tage).

871 Der Pokal wiegt ungefähr 2,55 kg.

872 **a)** A, B **b)** C

873 **a)** Es werden 24,4 ml Wasser von den Kugeln verdrängt.
b) Die Masse nimmt um 53,7 g zu. Vorausgesetzt ist dabei, dass das Glas nicht übergeht.
c) 76,4 cm^3

874 **a)** Drehzylinder: $V \approx 31{,}4\,dm^3$; $O \approx 56{,}5\,dm^2$
b) Kugel: $V \approx 5575{,}3\,cm^3$; $O \approx 1520{,}5\,cm^2$
c) Halbkugel: $V \approx 11224{,}6\,cm^3$, $O \approx 2886{,}3\,cm^2$
d) Drehkegel: $V \approx 212{,}2\,cm^3$, $O \approx 364{,}4\,cm^2$

875 **a)** $V \approx 3949\,m^3$; $O \approx 1124\,m^2$ **b)** $V \approx 2279\,m^3$; $O \approx 704\,m^2$ **c)** $V \approx 4920\,m^3$; $O \approx 1364\,m^2$

876 Das Rechteck hat eine Länge von $2r\pi$ und eine Breite von $2r$. Damit gilt für den Flächeninhalt $2r\pi \cdot 2r = 4r^2\pi$. Dasselbe gilt aber auch für den Oberflächeninhalt der Kugel.

877 $V_{Kegel} : V_{Kugel} : V_{Zylinder} = \left(\frac{1}{3} \cdot r^2\pi \cdot 2r\right) : \left(\frac{4}{3} \cdot r^3\pi\right) : (r^2\pi \cdot 2r) = \left(\frac{2}{3} \cdot r^3\pi\right) : \left(\frac{4}{3} \cdot r^3\pi\right) : (2 \cdot r^3\pi) = \frac{2}{3} : \frac{4}{3} : 2 = 2 : 4 : 6 = 1 : 2 : 3$

878 **a)** 7,96 € **b)** Man spart insgesamt 4,00 €. **c)** Das sind 33,4 % Ersparnis.

THEMA: Mathematik im Stadion

879 **a)** 5242 m^2 **b)** 32 cm (Olympia); 31 cm (Athen) **c)** Um 32,55 %

880 **a)** 1,25 m **b)** ca. 259 kg Samen **c)** 4302 m^2

881 Er braucht ca. 1 h 13 min. (Genaues Ergebnis: 1 h 12 min 35,6 s)

882 Um 22,4 %

883 Ein Fußballer steht ca. 38,8 % der Spielzeit herum.

884 Berechnung der Hypotenuse: $d = \sqrt{68^2 + 52{,}5^2} = 85{,}9\,m$. Er benötigt etwa 15,5 s.

885 **a)** 5,76 kg **b)** Die Masse kann um 23,4 % verringert werden.

886 152 290 Fußbälle.

8 Statistik

8.1 Darstellen von Daten – Stichproben

887 a)

Häufigkeitstabelle		
Liebste Sendung	Absolute Häufigkeit	Relative Häufigkeit
Sportsendungen	3	$\frac{3}{25} = 0{,}12 = 12\,\%$
Spielfilme	10	$\frac{2}{5} = 0{,}4 = 40\,\%$
Musiksendungen	4	$\frac{4}{25} = 0{,}16 = 16\,\%$
Serien	7	$\frac{7}{25} = 0{,}28 = 28\,\%$
Nachrichten	1	$\frac{1}{25} = 0{,}4 = 4\,\%$

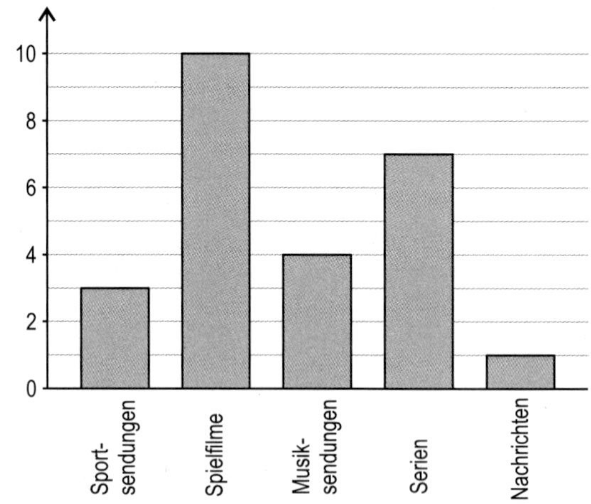

b)

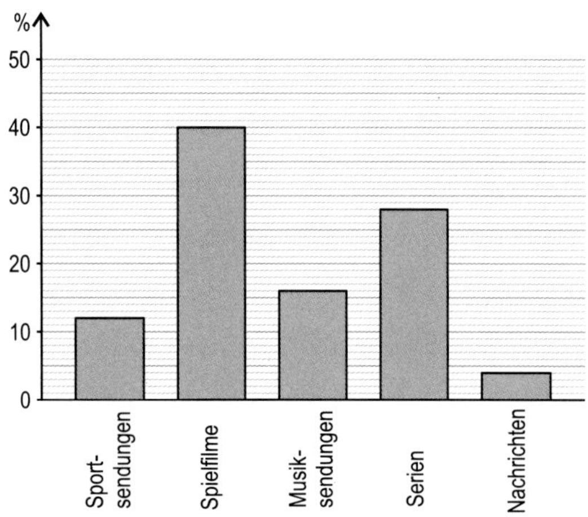

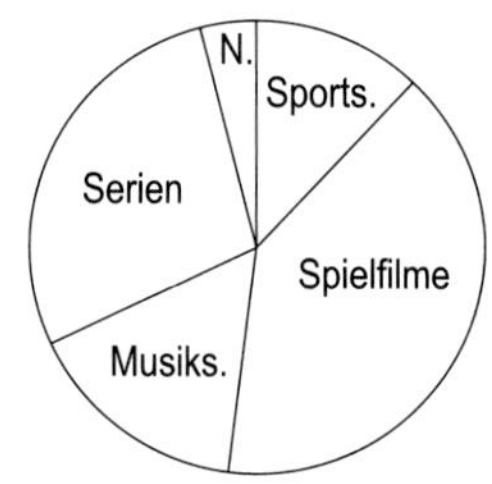

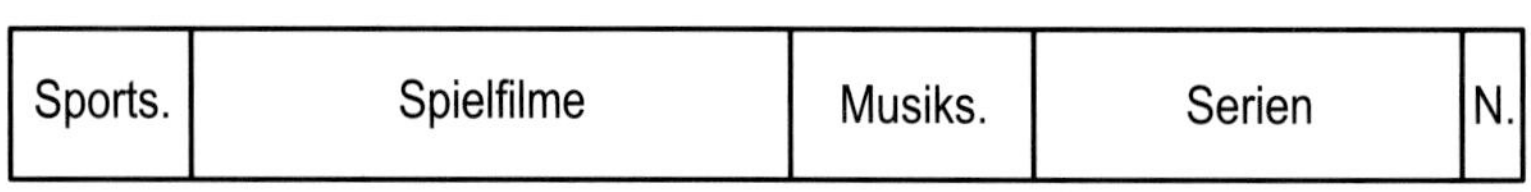

888 (1) Anzahl Kinobesuche / Abs. Häufigkeit / Rel. Häufigkeit:
$0/3/\frac{3}{34}$; $1/17/\frac{1}{2}$; $2/10/\frac{5}{17}$; $3/4/\frac{2}{17}$

(2) Lieblingsessen / Abs. Häufigkeit / Rel. Häufigkeit:
Pizza / 16 / $\frac{8}{17}$; Hamburger / 10 / $\frac{5}{17}$; Wiener Schnitzel / 12 / $\frac{6}{17}$; Etwas anderes / 8 / $\frac{4}{17}$

a) (1) Die Summe der relativen Häufigkeiten beträgt 1 (100 %).

(2) Die Summe der relativen Häufigkeiten beträgt $\frac{23}{17}$ (135,3%).

Bei Umfrage (2) waren offensichtlich Mehrfachnennungen erlaubt. Das sieht man an der Summe der absoluten Häufigkeiten, die 46 statt 34 beträgt. Die Summe der relativen Häufigkeiten ist bei Einfachnennung immer 1, bei Mehrfachnennung aber größer als 1.

b) Ein geeigneter Diagrammtyp, der für (1) und (2) gilt, ist das „Säulendiagramm". Kreisdiagramme funktionieren nur bei Einfachnennung.

889 **a)**

Kategorie	Kein Spiel	1 Spiel	2 Spiele	3 Spiele	Mehr als 3
Abs. Häuf.	32	14	21	10	3

b)

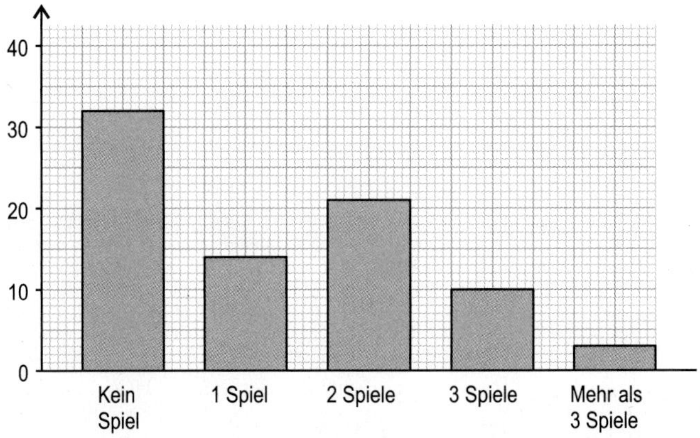

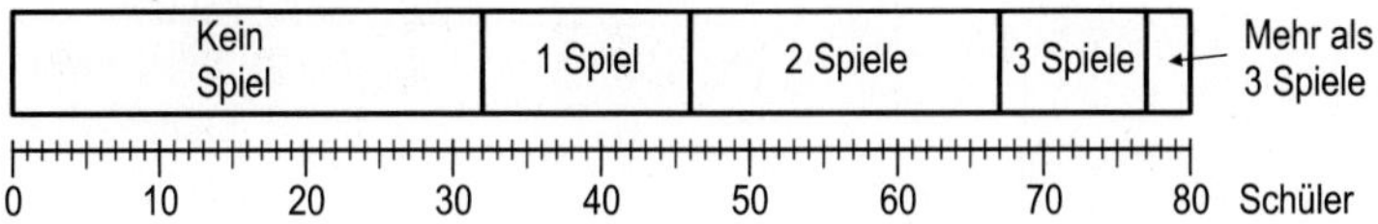

890 **a)** Es ist leichter und übersichtlicher, auf diese Weise direkt zwischen Mädchen und Burschen vergleichen zu können.

b) 45 Mädchen **c)** 70 Burschen **d)** 22 % **e)** 24 Mädchen

891

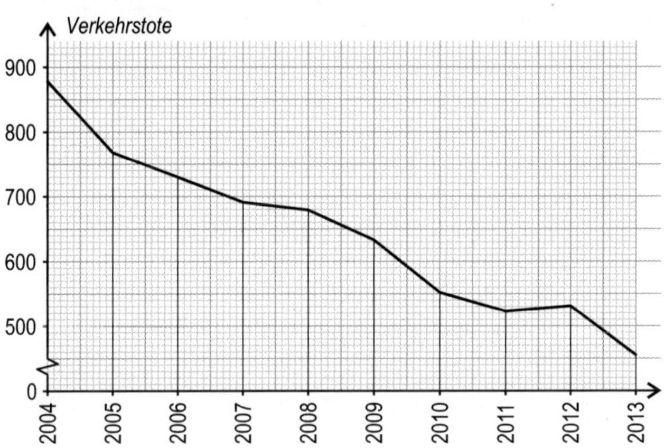

892 **a)** Siehe nachfolgende Information im Schüler/innenbuch

b) $\frac{654\,000}{7\,854\,000} \cdot 1560 \approx 130$ Personen

c) $\frac{256}{1560} \cdot 7\,854\,000 \approx 1\,290\,000$ Personen

893 **a)** Öffentl. Verkehrsmittel: 179 Schüler/innen;
Fahrrad: 162 Schüler/innen;
Moped: 81 Schüler/innen;
zu Fuß: 634 Schüler/innen

b)

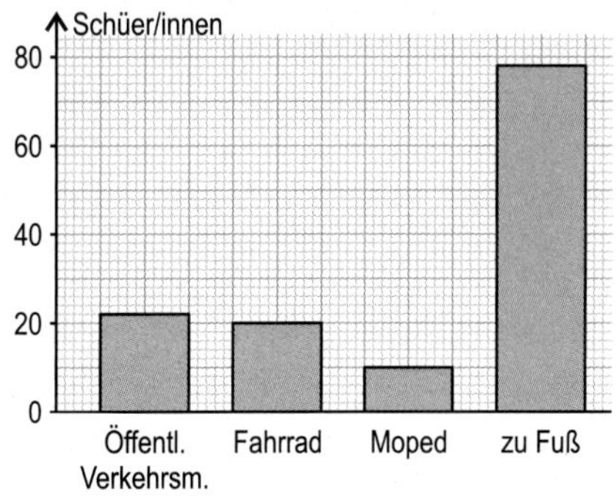

894 **a)** Die Meinung der Bewohner und Bewohnerinnen hat sich deutlich gebessert. Es ist nun eine Mehrheit für die Verkehrsmaßnahmen, es gibt weniger Unentschiedene und nur in der Kategorie „Sehr schlecht" ist eine geringe Zunahme der Ablehnenden zu verzeichnen.

c) Nein. Den beiden Umfragen liegen verschiedene Grundgesamtheiten zu Grunde. (Umfrage 1: 300 Personen, Umfrage 2: 370 Personen)

b)

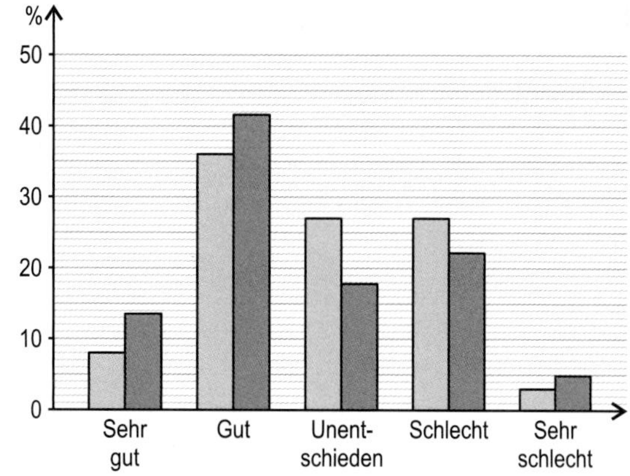

895 1. Lieferung

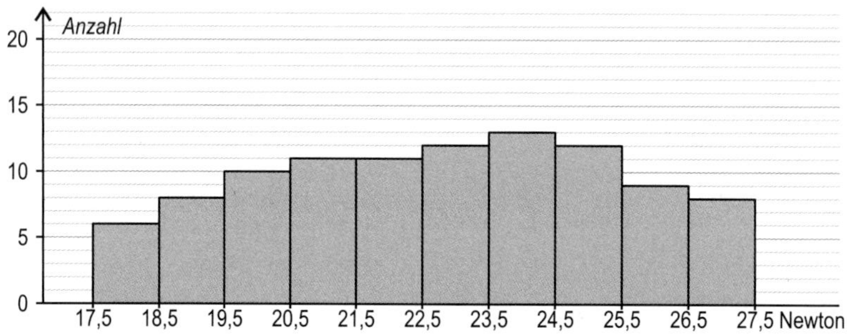

2. Lieferung

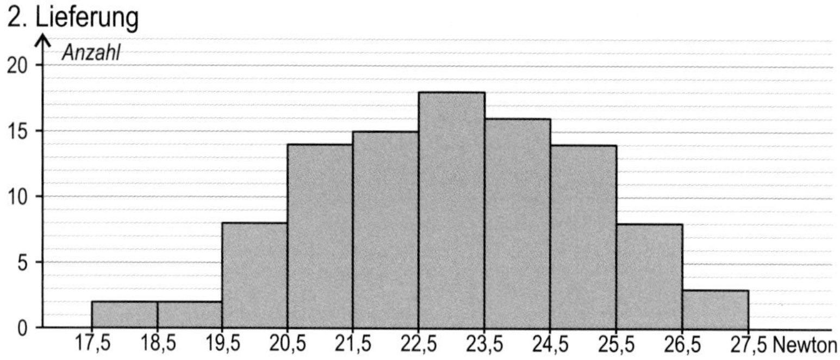

Bei der 1. Lieferung ist die Reißfestigkeit des Garns über den ganzen Bereich gleichmäßig verteilt. Bei der 2. Lieferung gibt es weniger Proben mit sehr hoher Reißfestigkeit aber gleichzeitig auch weniger Proben im unteren Bereich. Eine gewünschte Reißfestigkeit lässt sich daher besser einschätzen.

896 **a)**

Anzahl der Körbe w von – bis	20 < w ≤ 30	30 < w ≤ 40	40 < w ≤ 50	50 < w ≤ 60	60 < w ≤ 70	70 < w ≤ 80	80 < w ≤ 90	90 < w ≤ 100
Ergebnis	1	4	9	12	19	16	6	3

b)

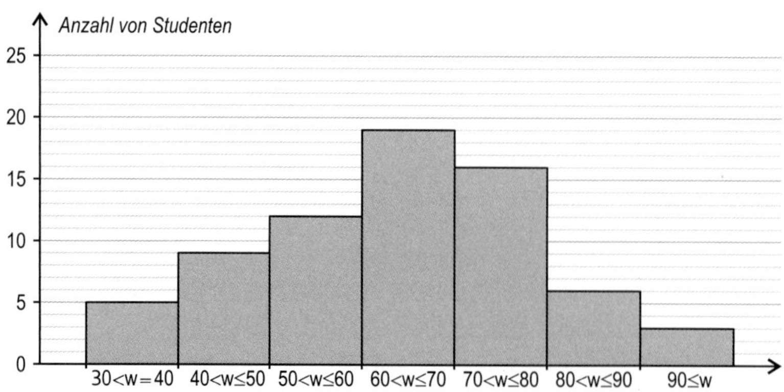

897 **a)**

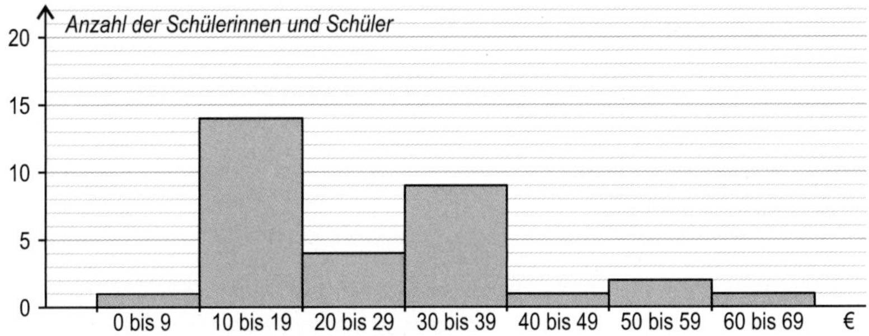

b)

Buffetausgaben in € pro Monat	
0	9
1	0, 0, 0, 0, 0, 2, 2, 5, 5, 5, 5, 9, 7, 7
2	0, 0, 0, 5
3	0, 0, 0, 0, 0, 0, 0, 5, 5
4	0
5	3, 5
6	0

Diese Darstellung ist sehr übersichtlich. Es ist auch eine Klasseneinteilung vorgegeben und man kann die Anzahl der einzelnen Ergebnisse einfach aus dem Diagramm ablesen.

898 **a)**

Klasse	0 bis 49 Punkte	50 bis 61 Punkte	62 bis 78 Punkte	78 bis 91 Punkte	91 bis 100 Punkte
Anzahl	7	10	15	8	6

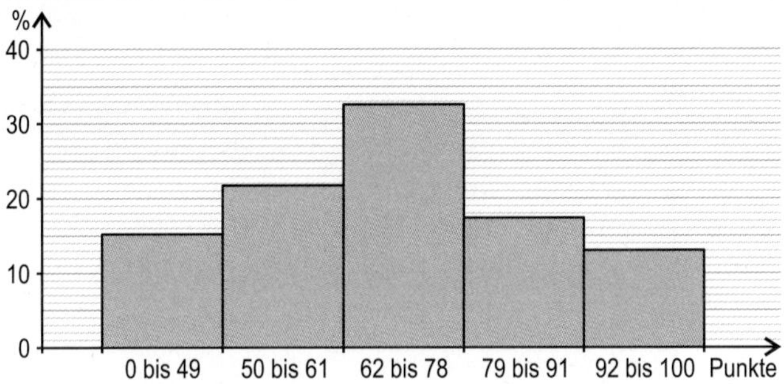

b)

Erreichte Punktezahlen bei der Testung	
2	2
3	0, 2, 2
4	0, 5, 5
5	0, 0, 0, 0, 2, 3, 5, 5, 5, 8
6	2, 3, 3, 3, 5, 5, 6, 8
7	0, 2, 2, 5, 6, 7, 8
8	0, 0, 2, 2, 2, 8, 8
9	0, 3, 7, 7, 9
10	0, 0

899 $x = \sqrt{a \cdot b}$

900 In diesem Diagramm sieht man, dass bei den meisten Prüflingen mehr Vorbereitungsstunden ein besseres Prüfungsergebnis bei der Aufnahmeprüfung ergeben.

901 Offene Aufgabenstellung

902 Offene Aufgabenstellung

903 Je weniger Körpermasse einer der Jugendlichen hat, desto schneller kann er laufen, je mehr Körpermasse er hat, desto langsamer läuft er auch. Es besteht eine negative Korrelation.

904 Es ist einfacher für dich, das Streudiagramm mit dem Programm „Excel" zu erstellen.

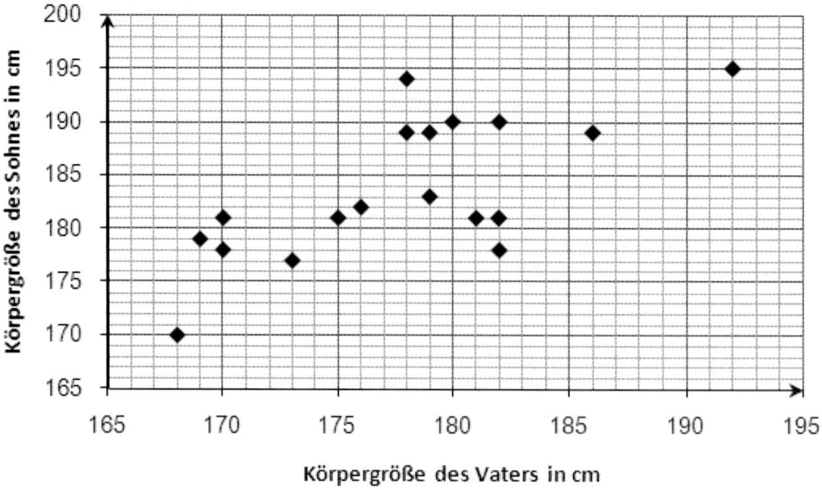

Positive Korrelation.

905

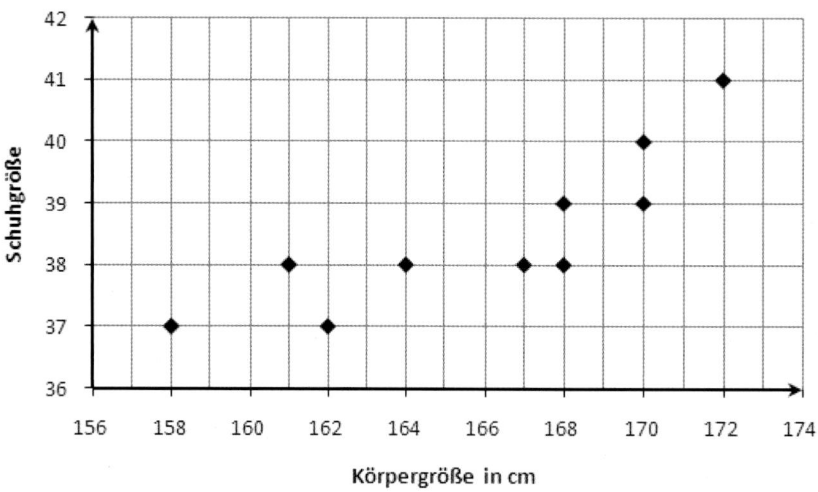

Positive Korrelation.

906

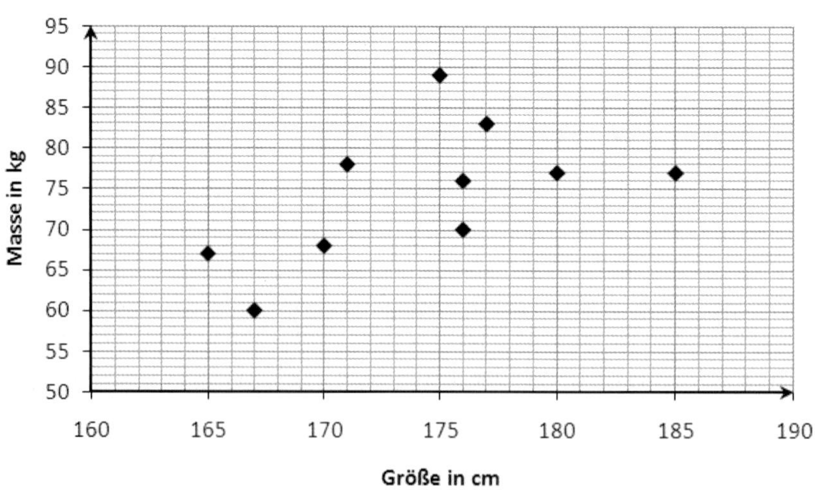

Positive Korrelation.

907 Offene Aufgabenstellung

8.2 Mittelwerte von Daten

8.2.1 Arithmetisches Mittel

908 Das arithmetische Mittel beträgt 508,1 g. Die Kontrolle muss an mehreren Broten erfolgen. Bei Kontrolle eines einzigen Brotes kann man keine gesicherte Aussage über die Produktion machen. Zufällig könnte nämlich genau dieses eine Brot als einziges eine gewünschte (bzw. auch nicht gewünschte) Masse besitzen.

909 **a)** Bei Fahrt Nr. 7 muss etwas Außergewöhnliches passiert sein.
b) Mittelwert ohne Ausreißer: 25,2 min; Mittelwert mit Ausreißer: 30 min.
Vielleicht gab es einen Verkehrsstau oder eine Panne o. ä.
c) Es ist besser, den Wert ohne Ausreißer anzugeben, da es sich beim Ausreißer um ein außergewöhnliches Ereignis handelt, das in der Regel nicht stattfindet.

910 **a)** 80 Minuten
b) Die rote Linie gibt das arithmetische Mittel an. An drei Tagen hat Martin länger als im Mittel und an zwei Tagen kürzer als im Mittel für seine Hausaufgaben gebraucht.
c) Offene Aufgabenstellung

911 **a)**

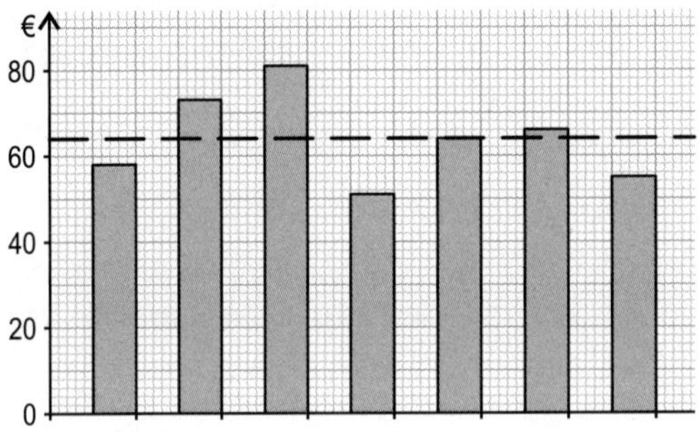

Am 5. Tag gibt Herr Seufzer genau so viel aus (64 €), wie er im Schnitt täglich ausgegeben hat.
b) Man berechnet das arithmetische Mittel der von 50 € abweichenden Beträge: $\frac{8 + 23 + 31 + 1 + 14 + 16 + 5}{7} = 14$.
Diesen Wert addiert man zu 50. 50 € + 14 € = 64 €.

912 **a)** Die Summe der Abweichungen ergibt −24. $\bar{x} = 170 + \frac{-24}{12} = 168$ cm.
b) (1) 168 cm; (2) 142 cm; (3) 220 cm

913 € 0,68

914 **a)** Ein mögliches Beispiel: $\bar{x} = \frac{15 + 17 + 18 + 20 + 21 + 23}{6} = 19$
b) Ein mögliches Beispiel: Berechne das arithmetische Mittel der Werte 1, 3, 13, 14, 15, 18, 20. $\bar{x} = 12$

915 Marc läuft in 12 s 100 m und damit läuft er in 1 s $\frac{100}{12}$ m weit und in einer Stunde $\frac{100}{12} \cdot 3600$ m. Er läuft also mit einer Geschwindigkeit von 30 km/h. Analog lässt sich die Geschwindigkeit für die 1000-m-Strecke berechnen.
Die Berechnung der Durchschnittsgeschwindigkeit auf diese Art ist nicht sinnvoll. Die Laufgeschwindigkeit ist von der Länge der gelaufenen Strecke abhängig. Eine Strecke von 1000 m schafft er mit einer Durchschnittsgeschwindigkeit von „nur" 15 km/h. Realistischer wäre, dass Marc auf einer Strecke von 1100 m mit einer Durchschnittsgeschwindigkeit von $\frac{1 \cdot 30 + 10 \cdot 15}{11} = 16{,}36$ km/h läuft, falls Marc nach schnellen 100 m die 1000 m noch mit 15 km/h laufen kann.

8.2.2 Median und Modalwert

916 **a)** Median: Ordnen der Daten: 5, 10, 12, 12, 12, **16**, 16, 20, 25, 30, 55; der Median beträgt 16 €.
Arithmetisches Mittel: $\bar{x} = 19{,}36$ €.
Der Median ist durch den Ausreißer 55 € nicht beeinflusst. Deshalb ist hier der Median der bessere Mittelwert.
b) Median: 2345 €. Arithmetisches Mittel: 3631,57 €. Der Median ist besser, da der Ausreißer von 12 500 € das arithmetische Mittel zu stark beeinflusst.

917 Siehe Lösungsvorschlag im Schüler/innenbuch

918 Man könnte statt ü, s, w, n, u, v die Zahlen 1, 2, 3, 4, 5, 6 setzen.

919 Lösbar.

920 **a)** $4x + 2y$ **b)** $-37u + 555v$ **c)** $15b - 25ab + 21b^2$ **d)** $663a^2 + 3315ab$

921 Siehe Lösungsvorschlag im Schüler/innenbuch

922 Fußball

923 **a)** (1) Kategorie 2; (2) Kategorie 5. Der Modalwert ist hier kein geeigneter Mittelwert.
b) (1) Kategorie 2; (2) Kategorie 4. Der Median ist bei diesem Beispiel der bessere Mittelwert.

924 Film 1: Median „m“, Modalwert „s“
Film 2: Median „m“, Modalwert „m“
Nach diesen beiden Mittelwerten ist Film 2 besser bewertet. Andererseits scheint Film 1 die Zuschauer mehr zu polarisieren. Setzt man anstelle von a, sg, g, m, s, ss die Zahlen 1, 2, 3, 4, 5, 6 und bildet das arithmetische Mittel, so wird Film 1 mit 3,36 bewertet, Film 2 nur mit 4,12. In dem Fall ist Film 1 eindeutig besser bewertet. Schlussfolgerung: Film 1 ist besser.

925 Offene Aufgabenstellung

926 **a)** Deutsch **b)** Modalwert

927 **a)** Ja! Vater ist nämlich derjenige, der am meisten (nämlich 82 €) für Bücher und Zeitschriften ausgegeben hat.
b) Vaters Ausgaben sind als Ausreißer zu bewerten. So sind die 7 € der bessere Mittelwert für die durchschnittlichen Ausgaben der Familienmitglieder.

928 **a)** $\bar{x} = 18{,}6$; $z = 18{,}4$
b) Die beiden Werte müssen das arithmetische Mittel 18,6 besitzen. Z. B.: 15,3 und 21,9
c) Der eine Wert muss kleiner oder gleich, der andere größer oder gleich als 18,4 sein.

929 Median

930 **a)** $\bar{x} = 219{,}90$; $z = 215{,}99$ €
b) Durch Ausreißer (sehr hohe bzw. sehr niedrige Preise in einem Geschäft) wird das arithmetische Mittel deutlich beeinflusst.

931 $\bar{x}_A = 23{,}72$, $z_A = 22$, $m_A = 20$
$\bar{x}_B = 22{,}95$, $z_B = 24$, $m_B = 24$

932 **a)** Da der Median genau in der Mitte liegen muss, gibt es bei einer ungeraden Anzahl von Daten zu beiden Seiten des mittleren Wertes gleich viele Werte. Der mittlere Wert ist also der Median. Z. B.: 3, 5, **7**, 8, 14

b) Wenn beide in der Mitte liegenden Werte gleich sind, dann sind sie gleich ihrem arithmetischen Mittel.

Daher ist z in diesem Fall ein Wert der Datenliste. Z. B.: 2, 3, **4, 4,** 5, 6 $z = \frac{4+4}{2} = \mathbf{4}$

Sind die beiden in der Mitte liegenden Werte verschieden, gehört z nicht zur Datenliste.

Z. B.: 2, 4, **6, 8,** 9, 10 $z = \frac{6+8}{2} = \mathbf{7}$

933 David hat besser mitgearbeitet. Er hat jeweils mehr „sehr gute" und „gute" Eintragungen als Carina. Die vier schlechten Eintragungen von Carina stehen drei schlechten und einer sehr schlechten Eintragung von David gegenüber.

8.3 Streuung von Daten – Spannweite und durchschnittliche Abweichung vom arithmetischen Mittel

934 **a)** $\bar{x}_M = \bar{x}_S = 15\,s$

b) Siehe Lösungsvorschlag im Schüler/innenbuch

935 **a)** s = 1,766; Streubereich: [1,434; 4,966]

b) Mögliches „normales" Ergebnis:

Note	1	2	3	4	5
Schüler/innen	2	4	10	5	4

s = 1,131; Streubereich: [2,069; 4,331].

936 Sorte A: Spannweite 16 g; s_A = 4,472 g; Streubereich [496,028 g; 504,972 g]
Sorte B: Spannweite 17 g; sB = 5,953 g; Streubereich [492,797 g; 504,703 g]
Trotz fast gleicher Spannweite unterscheiden sich die beiden Streubereiche deutlich voneinander.

937 **a)** Im Schnitt wurde sie pro Tag von 11,8 Schülerinnen aufgesucht.
Spannweite: 31. s = 8,577; Streubereich [3,223; 20,377]

b) Schnitt pro Tag: 9 Schülerinnen. Spannweite 6. Streubereich [7,174; 10,826]
Alle berechneten Werte fallen wesentlich niedriger aus.

938 **a)** Gruppe A: Spannweite 23. Streubereich [19,276; 30,857]
Gruppe B: Spannweite 28. Streubereich [19,674; 34,787]

b) Spannweite 28. Streubereich [19,316; 32,827]

c) Die Spannweite für alle Prüfungskandidatinnen und Kandidaten zusammen muss größer oder gleich sein als die größere der beiden Spannweiten. Der Streubereich für alle liegt hier zwischen den Streubereichen der einzelnen Gruppen.

939 Spannweite 9. $\bar{x}$ = 49,85 g. s = 2,594 g

940 $O = 22a^2$; $V = 6a^3$

8.4 Quartile und Boxplots

941 **a)**

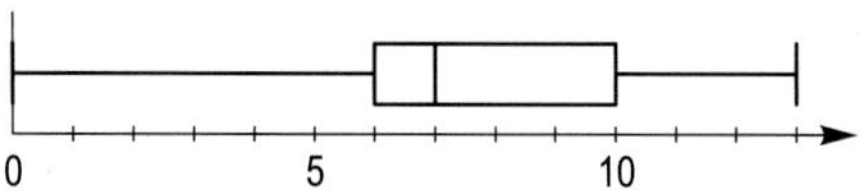

b)

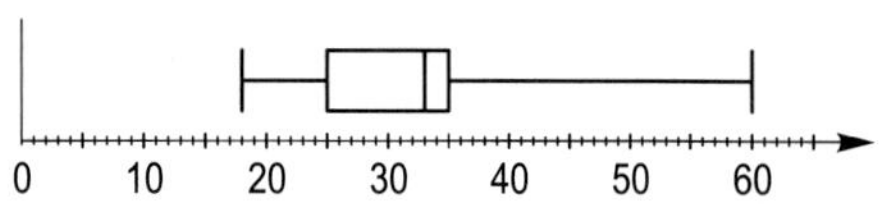

c)

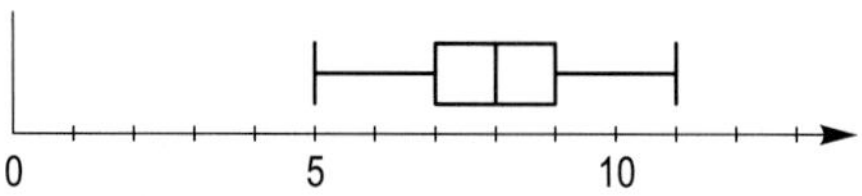

942 **a)** $q = 5$;

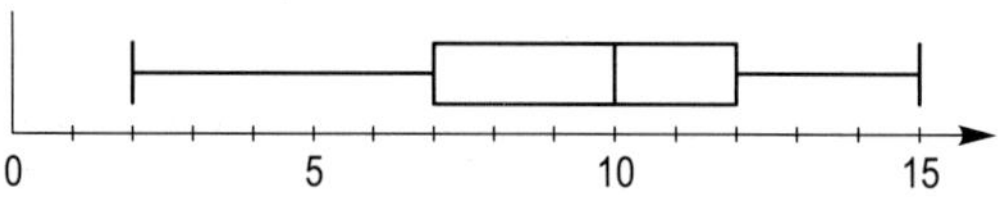

b) *Druckfehler im Schüler/innenbuch 1. Auflage: q = 20*

$q_o = 38$;

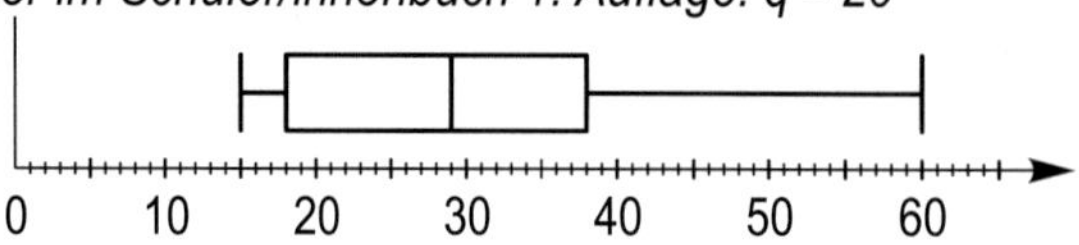

c) $q_u = 9$;

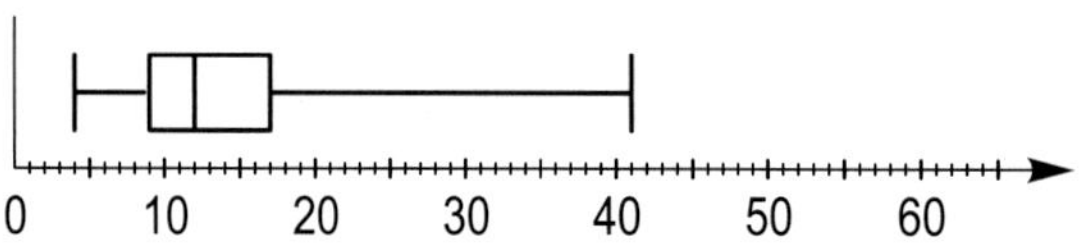

943 25 Jahre; 60 Jahre; 10 Jahre; 25%; 75%

944 **a)**

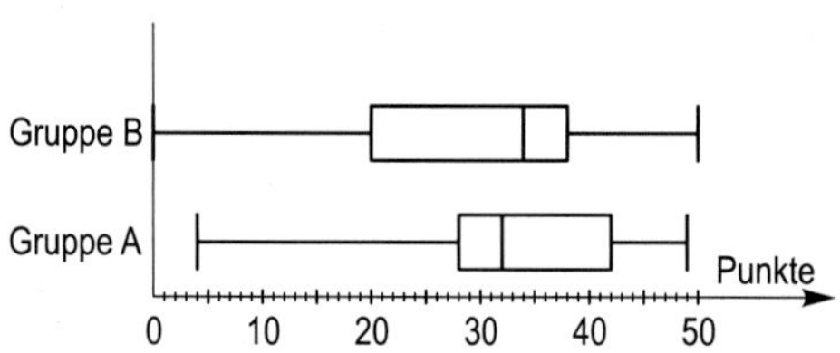

b) In Gruppe B sind die Ergebnisse weit mehr gestreut. Zwar hat der/die Beste die meisten erreichten Punkte beider Gruppen, jedoch fällt auch das niedrigste Ergebnis in Gruppe B. Gruppe A ist im Schnitt die bessere Gruppe. Der Quartilsabstand ist geringer und die dazwischen liegenden 50 % haben die höheren Punkteergebnisse.

945 **a)** $q_u = 8$, $z = 14$, $q_o = 18{,}5$, $q = 10{,}5$, $\bar{x} = 13{,}91$
Neue Werte: $q_u = 9$, $z = 14$. $q_o = 18$, $q = 9$, $\bar{x} = 13{,}78$

b) $q_u = 12$, $z = 20$, $q_o = 33$, $q = 21$, $\bar{x} = 22{,}42$
Neue Werte: $q_u = 14$, $z = 20$. $q_o = 30$, $q = 16$, $\bar{x} = 21{,}5$

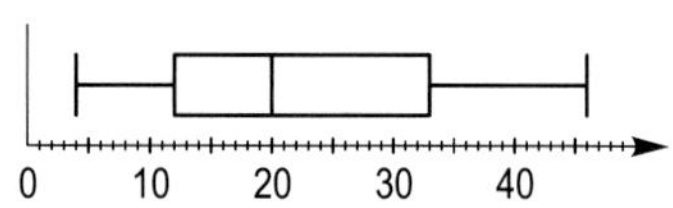

Für beide Beispiele gilt: Der Median bleibt gleich. Der Quartilsabstand und das arithmetische Mittel verringern sind in a) wenig in b) deutlich.

946 $q_u = 19$, $z = 33$, $q_o = 41$, $q = 22$, $\bar{x} = 30{,}25$

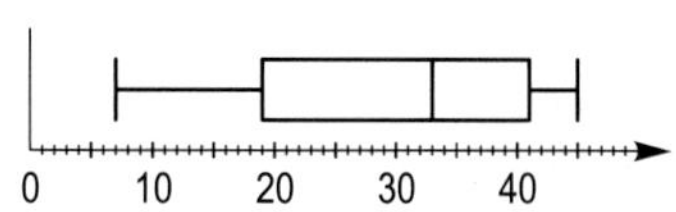

947 **a)**

Ausgaben pro Woche in €						
Alter	Min	qu	z	qo	Max	q
20 – 29	5	15	35	45	60	30
30 – 39	5	25	35	40	55	15
40 – 49	0	10	25	30	50	20
50 – 59	0	5	10	20	50	15

b) Die Gruppe (20 – 29) hat die größte Streuung bzgl. der Ausgaben. Der Quartilsabstand ist am größten, d. h. die Unterschiede der Ausgaben der mittleren 50 % sind sehr groß.
Bei der Gruppe (30 – 39) fällt auf, dass der Quartilsabstand am kleinsten ist. Die mittleren 50 % geben alle ähnlich viel Geld aus.
Die geringsten Ausgaben hat die Gruppe (50 – 59). Die mittleren 50 % sind sich einig, durchschnittlich recht wenig auszugeben.

948

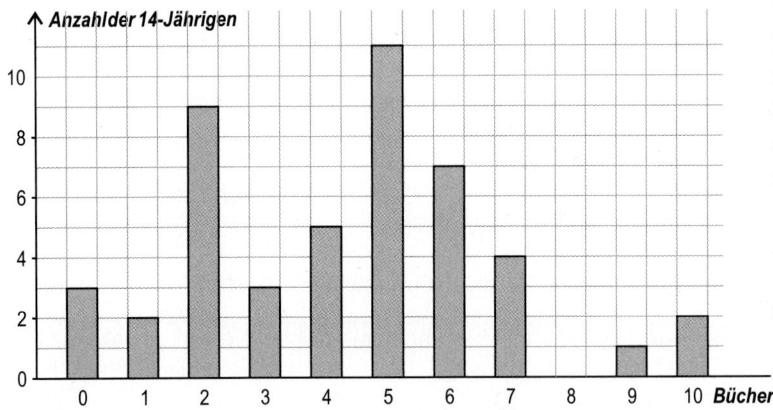

Für den Boxplot schreibe zunächst die Datenreihe auf oder rechne aus:
0, 0, 0, 1, 1, 2, 2, 2, 2, 2, 2, 2, 2, 2, 3, 3, 3, 4, 4, 4, 4, 4, 5, 5, 5, 5, 5, 5, 5, 5, 5, 5, 6, 6, 6, 6, 6, 6, 6, 7, 7, 7, 7, 9, 10, 10
$z = 5$, $q_u = 2$, $q_o = 6$

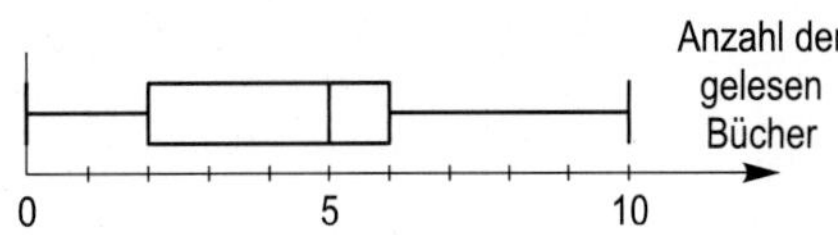

Aus dem Boxplot kann man entnehmen, dass etwa 50 % der 14-Jährigen 2 bis 6 Bücher lesen. Dabei liegt die größere Anzahl dieser 50 % eher im Bereich von 5 Büchern.

949 a)

Alter	Min	q_u	z	q_o	Max	q
über 40	1	5	7	8	11	3
20 bis 40	1	5	6	9	13	4
unter 20	0	4	6	8	13	4

b) In der Gruppe unter 20 sind die Ergebnisse am breitesten gestreut. Die mittleren 50 % verteilen sich gleichmäßig um den Median. Bei der Gruppe 20 bis 40 fällt auf, dass sich bei den mittleren 50 % der größere Teil im unteren Teil der Box befindet, d.h. 25 % der Daten liegen knapp unterhalb des Medians und die anderen 25 % streuen deutlicher nach oben. Bei der Gruppe über 40 ist dies genau umgekehrt. Zudem streuen die Daten in dieser Gruppe am wenigsten.

950 72°; 72°; 36°

951

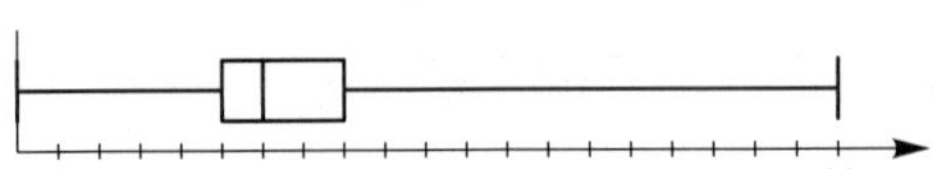

952 Zunächst muss man die Daten ordnen!
Ein Stängel-Blatt-Diagramm kann dabei helfen.
Frauen: $q_u = 5{,}05$; $z = 5{,}65$; $q_o = 7{,}1$
Männer: $q_u = 6{,}0$; $z = 7{,}25$; $q_o = 8{,}9$
Fazit: Schwere Niederlage für die Männer.

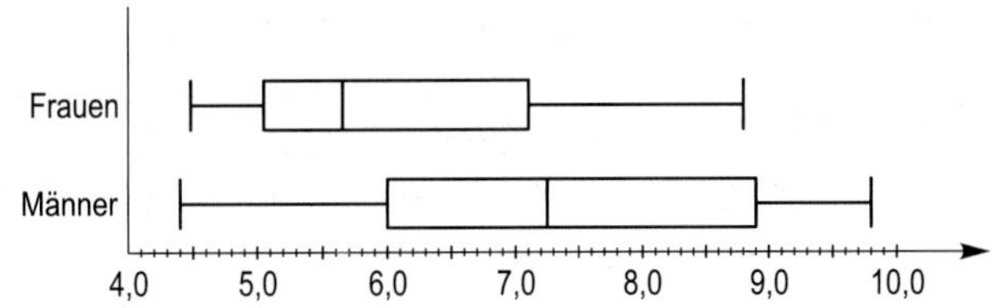

953

Maschine	q_u	Median	q_o
A	10,3	10,4	10,55
B	10,25	10,4	10,6
C	10,25	10,4	10,5

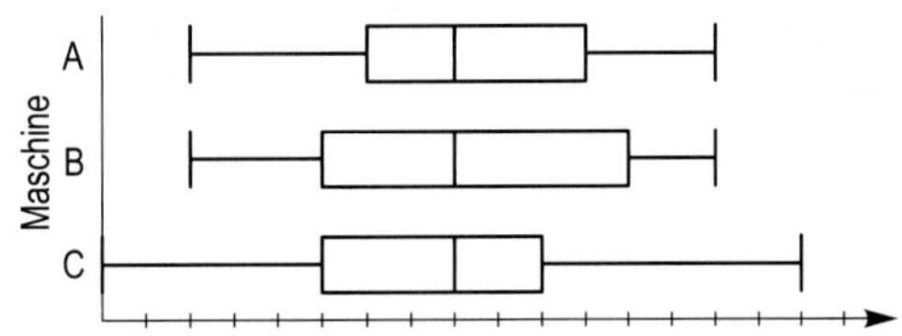

Maschine A hat den geringsten Streubereich. Sollten hingegen genau 10 g pro Säckchen abgefüllt werden, dann ist Maschine C gut, da 75 % ihrer Produktion bis 10,5 g wiegt. Wahrscheinlich wäre es am besten, Maschine A besser einzustellen, da sie den geringsten Streubereich hat.

954 Offene Aufgabenstellung

955 **a)** 60; −60; 0 **b)** −9,5; 10,5; 0,5 **c)** 7,4; −7,6; −0,1 **d)** −1; 3; 1 **e)** 4,5; 4,5; 4,5

8.5 Irreführende Darstellungen und typische Fehler

956 Vorschlag 2. Vorschlag 1 stellt eigentlich das 16-Fache dar, da die 16-fache Fläche genommen wird.

957 Dreieck ABC ist flächengleich mit Dreieck ADB, da sie in der Grundlinie AB und der Höhe auf AB übereinstimmen. Dreieck ABD ist flächengleich mit Dreieck ADE, da sie in der Grundlinie AD und der Höhe auf AD übereinstimmen. Wegen $A_{ABC} = A_{ADB}$ und $A_{ADB} = A_{ADE}$ gilt auch $A_{ABC} = A_{ADE}$.

958 Vorschlag 2. Bei Vorschlag 1 wird nur ein Achtel der ursprünglichen Giftmenge dargestellt.

959 Da in fünf Monaten das Gewicht nur um 4,5 kg abgenommen hat, kann man nicht von einer „drastischen Gewichtsreduktion“ sprechen.

960 Die unterschiedliche Wirkung wird durch die unterschiedliche Skalierung der Achsen erzeugt. Bei Grafik 1 hat man viel größere Zeicheneinheiten für die Anzahl der Flugunfälle mit gleichzeitig kleineren Zeicheneinheiten für die Jahre im Unterschied zu Grafik 2 gewählt.

961

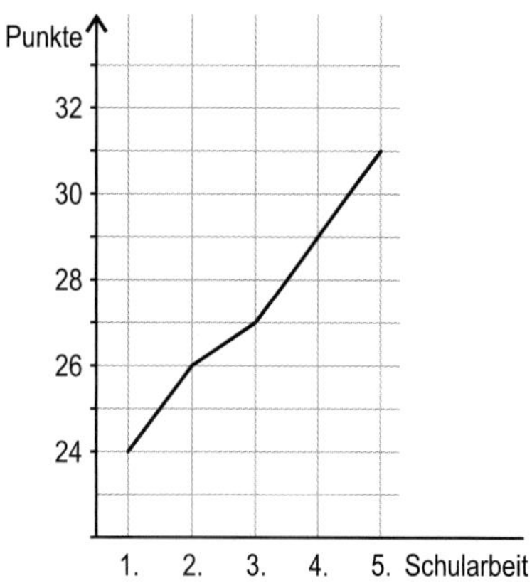

962 Im Säulendiagramm wurde nur jedes zweite Jahr grafisch dargestellt.

963 **a)** Durch die räumliche Darstellung als Kugel entsteht eine falsche Wirkung. Sebastian scheint hier statt zweimal so weit ($20\,m = 2 \cdot 10\,m$) achtmal so weit geworfen haben als Martin. Merlin scheint sogar 27-mal so weit wie Martin geworfen zu haben.

b) $r_{Martin} = 10\,mm$; $r_{Sebastian} = 10 \cdot \sqrt[3]{2}\,mm = 12{,}6\,mm$;

$r_{Merlin} = 10 \cdot \sqrt[3]{3}\,mm = 14{,}4\,mm$

964 **a)** $L = R$ **b)** $L = \{8\}$ **c)** $L = \left\{\frac{2}{3}\right\}$

d) $L = \{-1\}$ **e)** $L = \{0\}$ **f)** $L = \left\{-\frac{1}{2}\right\}$

8.6 Vermischte Übungen

965 Jan: Spannweite 34 cm, s = 11,524 cm
Lukas: Spannweite 27 cm, s = 11,815 cm
Michael: Spannweite 27 cm, s = 9,445 cm
Michael ist der konstanteste Springer. Zwar hat er eine Spannweite von 27 cm, aber diese ist als Ausreißer zu werten. Trotz dieses Ausreißers hat er die geringste Standardabweichung.

966

Pulsschläge pro min	Anzahl der Schüler/innen
60 – 64	6
65 – 69	11
70 – 74	10
75 – 79	2
80 – 84	1

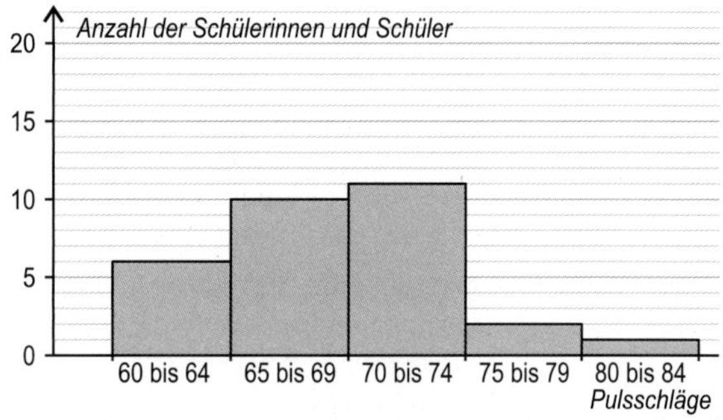

967 Selbstverständlich besteht für sie Ertrinkungsgefahr. Es gibt einige Stellen, die tiefer als 1,50 m sind, aber auch Stellen, die weniger als einen Meter tief sind. „1 Meter" ist nur ein Mittelwert.

968 **a)** $\overline{x} = 2{,}06\,s \approx 2{,}1\,s$, $s = 0{,}2416\ldots \approx 0{,}2\,s$ **b)** $\overline{x} = 2{,}014\ldots$ $s \approx 2{,}0\,s$, $s = 0{,}1767\ldots s \approx 0{,}2\,s$

969 **a)** 2432,43 € **b)** 7445 €

970 **a)** ca. 14 000 Männer, davon ca. 10 500 Österreicher.
b) offene Aufgabenstellung
c) Bei den 41-Jährigen; bei den 28-Jährigen
d) (1) Gibt es im Jahr 2009 in der Altersgruppe 80–85 Jahre mehr Frauen oder mehr Männer? Mehr Frauen.
(2) Wie viele Personen haben im Jahr 2009 den 15. Geburtstag? Ungefähr 16 200 Personen.

971 **a)** Das ist der Median. **b)** $x = 127{,}60$ €.
Die starke Abweichung vom Median ist begründet durch den Ausreißer „169,00 €", der das arithmetische Mittel stark beeinflusst.

972 Der Dorfteich muss stellenweise recht tief sein, sodass die Kuh ertrinken konnte.

973 Der Redakteur meinte, dass zu Christi Geburt die Menschen im Schnitt 36 Jahre und heute durchschnittlich 76 Jahre alt wurden.

974 Thomas hat wahrscheinlich nicht recht. Wenn man annimmt, dass in jeder Klasse immer nur Personen mit dem höchstmöglichen Alter sind (d. h. in der Klasse von 25 – 34 nur 34-Jährige, in der Klasse von 35 – 44 nur 44-Jährige usw.), dann erhält man ein arithmetisches Mittel von 50,47 Jahren. Dies wird aber in der Altersstruktur dieser Schule nicht der Fall sein.

975 **a)** Wetterlage 1: Starkes Gewitter mit 30 mm Niederschlag. Sonst kein Niederschlag.
Wetterlage 2: Es regnet leicht an 30 Tagen immer mit 1 mm Niederschlag, am 31. Tag gar nicht.
Wetterlage 3: Es regnet an 15 Tagen 2 mm Niederschlag usw.
b) Es wird wahrscheinlich im Mai in 800 m Seehöhe nie Schnee liegen. Somit täuscht das arithmetische Mittel eine Schneehöhe in 800 m vor, die nie gegeben sein wird.

976 **a)** 25 Kinder
b) Da 8 Kinder 32 % entsprechen, entsprechen 12 Kinder 48 %. Antwort: 20 Kinder haben mindestens eine Stunde geübt.
c) Die fehlende Säule entspricht 20 %. Antwort: 5 Kinder

977 Offene Aufgabenstellung

978 **a)** 9 Mädchen **b)** 28 % **c)** 25,8 % **d)**

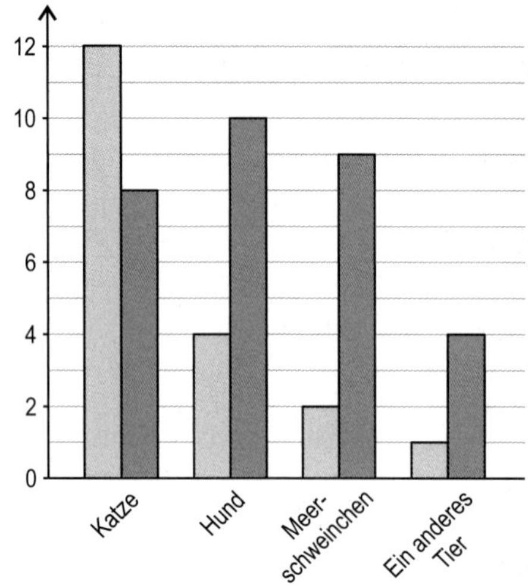

979 44 Punkte

980 Das arithmetische Mittel verschleiert, dass bei diesem Test keine durchschnittlichen Leistungen erbracht wurden und es auch keine fehlerlosen Tests gibt.

981 Die Belastung entsteht durch die Verkehrsspitze. Das arithmetische Mittel spiegelt deshalb ein falsches Bild wieder.

982 **a)** $\bar{x} = 2{,}33$; Median: 2 (74. Wert von 147)
b) Median: Sehr wichtig (74. Wert von 147);
Zur Berechnung des arithmetischen Mittels kann man anstelle von den Bewertungen (üw), (sw), (w), (ww), (unw), (vuw) auch Zahlen setzen:
(üw) = 1, (sw) = 2, (w) = 3 usw. Nun kann man auch ein arithmetisches Mittel der Daten berechnen: $x = 2{,}52$

983 $\bar{x} = 3{,}9°$
Markus hat die Messungen zu unterschiedlichen Zeitpunkten durchgeführt. Damit ist das arithmetische Mittel nicht gut zu gebrauchen.

984 **a)**

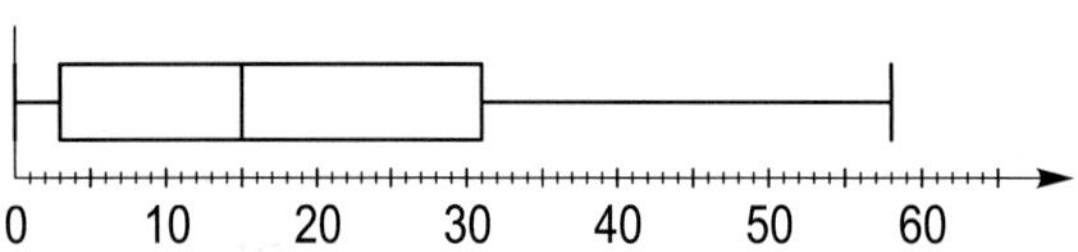

b)

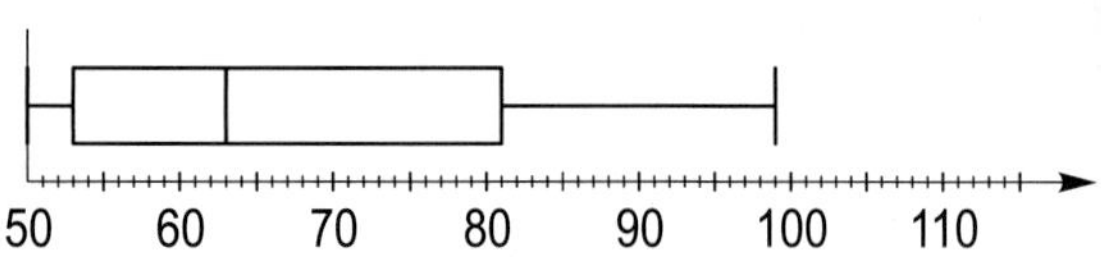

c)

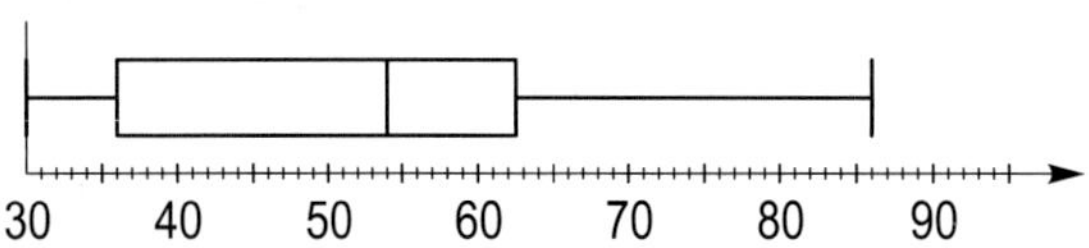

985 Frauen: 50 % verdienen höchstens 17 000 €. 50 % verdienen zwischen 8 000 € und 27 500 €.
Das höchste Einkommen beträgt knapp 40 000 €. 75 % verdienen höchstens 27 500 €.
Männer: 50 % verdienen höchstens 28 500 €. 50 % verdienen zwischen 17 000 € und 41 000 €.
Das höchste Einkommen beträgt ungefähr 60 000 €. 75 % verdienen höchstens 41 000 €.
Gesamt: 50 % verdienen höchstens 22 000 €. 50 % verdienen zwischen 11 500 € und 34 500 €.
Das höchste Einkommen beträgt ungefähr 51 500 €. 75 % verdienen höchstens 34 500 €.

986 **a)** 44 cm^3 **b)** 32 Würfel

9 Computer im Mathematikunterricht

9.1 Tabellenkalkulation in der Statistik

9.1.1. Berechnen von Kennwerten

987 Siehe Lösungsvorschlag im Schüler/innenbuch

9.1.2. Erstellen von Diagrammen

988 Siehe Lösungsvorschlag im Schüler/innenbuch

9.1.3. Klasseneinteilung

989 Siehe Lösungsvorschlag im Schüler/innenbuch

9.2 Geogebra

990 Siehe Lösungsvorschlag im Schüler/innenbuch

991 a)
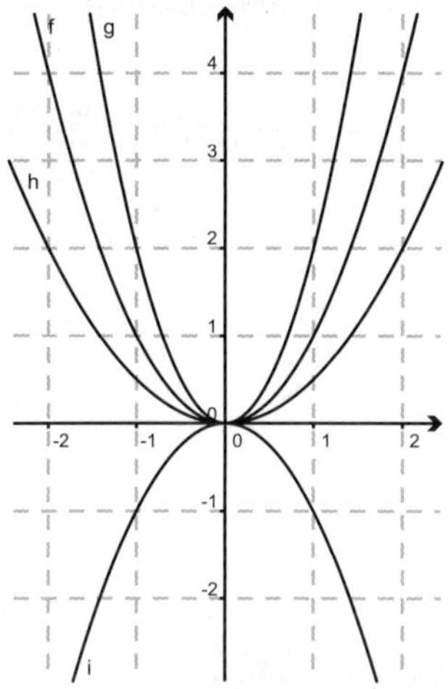

b)
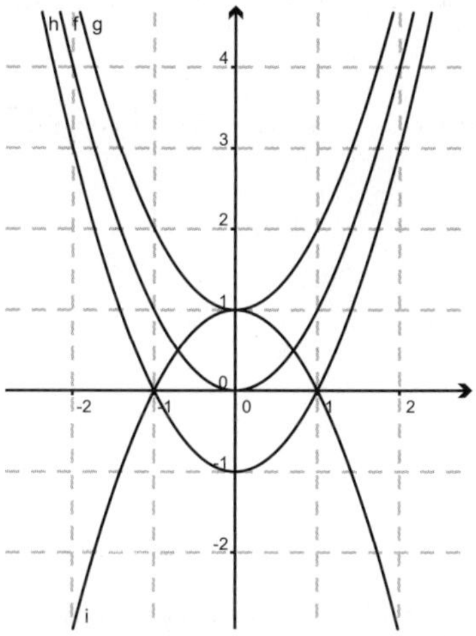

c)
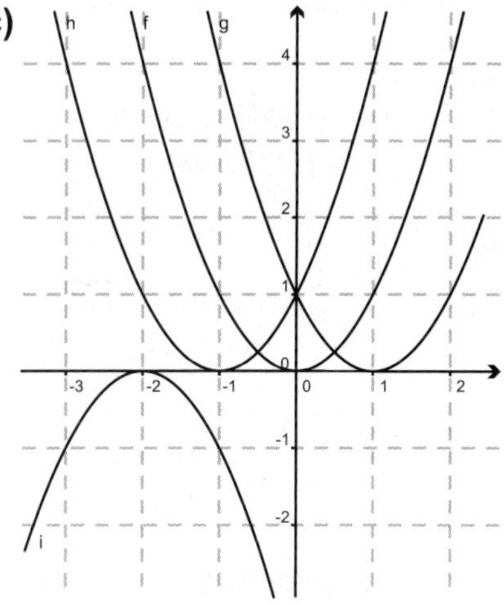

992 Siehe Lösungsvorschlag im Schüler/innenbuch

993 Siehe Lösungsvorschlag im Schüler/innenbuch

momox
momox.com/sale
A-vttejq

Zu Schulbuch-Nr. 145 002

Buchhandlung Brunner GmbH
6850 Dornbirn, Marktstr. 33
KAUFMANN

Kraker, Expedition Mathemati
2535149/25.09.20
ÖBZ
WG 800

978-3-7055-1779-0
inkl. 5,00% MwSt.
€ 5,40 [A]

ISBN 978-3-7055-1779-0
9 783705 517790
www.westermanngruppe.at